湛庐 CHEERS

与最聪明的人共同进化

HERE COMES EVERYBODY

组织罗盘

王秀梅　著

浙江教育出版社·杭州

你了解组织进化的秘密吗?

扫码鉴别正版图书
获取您的专属福利

- 企业家要控制成本，但员工想加薪。这两者间的矛盾有办法调和吗?

  A. 有

  B. 无

- 所谓组织能力，就是：

  A. 一个团队所发挥的整体战斗力

  B. 优秀管理者的能力

  C. 依赖于特定的能人

  D. 组织能力就是个人能力

扫码获取全部测试题及答案，
一起了解组织进化的秘密

- 如果想打造有灵魂的企业，应该首先从哪方面入手?

  A. 招聘保留

  B. 企业文化

  C. 投产薪酬

  D. 绩效管理

扫描左侧二维码查看本书更多测试题

谨以此书

献给我正在读高一的女儿

王楠茜

我们将去往何处

苗咏

华锐技术联合创始人、CEO

2016 年，我从工作了十几年的金融机构辞职出来创业，距离初识王老师那天，恰好是第 2016 天。

彼时我们正焦头烂额。

公司的规模一天天扩大，业务量持续增长，产品线不断增加，团队规模滚雪球般不断壮大。前一天你才刚刚被提拔为“班长”，第二天就要带着数十人的加强排去“攻城略地”了。放眼望去，新人、老人、少年、青年、壮年全都混一起，我们每天至少工作 16 个小时，部门负责人们各个双眼赤红、身体透支。我们时而开怀，时而迷茫，精神极度亢奋，也随时在崩溃的边缘。

无论我们为创业做了多少心理准备，无论读了多少遍名人传记、管理巨著，无论我们在 MBA 课堂上做了多少次沙盘推演，可置身其中时，方知个中艰难。

初创时或许可以“一招鲜吃遍天”，到规模初成时终要回归企业发展的客观规律。要么更快，要么更好，通过创新和效率带来更大的价值，可能这就是新加入行业的创业者们能够后发先至，取得成功的终极奥义。

所以那天我们跟王老师一见如故。从人才发展到组织进化、从绩效考评到投产薪酬，从战略落地到文化建设，王老师所说的桩桩件件正是我们苦苦追寻的航标，我们需要这样的指路人，我们更需要这样的伙伴。哈佛商业案例虽好，不如自己经历过的深刻，正如曾文正公所言“躬身入局，挺膺负责，方有成事之可冀”。

于是从程门立雪到茅庐三顾，在我们的软磨硬泡下，王老师这个顾问成了公司的 CHO，与我们同进退，共患难，彼此磨砺，双双成长。

回首前事，也算成就一段奇缘。所谓大道至简，王阳明易读，知行合一却难，知己不易，行来更难。走过体会过，此刻再读此书，依然觉得真是金玉良言。

创业之事，犹如暗夜海行舟，前不见路，望不到边，深不可测，头顶星芒闪耀，周围风高浪急，左右暗礁林立。创业是创新之事，每个组织走的都是与众不同的发展之路。除了相信心中的光会指引方向，掌舵的人也确实需要手中有个罗盘，眼前有张地图。

苍茫大海，广阔天地，以此书为荐，愿大家都能早日找到要前进的方向。

员工组织成长，创造客户价值

郑春颖

伽蓝集团董事长

伽蓝集团和王秀梅老师结缘于 2018 年，彼时我有幸邀请秀梅老师出任伽蓝集团战略顾问、伽蓝大学特聘讲师，为伽蓝集团做组织变革等方面辅导。

组织罗盘是王秀梅老师发明的管理工具，从 3 大抓手（方向盘、红绿灯、加油站）和 6 项指针（企业文化、组织架构、绩效管理、投产薪酬、招聘保留、梯队培养）这几个维度，进行系统的组织诊断、组织管理与组织进化。得益于这一套管理工具的应用，在秀梅老师指导期间，伽蓝集团也沉淀了不少沿用至今的人力资源管理理念和工具。

罗盘，是广泛运用于天文、地理、军事、航海和占卜，以及居屋、经商选址的重要仪器，是中国古代四大发明之一指南针的延续和发展，秀梅老师敏锐地将企业进化的生命周期里的组织发展因素与罗盘相结合，我觉得非常有创意。

彼得·德鲁克说："企业存在的唯一目的是创造客户价值"，这里的客户，我的理解有外部也有内部，内部就是员工及组织的成长价值。那么，在我看来，秀梅老师是如何围绕内部客户价值来进行组织罗盘的循环的呢？

明线：战略生成、传递、执行、反馈的闭环。

暗线：打造人人知道、人人行动、人人认同、人人相信的底层系统。

串联整个组织罗盘的暗线是客户价值。这也正是上接天（使命、愿景），下接地（执行和结果），中间还要聚人气（文化）。

只有真正做到员工以客户为本、管理者以员工为本、领导者以管理者为本，环环相扣，边打边调，形成不断循环和进化的方法和文化，才能生成自己的组织文化策略。

管理理论源于实践创新，《组织罗盘》这本书结合了王秀梅老师多年的管理实践，既紧贴前沿企业的探索，又提出了创新性的观点，非常值得大家共同学习。

持续进化的组织基因

企业的成长从来都不是一帆风顺的。中国平安保险集团（以下简称“平安”）经历过投连事件、并购富通失败等波折；腾讯曾经受到“3Q 大战”等挑战；华为遭遇了美国的打压，但平安、腾讯、华为不仅没有倒下，还越挫越勇，不断开创第二曲线，成长为世界级的企业。所以，著名学者秦朔提出了 PATH① 的概念，认为包括阿里巴巴在内的这 4 家企业代表了中国企业的成长之路。

与之相对应的是，昔日无比辉煌的柯达、诺基亚、雅虎等早已经辉煌不再，成了明日黄花。为什么会有如此鲜明的对比？

每家企业都知道，市场不变的规律就是永远在变，但是很多企业并没有因此把自身经营成可以与外部变化相适应的组织。正如人工智能第一定律阿什比定律所说：“任何有效的控制系统都必须和它所控制的系统一样复杂。”反映到企业管理上，即不管外界怎么变化，企业都要同步改变，甚至要在外界变化之前改变。

① PATH：即平安（P）、阿里巴巴（A）、腾讯（T）、华为（H）四家企业的简称。

有些传统的组织不但不变，而且还在不断固化，直至变成一个“帝国”。“帝国”越大越危险，就像一台非常精密的机器，面对外界的不断变化，只能“以不变应万变”。外界变化越快，这些传统企业的寿命就越短，如同泰坦尼克号撞上了冰山。在 VUCA[①] 时代更可怕，因为冰山是浮动的，而且越来越多。如果企业还如同泰坦尼克号一样按部就班地运转，随时都可能撞上浮动的冰山。

组织永远面临能否“长得大”“活得久”这两个挑战，这两个挑战就像魔咒一般笼罩着组织。随着组织规模的扩大，复杂程度呈指数级上升，组织能否继续长大？随着时间的推移，熵增[②]开始，从有序走向无序，组织能否长久地活下去？规模和时间究竟是组织的朋友还是敌人？这些都取决于企业的组织能力。

- 随着组织规模的扩大，企业可能出现运转不良的状况，很多问题开始滋生，官僚主义、部门墙、人浮于事、组织臃肿等管理低效的问题会慢慢浮现出来；与此同时，管理也会变得复杂，内部管理成本随之上升。如果此时组织没有规模经济效益，或者规模经济效益不足以抵消上升的管理成本，那么，组织的综合效率和竞争力肯定会降低，规模就会成为组织的敌人。
- 随着时间的推移，任何组织都避免不了熵增的命运，其内部混乱程度会一直变大。比如，有的企业在发展到一定阶段后，会出现“山头林立”“诸侯经济”[③]等现象，针插不入、水泼不进，如同铁桶，无法继续保持企业的效率，组织发展的持续性因此没有了保障。这时，时间就成了组织的敌人。

企业能否在第一轮增长趋势还没有消失的时候，就注入新的增长动力，开创

① VUCA 是 Volatility（易变性）、Uncertainty（不确定性）、Complexity（复杂性）、Ambiguity（模糊性）的缩写，意指我们正处于一个易变、不确定、复杂、模糊的世界里。

② 熵增过程是一个自发的由有序向无序发展的过程。——编者注

③ 指企业各部门各自为政，搞部门割据。——编者注

出第二曲线？著名的管理大师艾尔弗雷德·D. 钱德勒（Alfred D. Chandle）总结过一个黄金定律，他表示战略决定组织，组织决定成败。所以，在重重磨难下，企业的“组织进化能力”受到考验，企业的文化、组织和人才，如何与时俱进、持续进化，从而给企业带来积淀和成长，成为企业必须解决的问题。

从社会发展趋势来看，VUCA 将成为一种新常态，它正深刻地改变着各类组织的运营方式。现在，我们需要的是更具有战略性以及能够在复杂的环境中运营的组织，这种组织必须具备批判性思考能力，以应对易变性和不确定性。组织曾经熟知的知识、技能与能力已不再能满足当下的发展需求，企业的中高管和组织发展实践者必须学会应对新形势、迈入新领域。

我曾经在平安和阿里巴巴系企业担任过人力资源和战略高管，经历了平安旗下的互联网金融平台陆金所“从 0.5 到 1”和“从 1 到 10”的增长历程。陆金所已于 2020 年在纽约证券交易所上市，按照首次公开募股（IPO）定价计算，市值在 330 亿美元左右。同时，我还担任过一些企业的业务高管，从事资产证券化业务。我结合自己的工作经验，从 PATH 的发展历程中提炼并撰写了《组织罗盘》这本书。人们一般比较相信领导者，不太相信组织。而 PATH 的优秀实践经验告诉我们，个人的力量再大也大不过组织，我们应该相信组织而不是领导者，这样才能给企业带来无限能量。而组织能否发挥效用，取决于组织本身能否带动其成员保持一致的行为。

我的目标并不是写一本理论教科书，而是想为读者提供第一手的指南。我会站在贴近事实且客观的立场上，讲清楚我们为什么要学习组织罗盘、组织罗盘的内容、实施组织罗盘的过程和方法（见图 0-1）。组织罗盘的作用是帮助企业用超级 VUCA 来应对 VUCA、从机械型组织进化为生态型组织。学习和应用组织罗盘的过程，就是涌现性变革的过程，企业需用欣赏式探询的方式，让变革持续发生，以促进组织进化。

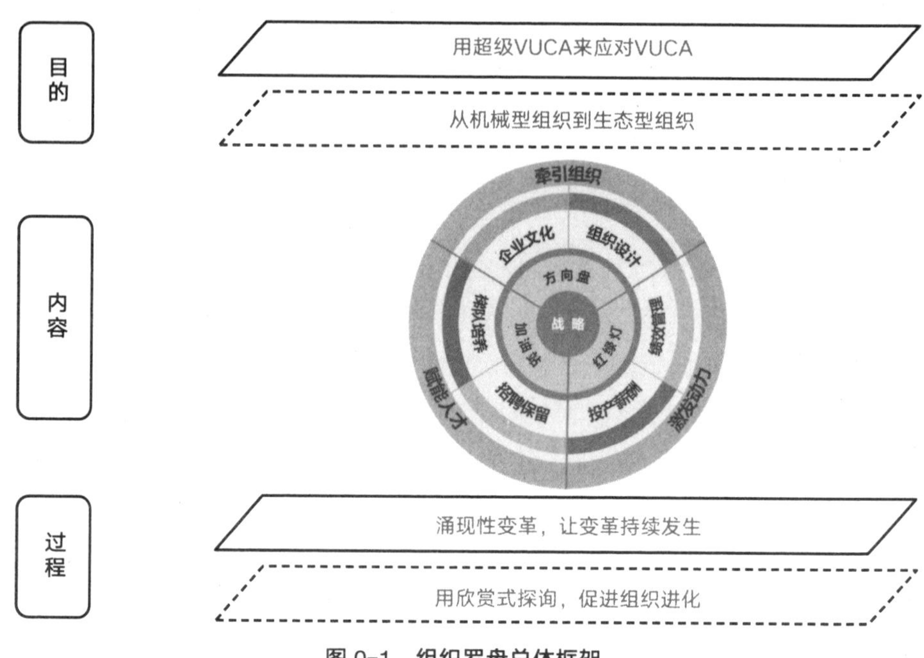

图 0-1　组织罗盘总体框架

电影《夺冠》讲述了中国女排和郎平的故事。在电影里，巩俐饰演的郎平问朱婷为什么打排球。朱婷说是为了成为郎平。郎平没有说话。在电影的最后，郎平跟朱婷说："你不用成为我，你只要成为你自己。"《组织罗盘》中的观点主要是从 PATH 的实践经验中提炼出来的，但学习 PATH 并不是要成为 PATH，时代不一样，企业面临的问题也不一样。学习 PATH，最终是要把我们自己的企业经营好。

组织罗盘的应用，必须经历三部曲（见图 0-2）。第一部是知识的学习，但仅仅学习知识是远远不够的，还必须经过第二部"刻意练习"来形成自己的能力。这就是平安创始人马明哲说的，要从"知道分子"变成"能力分子"。有了能力之后，还需要第三部，在企业中应用，真正形成企业的智慧，并在企业内部沉淀下来。知道和做到之间，隔了一个"太平洋"，跨越"太平洋"的不二法门就是"刻意练习"。在企业内部沉淀，提升企业智慧，则需要一个"摆渡人"。组织罗盘就是希望帮助大家顺利跨越"太平洋"，而我，则希望成为那个"摆渡人"。

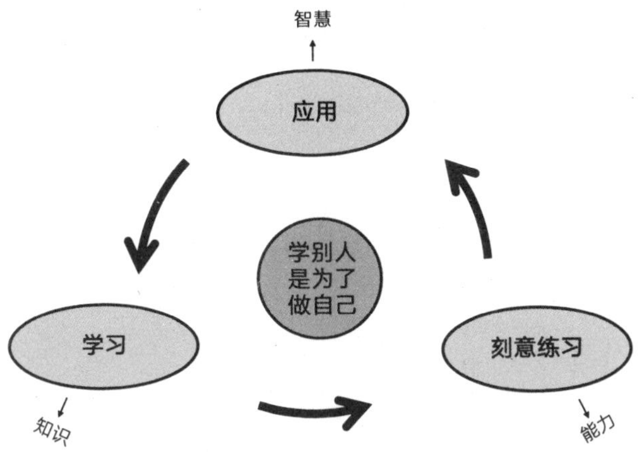

图 0-2　组织罗盘应用三部曲

我是一个务实的理想主义者，希望能写出一本书，并打造一门既有较强的理论高度和系统性，又有很强的实战性和可操作性的课程，帮助企业在实践中应用。这就是我写《组织罗盘》的初衷。本书是从我的经历中自然而然生长出来的，我对它充满了感情，就像对待我的孩子一样。我还把《组织罗盘》制作成了系列课程，以方便企业应用。在这个充满创新与竞争、瞬息万变的时代，我期待《组织罗盘》能够帮助企业打通从战略到组织的“任督二脉”，实现持续进化，增强抗风险性，让企业活得好、活得久，有能力在当今这个高速变化的时代中保持竞争力，成长为像 PATH 一样优秀的世界级企业。

如果你是企业的创始人、CEO、中高层管理者、组织发展实践者、人力资源从业人员，或者对组织进化、组织变革感兴趣，那么本书及其系列课程对你来说非常有用。

目 录

第二部分
方向盘，及时细微地调整组织方向

第三部分
红绿灯，构建鲜明有力的激励机制

第四部分
加油站，为人才持续高效地赋能

第五部分
玩转组织罗盘，持续刷新组织能力

第一部分

什么是组织罗盘

从机械型组织到生态型组织

熵增定律揭示了宇宙演化的终极规律，宇宙最终会走向热寂[①]，世间万物终将灭亡。任何一家企业都像人一样，无论多么强大，都迟早会消亡。我们研究组织的目的，就是想尽量推迟组织消亡的时间，并让组织存在的过程富有价值和意义。组织有自身的生命与逻辑，研究组织能让个体在其中更好地生存与发展，真正尊重和敬畏组织的规则与规律，从而能与组织“共舞”。

世界上一些长寿的企业已经有两百多年的历史。与初创时期相比，它们除了企业名称没有变化之外，组织形态和业务模式早已“面目全非”。这些企业之所以基业长青，是因为能够在不断变化的市场系统中持续进化，始终追求与之最适应的组织形态。

---

① 根据热力学第二定律，作为一个“孤立”的系统，宇宙中的熵会随着时间的流逝而增加，由有序状态向无序状态转化。当宇宙的熵达到最大值时，宇宙中的其他有效能量已经全数转化为热能，所有物质温度达到热平衡，这种状态是热寂。——编者注

自20世纪中期以来，随着技术、全球经济、社会形态的变化，企业内富有远见的领导者开始意识到他们必须接受新模式。这种新模式不再是层级式的，而是扁平化的，对外部环境的响应更快、更灵活，更能满足客户需求。

用超级 VUCA 应对 VUCA

纵观当今企业所处的环境，“黑天鹅事件”一次又一次席卷而来，VUCA 时代已经到来，而且已经成为新常态。但企业不必畏惧，应勇敢面对，用超级 VUCA 应对 VUCA。

企业处在 VUCA 时代

在 VUCA 时代，唯一不变的是变化，且变化模式的性质、速度、数量与等级是不确定的，极难预测。任何问题都会涉及无数难以理解的原因及化解因素，这种复杂性增加了人们的决策难度。而且，事件发生背后的“何人、何事、何地、如何与何因”都很模糊、难以确定。2019 年暴发的新型冠状病毒肺炎疫情就是 VUCA 的典型例证。人们虽然无法预测疫情的走势，但可以不断尝试各种应对病毒的方式，做好与病毒长期共存的准备。

当前商业动荡的驱动因素包括数字化、连接性、贸易自由化、全球竞争及商业模式创新等。VUCA 正改变着企业开展业务和管理的方式，曾经能够支持企业发展的知识、技能已不再能满足现在的需求。今天，组织需要更具战略性的眼光和能够使用批判性思维的技巧。

发挥超级 VUCA 的力量

既然 VUCA 已经成为新常态，企业就必须勇敢面对，弄明白如何在不断变化的情况下保持适应性与敏捷性，学会用超级 VUCA 来应对 VUCA。

- 用愿景应对易变性。企业应坚持长期主义，用长期的使命应对短期的动荡，在动荡中感知企业的发展规律。
- 用理解应对不确定性。理解就是聆听和观察的能力，当组织拥有了理解能力，就能够在不确定性中发现可能性，在不确定的波浪中顺利前行。
- 用清晰性应对复杂性。组织管理者如果能够快速且清楚地了解所有细节，就可以做出更好、更有把握的决策。
- 用敏捷性应对模糊性。敏捷性可以使企业快速试错、用最小的代价找到最合适的解决方案。

图 1-1 中展示的是一条“河流”，一边是现在的 VUCA，另一边是未来的超级 VUCA。从图中可以看出，从 VUCA 到超级 VUCA 并没有清晰的路径，组织发展的现实就是“永恒的湍流”。没有人能阻止意料之外的波浪产生。然而，湍流也会波浪式前进，只要你用心感受，不断探索，就能找到合适的路径，到达河的彼岸。

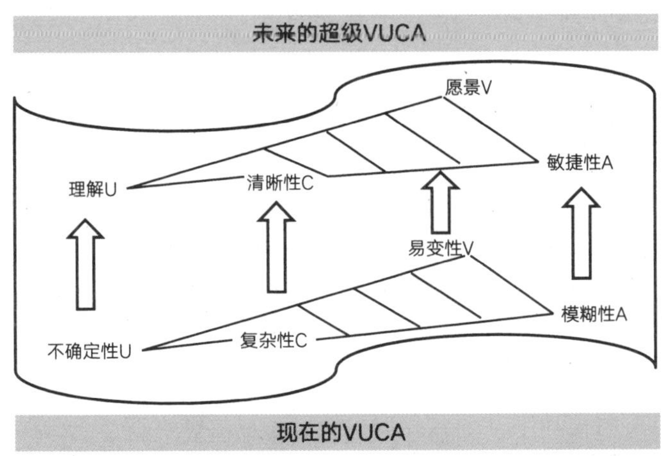

图 1-1　从 VUCA 到超级 VUCA

组织发展也是如此，一些发展趋势已经被人们预见到，包括规模更大的组织、更扁平的组织结构、更复杂的技术、更零散和广泛的组织分布。企业必须顺应组织发展的趋势，从机械型组织向生态型组织转变。CEO 在企业中必须成为舵手，只有踏入河流，与水搏击，用超级 VUCA 应对 VUCA，才能找到适合企业的进化之路，顺利到达河的彼岸。

组织形态的 4 次创新

组织作为一种业态，在全球已经有几百年的发展历史，迄今为止经历了 4 次创新。前 3 次组织创新均基于牛顿机械论世界观，之后复杂性科学为组织发展提供了新思路，开启了第 4 次组织创新。复杂性科学研究的是复杂的适应性系统，借鉴了大量广泛的科学理论与方法，包括系统理论、控制论、混沌理论、热力学和计算机建模等。

复杂性科学呼吁人们去质疑我们长期持有的牛顿机械论世界观。我们的思维需要从确定性转向不确定性，从简单因果关系转向多维因果关系，从局部转向整体，从事件转向模式。对企业而言，组织形态需要从机械型向生态型转变。

4 次创新的过程

工业时代最深刻的观察者和思考者彼得·德鲁克，把过去两百多年的组织形态的创新总结为 3 次革命。

第 1 次创新

第 1 次创新是第一次工业革命，时间从 18 世纪 60 年代持续到 19 世纪中期。核心是机器代替了人力，技术超越了技能。第一次工业革命的基础是知识的革命，借助牛顿经典力学的几条定理就能理解整个宇宙的运转，人类可以根据知识创造一个全新的世界。

当时最经典的事件就是海王星的发现。英国天文学家在发现天王星后，根据天体力学为其编制了运行表。后来他们发现，天王星的实际运行轨道与运行表并不一致。有人据此怀疑牛顿万有引力理论的正确性，但更多的人坚持相信牛顿力学，认为在天王星之外一定有一颗未知的行星，它的摄动作用导致天王星偏离了正常的运行轨道。正是由于坚信牛顿力学，人们最终发现了海王星。所以海王星不是通过巡天观测发现的，而是首先由数学家从理论上推导出来的，这一发现也被称为"笔尖上的发现"。从此，牛顿力学名声大噪，人们更是据此认为，可以根据知识创造出一个全新的世界。

第一次工业革命的一个重要贡献是技术和科学对传统经验的超越。以前所有的手工作坊靠的都是经验传承，但是第一次工业革命之后，所有机器的改良和设计都是基于科学原理在技术上实现的突破，所有的机器都是根据通用的科学原理和技术进步的原则发明出来的，典型代表就是蒸汽机和发电机的发明。

第 2 次创新

第 2 次创新是生产力革命，时间范围大致从 1880 年到第二次世界大战期间。电的普及，使机械化大规模生产成为可能，流水线上需要的工人和原来的工人不一样了。"美国科学管理之父"弗雷德里克・温斯洛・泰勒（Frederick Winslow Taylor）提出了"科学管理"的概念。工作被标准化，且可以被度量。大规模标准化的训练、足够多的管理人才，成为那个时代的刚需。其核心是通过管理来提高人的生产效率。这时就需要协调更多的角色，于是出现了对管理的需求。公司这种新组织正是随着科学管理思想的发展而兴起的。

福特汽车的流水生产线将泰勒的科学管理理论应用到了极致，并奠定了现代大工业管理组织方式的基础。流水线生产方式的出现，使每一个生产岗位有了标准和通用性。只有少数技术工人才能生产汽车的历史被彻底改写。当挖煤工人的一双黑乎乎的手也能造出神秘的汽车时，这就意味着一个最普通的体力劳动者的工作效率被提高到了技术工人的水平。工人间的分工更加细致，产品的质量和产量大幅度提高，这极大地缩短了生产工艺的过程并提升了产品的标准。福特汽车创始人感慨道："我需要的是一双手，为什么上帝给了我整个人？"

第 3 次创新

第3次创新是管理革命，发生在第二次世界大战以后。由于互联网技术（IT）和信息化的发展，管理的核心不再是提升流水线的效率，而是提升组织本身的效率，而组织本身的效率则依赖于信息的流通和处理效率。企业资源计划（ERP）就是这个时代的产物，其本质是把知识体系化、流程化、软件化、自动化，从而提高整个组织的管理效率。信息和知识管理效率的不断提升，成了第 3 次创新重要的价值创造来源。

知识成为超越资本和劳动力的最重要的生产要素。和体力劳动者相比，知识工作者是否努力工作很难被直接观察和测量，于是相应的管理重心则从可度量的结果考核转向对员工的激励，激发知识工作者的内在动力。期权激励是那些年高科技企业大发展的重要组织创新形式之一。

第 4 次创新

第 4 次组织创新是创造力革命。在可见的未来，机械性的、可重复的、可结构化的脑力劳动，甚至较为复杂的分析任务都会被人工智能所取代。但人的洞察力、创造力、感知力、对知识的综合运用依然是机器无法超越的。如今，创造力已成为这个时代稀缺的资源，决定了整个社会将来的结构。价值创造的源泉就是人的创造力。

一位有极端创造力的工程师创造的价值，可能会超过 1000 位平庸工程师创造的价值总和。这种个人能力超群的独立贡献者成为组织必不可缺的一个元素，哪怕他并不带团队，也不做管理。传统组织要求的是管理效率，这样的独立贡献者在传统的组织结构里是没办法生存的，而未来的组织需要的是激发人的创造力。

组织形态的创新，伴随时代变化而发生

组织形态的 4 次创新是伴随着时代的变化而发生的。整个社会正逐渐从稳定持续的工业时代转向复杂多变的 VUCA 时代，组织也必然发生相应的变化。之前的组织都是基于牛顿时代的宇宙观来设计的，其底层哲学是牛顿机械论世界观：我们首先把事物分解为若干部分，然后制订复杂的计划，期待世界是可以预测的，管理变化与输入成正比，小改变带来小结果，大改变带来大结果。

然而，科学的发展已今非昔比。量子物理、混沌理论、系统力学等新科学正在重新解释“宇宙是如何运转的”。牛顿的世界是寂静的世界，相互独立的粒子在其中穿梭而过；而量子世界里充满了联系，人们用网络、织物或思想来比喻量子世界。因此，在复杂性科学世界观下，规律是非线性和不可预测的，会有突然和意外的改变，个体间会相互作用、相互改变。局部作用的潜在影响与其本身的大小没有关系，但当我们在局部采取行动时，就可能对整个系统产生影响。

组织正在从机械型向生态型转变，这就是组织“进化”，即从低级形态迈向高级形态，从封闭形态迈向开放形态。企业必须适应新的环境，并不断进化，否则就会被市场无情抛弃或被彻底边缘化。这就是“适者生存、优胜劣汰”。

机械型组织与生态型组织

两种不同形态组织的对比

关于组织，有两种不同的隐喻。在牛顿机械论世界观下，人们相信组织是机

器，我们输入什么，就会产出什么。整个组织是封闭的，员工只需要按照流程和规章办事，不需要思考，思考的事交由管理者来做。福特汽车创始人的感慨就是很好的说明，员工上班只需要带手，不需要带头脑。组织在 CEO 的指挥下运转，如图 1-2 的左图所示，CEO 这个大齿轮一转，各部门的小齿轮都跟着转动起来；CEO 这个大齿轮不转，各部门的小齿轮也都会停摆。

而在复杂性科学世界观下，人们相信组织是有生命活力的，如图 1-2 的右图所示，人们都在其中感知、互动和协调，组织从低级形态走向高级形态。组织就像一个开放的池塘，里面有鱼、虾、蚯蚓、细菌和真菌等各种生物，这些生物在池塘里自由生长。每种生物都能感知池塘的温度变化，自主决定生存方式，从而促进整个池塘生态的发展。在池塘里，并不需要专门的人指挥小鱼和小虾何时出来晒太阳、何时避雨。小鱼和小虾逐渐成长为大鱼和大虾，物种与物种之间形成了生态链，整个池塘的生态环境变得越来越丰富。生态型组织也是如此，每个人在组织中用心感知、用脑思考，减少自上而下的指挥，让“前线听得见炮火的人”来做决策。组织成员能够自下而上地、自发地行动，整个组织就会越来越有生命力。

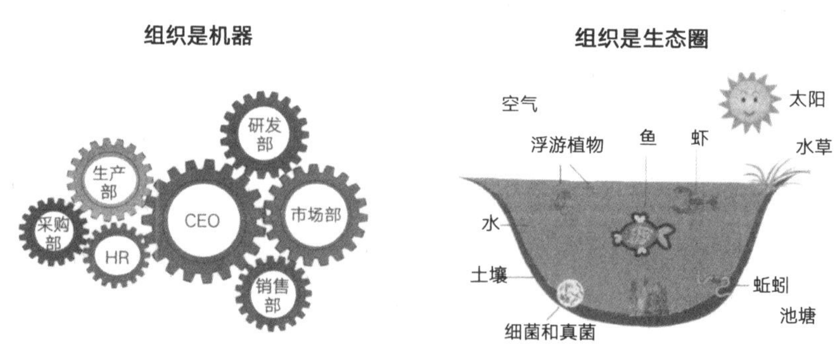

图 1-2　关于组织的两种不同隐喻

当外部环境稳定时，组织能够像机器一样运作。组织内部有很多的规章、程序和明确的权力等级，组织规范化程度高，且高度集权。这种类型的组织被称为机械型组织。在迅速变化的环境中，组织按照自然生态系统的机能运作，规章和程序的约束较少，员工被赋予比较大的自主权，决策分权化。这种类型的组织被称为生态型组织。

机械型组织与生态型组织的对比如图 1-3 所示。在机械型组织中，组织是机器，这种组织形态适合稳定、持续的工业时代。它是集权式组织，认为一切都是可以预测的，通过命令和控制进行管理，有比较多过去的经验可供学习和参考。它主要偏向顶层思考，组织内部的变化也是自上而下推动的，更多地关注事情的结果与达成。而在生态型组织中，组织有生命力，这种组织形态适合复杂、多变的 VUCA 时代，是分布式的组织。世界变得越来越模糊和不可预测，只能去感知和响应变化，过去的经验参考价值不大，组织必须向正在生成的未来学习，小步快跑、快速迭代。生态型组织通过欣赏式探询的方式，使组织内的所有成员共同畅想未来、规划愿景，并通过动态自发涌现、自驱动的方式，自下而上地去实现愿景，通过关注人的成长，促进事情的达成。

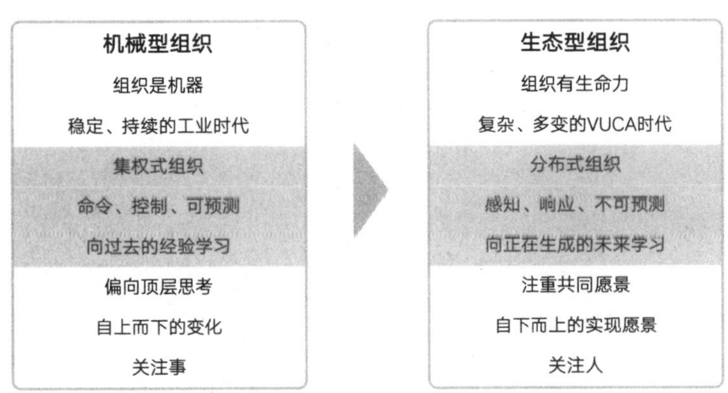

图 1-3　机械型组织与生态型组织的对比

生态型组织的特点

不同于机械型组织，生态型组织主要有以下特点。

- 分布式自驱组织。机械型组织是集权式的，只有一个中心节点。很多员工在机械型组织中受领导指挥的限制，“无用武之地”，只能荒废“武功”。而生态型组织是分布式的、去中心化的。去中心化不是没有中心，而是有多个中心，由很多小的中心单元构成，每个中心单元都各显神通，各自发挥主观能动性。

- 高效运作的系统。机械型组织采取命令式、控制式的管理方式，变化都是自上而下推动的，偏向顶层思考，更多地关注事情的完成。而生态型组织采取的是感知和响应的管理方式，通过规划共同愿景来牵引组织，决策是通过自驱动动态自发涌现；每个中心单元都能发挥主观能动性，实现协同，不需要依赖自上而下的指挥来实现协同。所以，从长期来看，生态型组织运作更高效。
- 自我管理的个体。生态型组织需要的是成人，不是巨婴。巨婴是指虽然生理状态已经是成人，但心理状态仍似婴儿般的人，心安理得地拒绝长大。这种人在经济上完全依赖父母，在工作中需要听从别人的指挥。而成人则是身心合一、完整的个体，可以自主决定自己的行为，就像池塘中的小鱼、小虾一般，他们通过感知外在的变化，自主决定自己的行为，充分发挥自己的潜力，与生态一起发展。

从机械型组织转变为生态型组织

机械型组织内部的管理相对稳定有序，在 VUCA 时代，很难适应市场的突变，容易出现危机。所以，需要推动组织进行变革，但每一次变革都会“伤筋动骨”；如果没有完成变革，组织很有可能就不存在了。生态型组织则具有很强的自我革新能力。变革是时时发生的，组织时刻围绕着市场和外部的变化而变化，不断迭代，进行循序渐进式的变革。

从机械型组织转变为生态型组织就是组织进化，进化的力量是面对变化，用海量“随机”的“物竞”，应对终极“任性”的“天择”的力量。企业要从机械型组织向生态型组织转变，有两个前提条件。

- 企业必须满足“学习的速度等于或大于其所处环境变化的速度”这一要求。只有通过学习，企业内部才能形成创造力；只有不断创新的企业才能占据生态系统的上层，更好地进化、变异。
- 企业 CEO 的世界观必须转变，如果 CEO 还停留在牛顿的机械论世界观里，就无法带领企业完成进化。

微软的变革就是从机械型组织向生态型组织转变的成功案例。微软在比尔·盖茨（Bill Gates）和史蒂夫·鲍尔默（Steve Ballmer）时代，管理是自上而下、集权式的，偏向顶层思考和命令控制；而在萨提亚·纳德拉（Satya Nadella）时代，注重共同愿景，注重发挥组织内部所有成员自下而上的主观能动性，注重动态自发涌现。2021 年微软推出的一项新政策——“鼓励员工在家办公”，就是适应 VUCA 时代的管理方式的重大变革之一。所以，微软在纳德拉的管理之下，又重回万亿美元市值。

生态型组织与数字化转型，天生合拍

企业数字化转型的过程，是信息化、数字化、智能化的过程。数字化转型要求企业将所有具备商业价值的活动转向以客户为中心，提升企业的产品质量和服务能力，从而推动企业内部流程的优化。用户体验是数字化转型的终极目标，响应时间是数字化转型的检验标准，决策模型是数字化转型的核心武器。但这一切的落地，都离不开组织形态的创新。生态型组织与数字化转型是一对孪生兄弟，彼此成就，天生合拍。

数字化转型的特征

企业的数字化转型从军事数字化转型实践中获得了大量且深刻的启示。信息化技术加速了命令传导过程，数字化技术则加速命令本身的形成。在这样的组织体系下，指挥与执行的边界是模糊的，最前端的作战人员并非被动接受指挥的对象，他们通过数据链感知变化，并参与到指挥过程中。一位身处最前线的侦察兵，甚至可以参与调动巡航导弹、战斗轰炸机、自行火炮等战斗资源，对战场上发现的目标优先级进行决策，实施外科手术式的精准打击。

企业数字化转型的过程，是信息化、数字化、智能化的过程。信息化是立足于企业内部的价值链建设信息系统，目的是降本增效，客户只是整个价值链中的一环。数字化要求企业将所有具备商业价值的活动转向以客户为中心，提升企业的产品质量和服务能力，从而推动企业内部流程的优化。智能化则是在数字化的基础上，模拟人的思维和行动，提供“拟人智能”的特性或功能，减少需要人付出的智力劳动。

在实际执行的过程中，数字化与智能化并不是截然分开的，而是因数而智，所以也可以合称为“数智化”。数字化或者数智化，可以概括为通过连接产生数据，基于数据产生智能，通过智能赋能商业，进而推动企业业务的新增长。

企业围绕一系列决策触发、生成、变更、传递、执行来运行，其决策质量以及决策效率直接影响企业发展的成败。数字化转型的核心任务是利用数字化技术，从现有的组织与运行模式中抽离出决策因子，再逐步汇聚这些因子，构建成决策模型，最终实现让企业具备响应变化的极致能力，为用户带来更好的体验。

用户体验是数字化转型的终极目标

上一代企业的管理采用的是以产品为中心的经营理念，用少数人设计的产品、内容、策略，服务一类人；而在物质极为丰富的今天，新企业的经营理念需要转变为用户导向，用机器海量的生产，服务所有人，做到千人千面。比如，针对不同客户，给予不同的信用等级，制订个性化的保单，生产个体化的汽车，等等。

响应时间是数字化转型的检验标准

响应时间是用户体验的重要内容之一，千人千面的用户体验不是以牺牲效率换取的，反之，响应时间是数字化转型的检验标准。数字化转型能够为企业带来实时感知，促使企业管理者和相关人员实时分析、精准决策与敏捷行动。比如，在京东“6·18”活动中，从用户下单到送货上门，最快只需 9 分 36 秒；平安产险从报案出险到用户拿到理赔款项，最快只需 28 分钟。

决策模型是数字化转型的核心武器

诺贝尔经济学奖获得者赫伯特·西蒙（Herbert Simon）曾提出“有限理性”理论，指出人们对信息加工的能力是有限的，没有能力同时考虑所面临的所有选择，无法按照充分理性的模式去实施行为，无法总是在决策中实现效率最高的目标。

决策触发的灵敏度越高，决策在时间维度上的表现就越好；目标、约束、变量的维度越多，决策难度就越高。在“有限理性”下，用人脑来进行具有高难度的决策就会越来越偏离最优决策。所以，能否建立好的决策模型，就成为数字化转型能否成功的核心武器。

在消费互联网行业，建立决策模型有利于降低流量分发的边际成本。比如，唯品会的“独立审核 + 免费门票 + 购买门票”的决策模式，以通过机器进行决策为主，将流量分发给最受客户欢迎的品类。但如果品类负责人判断出某个品类会有很大的销量，则可以通过“免费门票”，甚至是“购买门票”的方式，即购买额外的流量来支持某个有潜力的品牌，以避免进入通过机器进行决策的盲区，形成互补，使流量得到最大化的利用。

在产业互联网行业，建立决策模型则有利于形成标准化的流程与方法，降低从业人员的方差，提升服务质量。比如，贝壳找房网站把一笔交易细分为 10 个环节，确立每个环节中经纪人需要承担的责任，把一个复杂的流程进行拆解，用标准化的“接口”对多人的劳动成果进行整合。这就打破了房产中介之前使用的“纵向一体化”方式，即一个经纪人负责从房源端（卖家）到客源端（买家）的整个交易流程，改变了整个行业混乱和低效的状况，大大提升了服务质量。

生态型组织是数字化转型的必然选择

决定部队之间最致命差距的并非装备，而是军队组织方式的差异。我们可以想象，即使用最先进的数字化技术与主战装备武装，一支用旧有体系组织起来、采用自上而下树状单向指挥体制的部队，去对战另一支拥有先进装备且在组织上完成数字化转型的军队，其结局可想而知。相应的，一家在组织上不进行数字化转型的企业，纵然有再多的数字化试点，充其量也不过是数字化技术的堆砌罢了，这样的量变绝无产生质变的可能。由此可见，假如组织不能完成符合技术革新的转型，徒有技术先进的装备也没有任何意义。

机械型组织的形成，在很大程度上源自“有限理性”，即人脑处理变量能力的局限性。企业的决策只能依赖于有“丰富经验”的老板和精英团队。企业借助外部咨询公司的力量，进行周密的市场调研和测算，制订详细的“五年规划”，同时进行严密的作战部署，将多目标、多约束、多变量的决策“流水线化”，使每一个岗位能够实施有限决策，再通过流程来实施复杂决策。这个决策过程一定是缓慢的，响应变化的能力自然也是低下的。另外，企业内部除前线销售与客服之外的大部分人员并不接触最终用户，“以客户为中心”实际上是无实质内容的口号，整个组织形态就是“以上级管理者为中心”、自上而下的机械型组织。

在生态型组织里，需要让“前线能听到炮火”的人做决策。但让前线人员做决策的前提条件是赋予其足够的信息，并用决策优化模型对其进行决策支持。如果缺乏信息与决策优化模型，前线人员必然受制于管道视野[①]与人脑算力的局限

① 管道视野指的是使人们的生理、心理和行动限于最直接和熟悉的事物，而不能或不愿接受别的更广泛的选择。——编者注

性，即使能做决定，也会陷入一叶障目或局部最优化的境地。因此，决策模型的建立是前线人员做决策的前提条件。而在数字化转型的背景下，企业依靠大量信息建立了更为科学的决策模型，这就使生态型组织有了实施的基础，从而提高了响应速度，最大限度地提升了用户体验。

组织数字化转型的目标是决策权向前线人员转移，因此重点是由离客户最近的人员调配资源，而不是由层级最高的人员调配资源。所以说，企业数字化转型的本质就是组织进化。生态型组织与数字化转型是孪生兄弟，彼此成就，天生合拍。

章末总结

VUCA 已经成为新常态，但我们不必畏惧，而应勇敢面对，用超级 VUCA 来应对 VUCA。企业家必须清晰了解组织发展的规律，使组织从机械型向生态型转变，从封闭式向开放式转变。从组织形态创新的过程来看，这种组织的转变符合组织发展历程，也是数字化时代组织发展的必然趋势。

第2章

组织罗盘，生态型组织的进化地图

VUCA 已经成为组织发展的新常态，企业要用超级 VUCA 应对 VUCA。从机械型组织向生态型组织转变需要有导航地图，但是沿着旧地图找不到“新大陆”，企业需要适应时代发展的新地图。组织罗盘是从国内外优秀企业，尤其是近 30 年我国涌现出来的优秀企业的发展实践中探寻出来的、适应时代发展的新地图，适用于引领企业进化组织。

战略决定组织，组织决定成败，“企业生命力源泉 = 战略的适时调整 × 组织持续进化”。因此，从战略角度来看，企业必须持续做强第一曲线，不断开创第二曲线；从组织角度来看，企业必须适时进化第一曲线的组织能力，同时要刷新心智，提高建立新的组织的能力，促进第二曲线的涌现。企业在进化组织的过程中一定要注重“刚柔并济”，在整个企业内部形成一种良好的文化氛围，使组织更加充满生机和活力。组织能力提升了，企业就会像钻石一样坚不可摧。企业所处的发展阶段不同，所需要的组织能力自然不同，企业应顺势而为，因时而变。

优秀企业的进化奥秘

大国的崛起，一定会伴随着世界级科技公司的诞生。随着经济的发展，中国已经涌现出一批优秀企业，它们发展的奥秘何在？未来 10 年、20 年，它们能否引领中国，甚至是全球企业的发展呢？

中国 PATH 的发展之路

秦朔提出的 PATH 有两种含义，一种是代表了中国最具创新力、引领性最强的 4 家世界级企业；另一种是“道路、路线”的意思，代表了中国企业的成长之路。从 2021 年《财富》杂志世界 500 强企业排行榜可以看出，这 4 家企业确实非常优秀，均处于世界 500 强企业排名的前 150 名，其中平安处于第 16 名、华为处于第 44 名（见表 2-1）。

表 2-1　2021 年中国的 PATH 实力

项目 / 公司	平安	华为	阿里巴巴	腾讯
成立时间	1988 年	1987 年	1999 年	1998 年
营业收入（亿美元）	1915	1292	1059	699
利润（亿美元）	207	94	222	232
《财富》世界 500 强企业排行榜排名	16	44	63	132

数据来源：2021 年《财富》世界 500 强企业排行榜。

PATH 的 4 家企业，3 家起源于深圳，1 家起源于杭州，它们都经历了 20 年以上的发展历程。PATH 是如何发展并成长为世界级企业的？ PATH 的成长历程有哪些借鉴意义呢？

我们先看一下平安是如何从 1988 年只有 800 多万元营收的企业发展到如今拥有万亿元市值、万亿元营收的“航空母舰”的（见图 2-1）。

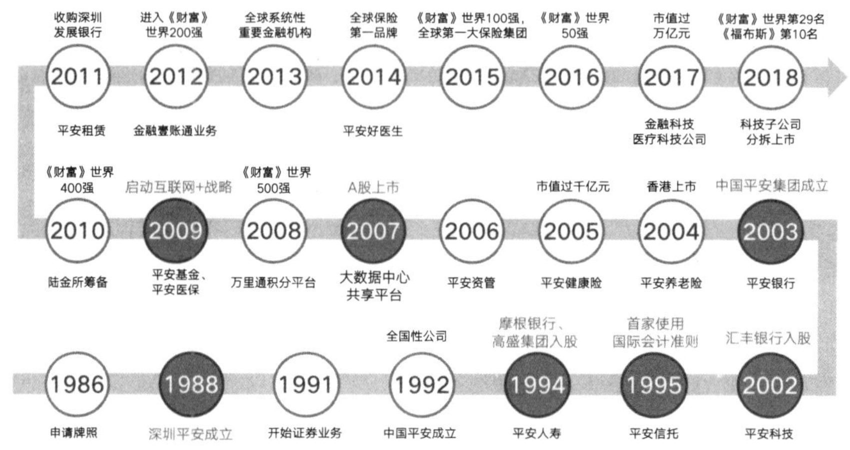

图 2-1　平安的成长历程

1988 年，马明哲立志要打破中国只有一家保险公司的状况，于是成立了平安。1994 年，摩根银行和高盛集团入股平安，并提出了两个要求：第一，要聘请国际审计公司对平安进行财务审计；第二，要聘请国际管理咨询公司对平安进行管理提升。正是这两个看似苛刻的要求，帮助当时只有 6 岁的平安，借助国际化的先进管理经验，开启了快速发展之旅。

2002 年，汇丰银行入股平安，平安发现汇丰银行在南非建设了规模庞大的后援中心，将整个汇丰银行的后台结算全部放在那里进行集中化、标准化管理，组织效率得到了大幅提升。于是，平安开始在上海张江筹建后援中心，进行风控标准化、流程统一化管理，从而降低了风险、提升了效率，使平安的组织能力得到进一步提升。

2003 年，中国平安集团成立了，开始了战略管控模式。中国平安集团的功能是“定战略、控总额、管干部、看结果”，既做到了扩大授权，又做到了放而不乱，避免“一管就死、一放就乱”的局面。集团放权给各个子公司，让其独立面对市场，“自主经营、独立核算”。平安又一次进入了快速发展通道，不断开创新的业务曲线。

2009 年，互联网经济兴起，平安开始研究“金融 + 互联网”的战略，踏上了互联网的快车道。平安的四大“独角兽”（平安陆金所、平安好医生、金融壹账通、平安医保）都是从那时开始孵化的。到如今，平安陆金所、平安好医生、金融壹账通都已经上市。由于互联网和金融的特性非常不同，这两个行业之间小到员工的着装、大到管理理念等都有很大的差异，从 2012 年起，平安又开启了新的组织进化之旅。

企业生命力源泉，基业长青的奥秘

平安 30 多年的发展历程，让我们看到了企业是如何不断超越自我，实现持续领先，走向一个又一个成功的。“花无百日红”，每一条业务线的发展都会从创业期到成长期，再到成熟期，最后到衰退期，就跟人有生老病死一样。那么，企业如何做才能实现基业长青呢？有一个非常有效的公式：企业生命力源泉 = 战略的适时调整 × 组织持续进化（见图 2-2）。

企业要从两个方面进行战略的适时调整。

- 关注第一曲线，把原来的业务线不断地做大、做强。就像人的寿命，从原来的 40 岁延长至现在的 80 岁，未来可能会超过 100 岁。企业也可以通过战略迭代，延长原有业务线的生命周期。
- 不断开创第二曲线，使企业从衰退期走向再兴期。就像人类繁衍一样，每个人都会离开这个世界，但是人类的基因可以通过生育不断繁衍，生生不息。人类生育需要在盛年和壮年时进行，那时的体力和财力都是最旺盛的。企业也要在盛年和壮年的时候开始打造第二曲线，不要等到企业进入衰退期以后，那时无论物力和财力都已不济。企业持续做强第一曲线可以给第二曲线的开创带来持续的资金支持，就像平安寿险给整个平安集团带来充足的实力支持一样。

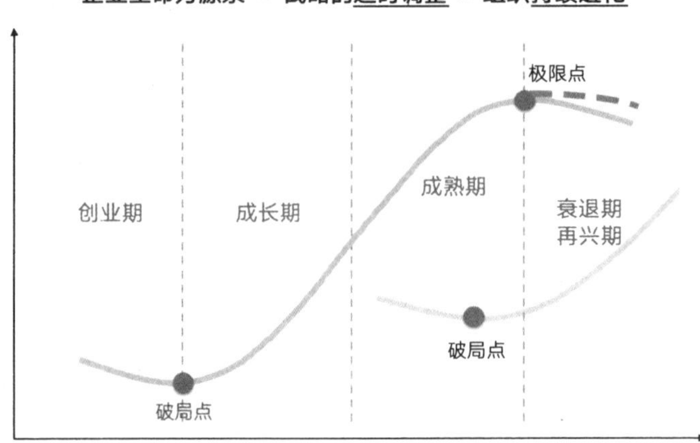

图 2-2　企业生命力源泉

平安的发展历程就是“战略的适时调整”的历程。在平安发展的第一个 10 年中，平安专注于保险业务，包括产险、寿险等业务。在平安发展的第二个 10 年中，平安开启了综合金融之旅，成立了基金、资管等业务部门，又收购了深圳发展银行，更名为平安银行。平安的综合金融战略奠定了平安万亿元级航空母舰的基础。在平安发展的第三个 10 年中，平安开始布局互联网金融，开始了“金融 + 科技”的战略，这就有了如今的四大独角兽，包括市值已经 300 多亿美元的陆金所等。在平安发展的第四个 10 年中，平安开始了“金融 + 生态”的战略。平安收购了“汽车之家”，从战略和组织上对“汽车之家”进行了全方位改造，使它 3 年内营收翻番、市值提升到原来的 3 倍。从这 4 个 10 年的布局来看，在战略上，平安的做法无疑是非常成功的，可以说是持续做强第一曲线，不断开创第二曲线的典范。

企业要实现持续领先、基业长青，除了要适时调整战略，还需要持续进化组织。组织的持续进化也包括两个方面。第一，要帮助第一曲线的组织能力进化，促进第一曲线不断做大做强。正如人在 40 岁和 20 岁时的生活方式是非常不同的，企业进入成熟期后，组织也会发生变化，开始僵化、失去活力。如何激活组织，打造敏捷组织，是值得探讨的课题。第二，发展新的组织能力，帮助企业开创第二曲线。第二曲线与第一曲线的组织能力往往是不同的，正如一个家庭中有两个宝宝时，我们不能用教育大宝的方式来教育二宝，因为帮助大宝取得成功的方法对二宝不一定有效。正如“颠覆式创新之父”克莱顿·克里斯坦森（Clayton Christensen）所说，制约企业创新的往往是过去极致成功的管理经验。

平安的发展历程也是组织持续进化的历程。1994 年，摩根银行和高盛集团入股平安，带来了麦肯锡公司国际化的管理经验，让平安进入国际化快速发展通道。2002 年，汇丰银行入股平安，给平安带来了中台的理念。2003 年，平安开始了集团化管理之路，集团实行“定战略、控总额、管干部、看结果”的管理方针，子公司独立核算、自主经营。2007 年，平安历经 20 年的发展之后，组织活力有所下降，这时它开始通过绩效管理、人效投产、薪酬激励等工具激活组织。2012 年之后，平安踏上了互联网的快车道。互联网文化与平安的金融文化有较大的差异，平安又开启了新一轮的组织变革与再造，成功地打造了陆金所等四大“独角兽”。

每一次进化都是一次脱胎换骨，只有能进化的企业才能突破发展瓶颈，实现基业长青。今天称得上基业长青的企业，与该企业初建时相比早已是今非昔比，这就是进化的结果。帮助企业进行组织进化，打造与战略相匹配的组织能力，实现基业长青，正是组织罗盘的宗旨。

组织罗盘，3 大抓手、6 项指针

如何让一群平凡的人一起创造出不平凡的价值，让“平凡人干非凡事”呢？价值创造的源头又在哪里呢？答案就是组织能力！那么，组织能力该如何打造呢？组织罗盘就是打造组织能力的方法论，是企业进化组织的地图。

找到适合企业的组织能力

什么是组织能力

借用著名人力资源管理教授杨国安的概念，“组织能力不是个人的能力，而是一个团队所发挥的整体战斗力”。组织能力不依赖于特定的能人。如果依赖于特定的能人，那么体现的只是某个人的能力，不是组织能力；如果不依赖于某个人，这种能力就具备可复制性，组织可以通过能力的复制实现更多的成功，以持续创造更大的价值，这也是组织能力的重要价值所在。一个组织如果能够发挥出团队整体的战斗力，就会像钻石一样坚不可摧。

如何打造出钻石般的团队呢？需满足以下三个要素。

- 优秀个体。如碳元素。如果不是碳元素，而是氢元素和氧元素，则中和为水，永远也成不了钻石。
- 组织结构。同样是碳元素，如果呈立方体结构，就是金刚石；如果呈层状结构，就是石墨。碳元素通过层状结构组合在一起，永远也不可能成为钻石。
- 打磨能力。钻石都是靠优秀的工匠打磨出来的。一颗原石，必须有能工巧匠来精心设计和打磨，否则成不了珍贵的钻石。

这和组织能力的形成原理相似。具有优秀组织能力的组织，首先是由优秀个体组成的，我们要找到类似碳元素的优秀个体。其次，优秀组织必须有良好的组织环境，包括组织结构、企业文化和激励制度等。否则，再优秀的个体离开了良好的组织大环境，也发挥不了作用。人人都说平安和华为是“黄埔军校”，这两家企业的管理者很厉害。可是，很多企业挖走平安和华为的管理者，并不能使他们发挥作用。最后，这些管理者兜兜转转，还是回到了平安和华为。所以，碳元素要形成钻石，还必须有结构、文化和制度的支持，这就是平台的作用。最后，优秀组织还必须具有好的进化能力。个体会出现懈怠，组织的文化和制度也会过时，但如果组织有优秀的 CEO 和一群与时俱进的管理者，就像工匠打磨原石一样，他们会不断赋能个体、复制组织的能力，带领组织持续进化，那么这个组织就能创造出更大的价值，实现“钻石恒久远，一颗永流传”。

组织能力源自战略

组织能力是一个团队在某些方面能够明显超越竞争对手、为客户创造价值的能力。组织能力源自战略（见图 2-3）。不同的战略定位和价值主张，决定了不同的组织能力。3 大价值主张包括产品领先、客户亲密和运营卓越。

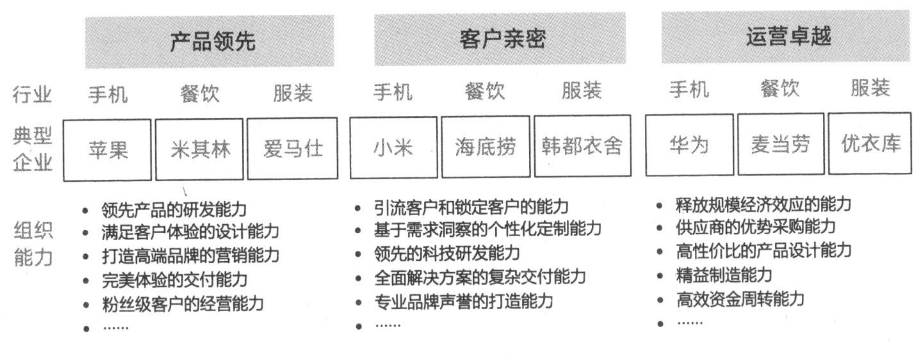

图 2-3　组织能力源自战略

如果企业的价值主张是产品领先，那么企业的组织能力应该是产品开发能力、完美体验的交付能力。苹果公司就是产品领先的极致典型。苹果公司颠覆了手机行业，创造出领先的手机产品。每次苹果发布新品，都会引起全民热潮、行业轰动，成为“果粉”们的头等大事。

不仅如此，苹果公司还颠覆了零售行业，苹果的零售店提供了酒店式的服务和体验。苹果零售店的 CEO 不是来自传统的零售行业，而是来自四季酒店，他考虑的是用户的体验，不是性价比。苹果把“性价比提升”的工作，即生产，外包给了富士康，自己则专注于研发极致产品。

如果企业的价值主张是客户亲密，那么企业的组织能力应该是锁定客户的能力、基于需求洞察的个性化定制能力、全面解决方案的复杂交付能力。咨询公司的价值主张大多是客户亲密，它们的组织能力是能够提供全面的解决方案。比如，麦肯锡长期为平安服务，IBM 咨询公司长期为华为服务，提供从战略咨询到组织能力提升的全方位、个性化的解决方案。早期平安的管理思路、中期平安的互联网战略等，都是由麦肯锡参与制定的。

如果企业的价值主张是运营卓越，企业的组织能力则应该是供应商的优势采购能力、释放规模经济效益的能力、精益制造能力。比如，富士康专门承接苹果手机的生产制造。通过运营卓越来实现规模经济、提高生产效率、降低成本，是富士康的主要战略。那么毫无疑问，富士康的组织能力则是大规模采购、标准化运营、系统化管理。

不同的组织、团队，需要不同的组织能力。每家企业的组织能力都是不一样的，需要企业高管做深入思考。既要结合企业的现状，了解哪些能力是企业的长项；又要面向未来，清楚企业的发展需要什么样的组织能力。

用组织罗盘，打造组织能力

组织罗盘概览

企业确定了组织能力之后，就需要围绕组织能力进行相应的打造。组织罗盘（见图 2-4）有 3 大抓手、6 项指针，3 大抓手分别是方向盘、红绿灯、加油站，6 项指针分别是企业文化、组织设计、绩效管理、投产薪酬、招聘保留和梯队培养。

企业要从使命、愿景、价值观出发，形成战略和组织，这是组织罗盘的第一大抓手：方向盘。方向盘包括企业文化、组织设计两大指针，起到牵引组织的作用。组织的打造需要好的激励机制和来自战略的绩效机制。这是组织罗盘的第二大抓手：红绿灯。红绿灯包括绩效管理、投产薪酬两大指针，起到激发动力的作用。所有的一切，最终都要靠人来实现，这是组织罗盘的第 3 大抓手：加油站。加油站包括招聘保留、梯队培养两大指针，起到赋能人才的作用。

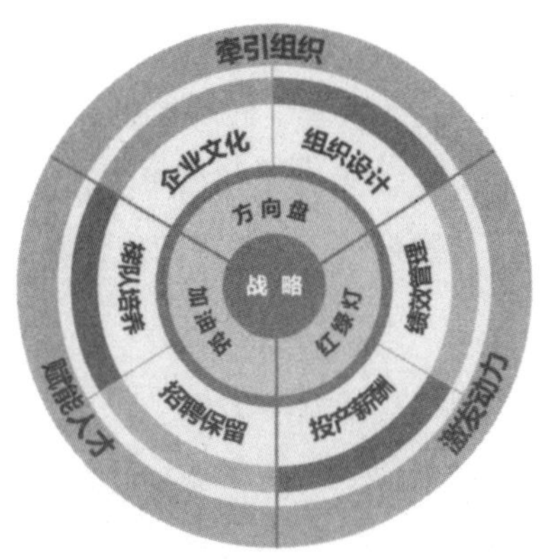

图 2-4　组织罗盘

组织罗盘是一个飞轮，要让飞轮迅速转起来，必须先找到一个着力点，给它一点力，然后飞轮才会越转越快，形成正向循环。针对组织罗盘的 3 大抓手、6 项指针，应该先从哪个点着手呢？可以从企业文化着手。企业文化建设好了，员工才能跟企业上下同欲、同频共振，才能在企业遇到困难的时候激发斗志。也可以从绩效管理着手，建立“成事达人”的绩效管理机制，激发员工的主动性，激活组织。当然，还可以从招聘和选拔优秀的人才着手，通过优秀人才带动企业的发展。每家企业的情况不一样，建议企业先进行组织诊断，找准着力点，使组织这个飞轮迅速转起来，帮助组织持续进化。

组织罗盘，刚柔并济

《日本的管理艺术》一书通过对比日本的企业管理方式，来深刻反思美国企业管理中的失误。书中提出，美国企业之所以在严酷的竞争面前显得疲软，是因为它们在管理过程中过分重视 3 个“S”，即战略（Strategy）、结构（Structure）和制度（System），这是硬性管理要素；而日本企业则在不忽视 3 个“S”的前提下，较好地兼顾了另外 4 个“S”，即技能（Skill）、人员（Staff）、作风（Style）和共同的价值观（Shared Value），这是软性管理要素。

对比来看，组织罗盘分为东西两个半球（见图 2–5），东半球的组织设计、绩效管理和投产薪酬属于硬性管理要素，而西半球的企业文化、梯队培养和招聘保留属于软性管理要素。所以，企业在进化组织的过程中一定要注重刚柔并济，从而在整个企业内部形成一种良好的文化氛围，使企业更加充满生机和活力。

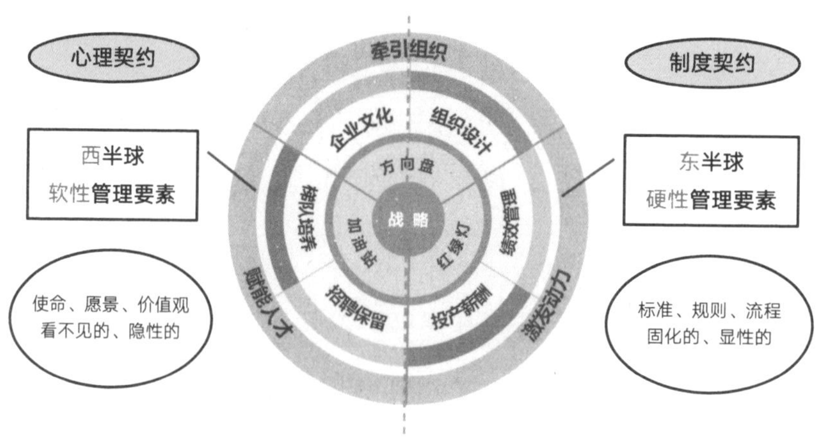

图 2–5　组织罗盘的东西半球

东半球的硬性管理要素指的是制度契约，即那些写在纸面上的、有流程的，甚至可以内化到管理系统里的，不管是谁都得照着去运作的标准、规则、流程等。制度契约是相对比较固化的、显性的契约，用来解决人与事之间、事与事之间的关系和协作效率。西半球的软性管理要素指的是心理契约，那些看不见的，也就是我们常说的使命、愿景、价值观、行动纲领等，都属于心理契约，用来解决人与人之间、人与组织之间的关系和协作效率。

CEO 的思想高度，决定组织的高度

原石经由能工巧匠细心打磨才能成为钻石，而组织能力也需要企业创始人和CEO 的用心打磨。一个企业能够发展到什么程度，是由 CEO 的思想高度决定的。企业所处的发展阶段不同，所需要的组织能力自然不同。企业应顺势而为，因时而变。

不同阶段，组织发展的重点不同

作为 CEO，首先要判断企业所处的阶段。企业要在“疼痛”到来之前，通过预判发展规模，清楚地知道自己在哪个阶段，提前进行组织建设，从而减轻两个阶段衔接之间的组织成长之痛，防患于未然。企业处在不同的发展阶段，组织发展的重点不同（见图 2-6）。准确判断企业的发展阶段，才能有的放矢。

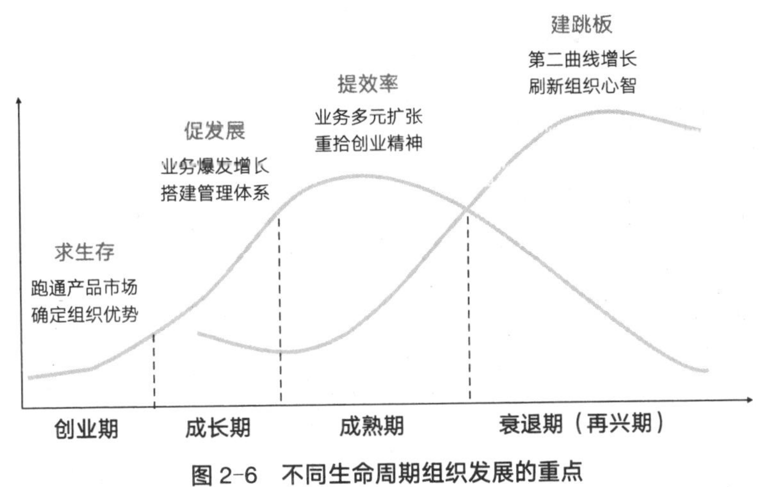

图 2-6　不同生命周期组织发展的重点

企业的成长分为创业期、成长期、成熟期和衰退期（再兴期）4 个阶段。

创业期

企业处于创业期时，最重要的是活下来，求生存是第一要务。企业获得成功的第一步，是创业者能够分辨出可行的市场并提供产品，跑通产品 MVP[①]，使企业的产品被市场接受认可。处于创业期的企业，组织发展最重要的工作有两项：第一，要有能力识别出当前或潜在市场的需求，并有能力定义市场；第二，要有能力在盈利的基础上，开发出产品或服务来满足市场的需要，为市场提供产品和服务。如果这两项任务不能完成，组织就不复存在，更别谈组织发展建设了。

成长期

《从 0 到 1：开启商业与未来的秘密》(*Zero to one:Notes on Startups, How to Build the Future*) 一书中写道，基础没有打好的企业是无法挽救的，因为创业企业的基本制度和创始团队的素质在后期很难调整。处在成长期的企业，已过生存期，需要通过“打造平台”来建立组织能力，从而促进企业快速发展。企业在这个阶段，会面临很多以前从未有过的问题，许多不妙的事情开始累积，成长之痛开始显现，这些痛与创始人不能应对随着组织成长而出现的管理问题有关。

在此之前，企业通常处于创业状态，很大程度上是在非正规的方式下运营的，企业需要从“游击队”转变成“正规军”，从创业型组织向专业化管理型组织转变。其中包括制度、流程和系统的建设，以及企业文化的建设。企业管理者可以通过表 2-2 来判断，企业是否正在经历成长之痛。

① 当 MVP 应用于 IT 行业，则指最简化可行产品，即开发团队通过提供最简化的可行产品来获取用户的反馈，然后在此产品上持续快速迭代，直到产品达到一个相对稳定的阶段。——编者注

表 2-2　组织成长之痛调查表

成长之痛	A 非常严重	B 严重	C 一般	D 轻度	E 非常轻微
1. 大家感到一天中的时间不够用。	__	__	__	__	__
2. 大家花很多时间在“救火”上。	__	__	__	__	__
3. 多数人不知道其他人在干什么。	__	__	__	__	__
4. 大家对公司的发展方向缺乏了解。	__	__	__	__	__
5. 好的经理人太少了。	__	__	__	__	__
6. 每个人都感觉“如果想把事情做正确，我就必须亲自做”。	__	__	__	__	__
7. 多数人感到开会就是浪费时间。	__	__	__	__	__
8. 做了计划，但没有跟进，事情没有结果。	__	__	__	__	__
9. 有些人开始觉得自己在公司中的位置不稳。	__	__	__	__	__
10. 公司销售额增长，利润却不增长。	__	__	__	__	__

专业化可能会带来官僚化，但是，如果在一个规模庞大的公司里采用创业型管理方式，更容易导致混乱。官僚化和混乱，如果必须在这两者之中做选择，那么“两害相权取其轻”，宁愿选择官僚化。因为官僚化可能会让企业发展得慢一点，但混乱会让企业“死”得更快。

对处在成长期的企业来说，打造组织管理的平台非常重要。搭建平台时对组织罗盘的 3 大抓手、6 项指针，不需要面面俱到。可以从一个点着手搭建，比如企业文化、梯队培养等都可以。至于先从哪个点着手，就需要进行组织诊断，确定最重要、紧迫的点。

成熟期

企业进入成熟期后，组织发展有两项重要的工作。

第一，通过资源整合、多业务体的组织设计、平衡授权与控制，最终达成整合组织的目标。其中最重要也最难的是控制和放权之间的平衡问题，这很微妙，因为企业既要对多元化运营部门有一定程度的集中控制，又要给事业部足够的自由度以发挥创业作用。

在这个过程中要处理以下几个关键问题。

- 采用合适的组织结构。比如，是否要把组织分成各个事业部（事业部化），这就需要定义“公司”的职责，以及各个事业部的职责。
- 制订企业战略规划。在公司整体层面和每个事业部内部层面都要制订规划，并且涉及两个层面的整合。
- 设计和执行业绩管理系统。确保运营系统在公司层面和事业部层面都能推动有效的运营。
- 企业文化的融合。公司内每一个独立的事业部可能都有自己不同的文化，各个事业部的文化在某些情况下需要融合，以推动完成目标所需要的合作。

随着业务的多元化发展，平安已经发展成为综合金融集团，包括保险、银行、投资等多条业务线，拥有 10 多家子公司。因此，平安在 2003 年正式成立了平安集团，平安集团与各个子公司之间有明确的分工，平安集团的管理方针是 12 个字：定战略、控总额、管干部、看结果。子公司则是自主经营、独立核算，避免了“一管就死、一放就乱”的局面，在控制和放权之间做到了很好的平衡。

第二，激活组织，重拾创业精神。成熟期的企业有个特点就是老员工很多。企业在发展，但很多人并没有跟上企业发展的步伐，导致企业整体战斗力下降。比如，到 2007 年，已经成立 20 年的平安开始进入成熟期。如何激发人员的活力，保持组织的高效能、高绩效，是当时平安的组织发展首先要考虑的。因此，平安将组织发展的重点放在组织罗盘的红绿灯上，即运用绩效管理、投产薪酬等工具，来实现末位淘汰和“345”薪酬激励，也就是 3 个人干 5 个人的活儿，拿

4 个人的工资，以此来激活组织。

衰退期（再兴期）

企业在经历了成熟期的辉煌之后，达到一定规模，就容易陷入自满而不自知的境地；企业管理团队的领导力衰退，企业规模超过企业创始人的管理能力范围，企业很容易进入衰退期。企业如何做才能有效避免早衰或者延迟衰退期的到来，甚至进入再兴期？首先，企业要不断延长原有业务曲线的生命周期，就像人类的平均寿命从以前的 40 多岁延长到如今的 80 多岁；其次，要不断打造新的业务曲线，就像人类通过生育，使基因不断繁衍、进化、传承。

对于即将进入衰退期的原有业务曲线，企业的主要工作就是重启。这就要求企业重新成为创业型企业，企业必须重新考虑"自己是谁"。从基础建设开始重新推导、重新发力，再把所有阶段需要做的任务重新做一遍，定义市场，提高产品质量和服务，构建基础的运营系统和专业的管理系统，建立企业组织文化……不断归零、重启。比如，平安对保险业务不断进行升级换代，从早期的搭建中台、电话销售，到近期的互联网改革，一直在引领全国甚至全世界保险行业的迭代。

企业还必须不断打造新的业务曲线，在企业即将进入衰退期时，组织发展的重点在于构建新的组织能力。第二曲线与第一曲线的组织能力往往有较大的差异，第一曲线的组织能力应用到第二曲线会制约第二曲线的发展，这时就需要构建新的适合第二曲线发展的组织能力。比如，平安从金融领域走向互联网领域时，组织能力有很大的不同。对于平安体系内已发展 30 年的保险业务而言，组织能力是极致的运营；而对"新生儿"平安陆金所而言，所需的组织能力是创新。所以，此时的平安选择重构组织能力，成功打造出四大"独角兽"。当重构好组织能力后，企业就建好了跳板，为企业从衰退期走向再兴期做好了准备。

组织发展需顺势而为、因时而变

企业在不同的发展阶段需要不同的组织能力，因此组织发展需要顺势而为、因时而变。比如早期的华为，缺乏对客户需求的前瞻性关注，没有跨部门的结构化流程，作业不规范，项目计划混乱。后来华为邀请 IBM 来进行组织管理变革，促进企业脱胎换骨。在变革过程中，董事长任正非提出了“先僵化，后优化，再固化”的变革方法论。华为从无流程而随机灵活的“狐狸式”管理，向流程化而恪守原则的“刺猬式”管理不断转变。

今天的华为，经过多年的积淀，原来的杂乱无章消失了，但随之而来的是循规蹈矩、官僚作风的出现，比如流程文件多达 3 万份，立项周期长，决策慢，开发不敏捷，创新土壤呈现“盐碱化”趋势等。显然，今天的华为要从“刺猬式”管理方式逐步向“狐狸式”管理方式转变。华为的组织发展过程告诉我们，组织发展要动态匹配企业的外部和内部环境，确保整个组织保有对立思维下的行动力，使组织兼具“刺猬”和“狐狸”的特性。

马明哲曾经说过：“小胜靠个人，中胜靠机遇，大胜靠平台。”伽蓝集团是中等规模的化妆品公司，创立已有 20 年，年营收 100 亿元，自然堂是其旗下品牌。伽蓝集团的创始人郑春颖特别勤奋，经常工作到深夜，正是由于他的努力，伽蓝集团很快发展起来，这就是“小胜靠个人”。后来，伽蓝集团抓住了互联网兴起、年轻人成为消费市场主力军等机遇，得到了长足的发展，这就是“中胜靠机遇”。伽蓝集团要发展到营收 200 亿元、300 亿元的规模，靠什么呢？“大胜靠平台”。构建平台的要点就是打造组织能力。通过组织能力的打造，企业可以实现持续和全面的领先，而不是一时或者一地的某项业务领先，从而取得更大的成功。伽蓝集团要取得大的胜利，必须提升组织能力。

王阳明曾提出“知行合一”，不过对普通人而言，要做到这点很难。平安在提升组织能力的时候，马明哲提出“以行为知”。企业在进行组织变革时，刚开始推行时可能有很多人想不通，处于观望状态。那是不是要等到大家都想通了之后再推行呢？做不到“知行合一”，就只能“以行为知”，先做起来。当部分人按照要求行动起来、坚持下来后，意识就会相应地发生转变，从而影响越来越多的人一起改变。马明哲说：“很多行之有效的方法和规则都需要靠制度和行为做先导，形成很好的效果，然后才能在人的观念上形成改变。”这跟任正非提出的“先僵化，再优化，后固化”是一个道理。

组织发展是一把手工程

组织管理有 3 个阶段，分别是人事管理、组织管理和组织经营，具体如图 2-7 所示。企业 CEO 及中高管可以对照此图检视本企业组织管理的现状，判断企业处在哪个阶段。

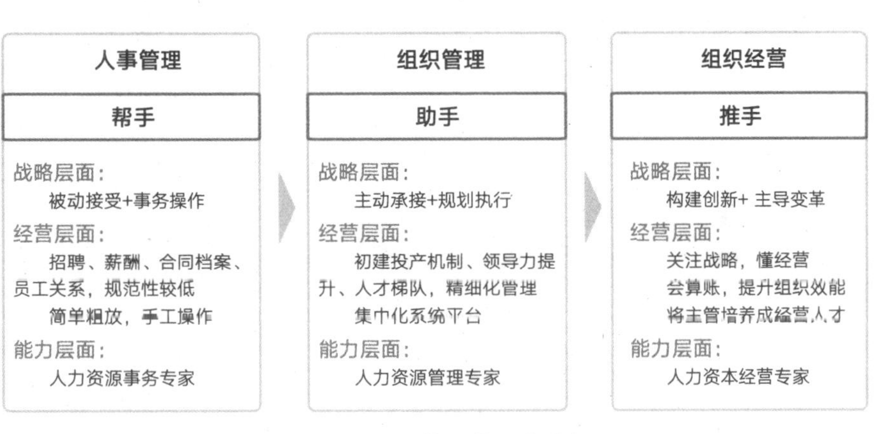

图 2-7　组织管理的 3 个阶段

处于人事管理阶段的企业，没有成型的人力资源部，负责相应工作的部门，有的叫人事部，有的甚至叫行政人事部或者综合管理部。从部门的名称上就可以看出，企业对人力资源工作不重视，人力资源部门的工作基本就是发招聘信息、筛选简历、发工资、交社保、整理员工档案、办理员工入职和离职手续等。而且，这些工作大多是人工操作，主要使用纸质档案，缺少 IT 系统的支持。这时人力资源部门的工作就是简单的事务处理。如果让处在人事管理阶段的员工去实行组织进化，显然不行。

处在组织管理阶段的企业，有成型的人力资源部，已经搭建了系统化的组织管理平台，进行精细化的组织管理，包括人效投产分析、绩效管理、领导力提升、梯队搭建等，同时也有了较好的 IT 系统的支持。但是，这时的人力资源管理还是被动式的，处于“救火状态”；人力资源部是“助手”，并没有主动地从企业的业务和战略出发，来考虑企业的组织能力应该如何提升。因此，让处在组织管理阶段的员工去实行组织进化，结果也不会很理想。

人力资源部必须从“帮手”向“助手”进化，最终向“推手”发展，即企业的组织管理必须走向组织经营阶段。人力资源部是否到达组织经营阶段，总体上要看它是否能构建创新策略、主导变革，及时进化组织以适合企业的战略调整，打造强活力、高绩效的组织。细化来看，有以下 3 个标准。

- 关注战略，理解企业的经营方向，围绕企业战略进行人力规划。
- 学会算账，把资源投入效率高的业务，实现企业整体效能的提升。
- 将直线经理培养成为经营人才，只有整个企业的核心骨干都成为经营人才，才会给企业带来生生不息的成长动力。

企业生命力源泉 = 战略的适时调整 × 组织持续进化。企业要想生生不息，拥有强活力、高绩效，就必须具有强大的组织管理体系，从人事管理走向组织管理，直至组织经营，实现组织能力持续进化。要实现组织经营，企业 CEO 必须充分重视战略和人力资源。

从 PATH 的发展经历来看，无论是对战略还是对人力资源，企业 CEO 都极其重视。平安将战略和人力资源提升到组织的左右脑的地位：战略是左脑，是设计师、发动机；人力资源是右脑，是方向盘、红绿灯和加油站。正是对战略和人力资源的充分重视，这些优秀企业才得以不断地进化，生生不息，不断获得发展的生命力。

章末总结

组织能力来源于战略，战略决定组织，组织决定成败。组织能力的打造，需要从战略出发，围绕组织罗盘来进行。从企业文化的打造和落地，到组织结构的搭建、绩效目标的设定、绩效考核和辅导、薪酬奖金的分配、优秀人才的招聘和保留、梯队人才的培养等，任何一项工作都需要企业业务主管的参与，更需要企业 CEO 的重视和支持。组织发展是企业 CEO 的一把手工程，企业 CEO 的思维高度决定组织的高度。

第二部分

方向盘，
及时细微地调整组织方向

企业文化，组织持续进化的开端

从出生到死亡，人们都被种种虚构的故事和概念围绕，以特定的方式思考，以特定的标准行事。这种虚构的故事就是“文化”。尤瓦尔·赫拉利（Yuval Harari）在《人类简史》中写道，文化的打造需要经历三个过程：建立、巩固、打破和重构。

- 建立文化：要让人类集体合作，必须构建只存在于集体想象中的虚构故事。
- 巩固文化：为了维持用想象构建出来的秩序，必须持续投入大量心力，甚至还得掺入些暴力和胁迫的成分。大部分的人（特别是大部分的精英分子）必须真正相信这套秩序，在一切事物中融入它。
- 打破和重构文化：想要改变现有的、由想象构建出的秩序，就得用想象构建出另一套秩序。

组织文化的建立也遵循着相似的规律。在企业成立之初，大家来自五湖四海，那时没有企业文化，每个人都有各自的价值观。当大家开始一起做事的时候，因为价值观不一致，沟通会遇到困难。遇到困难之后，大家要一起去解决，当团队一起想办法解决这个困难之后，会形成一些共同的经验，这就是文化产生的第一步。这些经验在反复验证的过程当中，通过大量的实际案例，变得越来越可靠。于是，大家把经验写下来并推广，这就是企业文化的巩固。当企业文化已经成为企业发展的阻碍时，企业管理者就需要进行文化的重构，刷新组织，为企业的发展赋予新的动力。

打造具有灵魂的组织

企业是由许多个体组成的大家庭，应该有共同的使命，而不是各自为政。企业家都希望员工能够“上下同欲”“力出一孔”，但是在管理企业的时候，常常通过自上而下的制度来管理，用“胡萝卜加大棒”的方式来激励员工的行为，忽略了对人的心智模式的改变，忽略了对企业的使命、愿景、价值观的打造，忘记了自下而上地去发挥人的主观能动性。在这种情况下，企业是缺乏灵魂的。

有多少人真正认同企业愿景

在 VUCA 时代，企业需要打造生态型组织，采取感知和响应的管理方式，通过塑造共同愿景来牵引组织。如果将对企业愿景的认同程度划分为真心认同、形式认同、勉强认同和不认同，那么有多少人真心认同企业愿景，又有多少人是形式认同、勉强认同，或者不认同呢？

我们以在高速公路上开车为例来解释什么是真心认同、形式认同、勉强认同和不认同。交通规则规定人们在高速公路上开车时，时速不应超过 120 千米。但在实际执行时，时速超过规定上限 20% 以内的，一般不会被开罚单。为了便于表述，就以时速 140 千米作为开罚单的上限。

第一种人开车时，始终将时速控制在 120 千米以内，哪怕前面没有车也依然如此，因为他们意识到此举有利于保障自己及乘客的生命安全，而且只有坚持这种时速，才能养成良好的开车习惯，在关键时刻保障人身安全。这种人属于真心认同，他们的思考方式是自驱动的，靠使命和愿景来牵引，不需要外在规章制度的约束。在企业内，这种人真心认同企业的愿景，时刻为企业的前途着想，与企业同患难、共命运。

第二种人开车时，会将时速控制在 140 千米以内，而不是 120 千米以内。他们心里想的是，反正车速开到 140 千米 / 时也不会被开罚单，那为什么不开快点儿呢？他们在乎的是是否会被开罚单，甚至还会嘲笑那些将时速控制在 120 千米的人，认为那些人不懂得利用制度的漏洞。这种人就属于形式认同，他们靠外在的制度驱动，而不是靠内心的使命和愿景牵引。

第三种人开车时，一边将时速控制在 140 千米以内，一边骂骂咧咧："这是什么破规则？明明前面没车，还不让我一脚油门踩下去。这不是浪费时间吗！"这种人属于勉强认同。在企业里，也有不少这样的人。他们虽然没有违反规章制度，但是在洗手间、吸烟室里，到处都充斥着他们负面的声音。

第四种人开车时，习惯性地将油门一脚踩到底，一直处于超速状态。"管他什么交通规则，舒服了再说"是他们真实的心理写照。这种人属于不认同。企业里各种违规的人员，大抵属于这种。

靠制度驱动，组织缺乏灵魂

我们盘点一下，企业里有多少人真心认同企业的使命、愿景、价值观？对绝大部分企业而言，这个比例都不太高。究其原因，是组织缺乏灵魂。

CEO 们在管理企业的时候，过于强调硬性要素和制度契约，用制度、流程来约束员工，往往忽略了软性要素和心理契约。这就造成了很多员工照章办事，人在心不在，甚至偶尔还会怨声载道。

所以，在管理企业时，CEO 们需要从文化着手，打造有灵魂的组织。但这不代表不需要硬性要素和制度契约，而是应该刚柔并济（见图 3-1）。很多公司没做好硬性要素和制度契约，同时又忽略了软性要素和心理契约。纵观优秀公司的发展史可以发现，它们既会通过制度、流程、规章来进行管理，又会通过使命、愿景、价值观去激发人的主观能动性，做到刚柔并济。

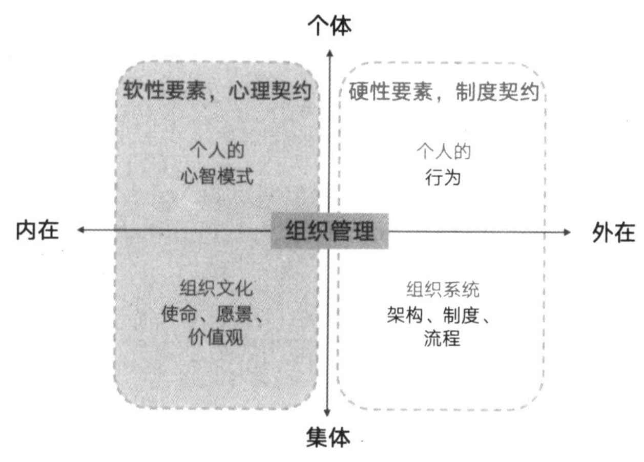

图 3-1 组织管理的多种方式

记得有人说过："制度是来强化文化的。有哪个人是看了刑法，读了宪章，才知道不许杀人的？有哪个人是看了法律说不许杀人，才不杀人的？你是从爸爸妈妈那里和平时的生活习惯中，知道了很多事情是不能干的。"制度是用来强化使命、愿景、价值观的。如果企业文化建设得好，制度就可以少很多。一支有温度的团队，才能创造出更多有温度的产品、有社会责任感的产品，拥有这支团队的企业才会走得更长远。

三家公司的企业文化对比

企业文化在公司的发展中，到底有多重要？我们通过分析以下三家公司的发展，来做个对比。

先看腾讯。腾讯的成长史，就像一个男生的成长过程。他小时候特别调皮，长大之后突然醒悟，突飞猛进地不断成熟，最终成为令人尊敬的人。腾讯在创业期时，为了生存，什么赚钱做什么；市场上什么好卖，它就去模仿什么。所以，《计算机世界》曾经刊登过一篇指责腾讯的文章。这或多或少代表了同行对腾讯的不满。到了成长期时，腾讯意识到这是不对的，开始专注于自我成长。于是，腾讯立志要成为“最受人尊敬的互联网企业”，不再模仿，而是注重自主研发和生态建设。到了成熟期时，腾讯提出了“用户为本、科技向善”的理念。但是，腾讯的主要盈利来源却是游戏，这显然与此时期腾讯的价值观不相符。因此，腾讯逐渐增加了创新业务的比例，还赞助了各种科学比赛。腾讯的发展史，就是一部企业文化不断更新，用企业文化来引领企业发展的历史。

再来看平安。如果说腾讯像个调皮的男生，平安则像个一直都非常优秀的女生。她从小就是学霸，早早地树立了自己的目标，坚守长大以后对社会做出贡献的理想。平安创立之初，它的理想就是改变中国的保险业，改变中国只有一家保险公司的局面。从创业期到成长期，平安的目标更新为发展综合金融，不仅要改变中国的保险业，更要改变中国的金融业，包括银行、证券、投资等。为了坚持综合金融这一目标的实现，平安的创始人马明哲说：“只要能做成综合金融，哪怕让我下跪我也愿意。”进入成熟期时，平安又提出“科技赋能金融、金融赋能生态、生态赋能金融”的战略。平安的发展史，就是一部坚守理想的历史。通过不断树立更远大的目标，通过企业文化的牵引，平安才能一路向前，这就是企业文化的力量。

最后看一下泰山机械配件厂。大家想必没有听说过这家企业。1988 年，当马明哲成立平安的时候，我的父母成立了泰山机械配件厂。小时候，我们家在农村，那时城市户口的重要性是今天的年轻人难以想象的。泰州市承诺我父母，只要去泰州开办企业，我们全家就可以获得城市户口。这就是我父母创立泰山机械配件厂的原因。但由于企业没有远大的理想，也就没有太大的发展动力，泰山机械配件厂一直处在维持生存的状态。多年之后，我和弟弟都考上了大学，城市户口的问题自然解决了，泰山机械配件厂也没有存在的必要，于是就关闭了。

泰山机械配件厂与平安同样于 1988 年成立，但当初的使命、愿景不一样，牵引着企业前行的动力就不一样。可以说，创始人的使命、愿景直接决定了企业的发展。心有多大，舞台就有多大。

从这三家企业的发展史可以看到，企业的愿景、价值观在企业的发展中发挥着至关重要的作用。腾讯的愿景随着企业的成熟而不断迭代，同时又牵引着腾讯的发展。平安的愿景一直非常清晰、坚定，引领着平安的发展。组织进化，文化先行。任何企业想要不断发展，首先要厘清自己的使命、愿景、价值观，然后要通过一系列的举措，使企业文化得以落实，让真心认同企业愿景的人越来越多，实现上下同欲。

锻造使命驱动的员工

到底是个人的心智模式先改变，组织才相应改变，还是组织的文化先改变，再带动个人的心智模式发生转变？其实，两者互为前提，推动组织呈螺旋式上升。个人的心智模式，尤其是 CEO 的心智模式发生改变，会带动整个组织的文化发生转变。与此同时，组织文化的改变又会带动组织成员心智模式发生转变。

要打造有灵魂的组织，就必须从探寻个人的使命开始。个人使命的根本是以追求真善美为前提。有使命的个人带着正能量来到组织，整个组织的能量场就会越来越强，同时组织也会不断地迭代升级，组织的使命、愿景会越来越清晰。

使命让人穿越第二曲线

对于什么是成功，曾经有人做了调查。在受访的 2 000 多人中，只有 28% 的人希望赚更多的钱，他们认为成功的标志是房子、车子和位子。64% 的人希望可以多做一些有意义的事情，他们认为成功就是活出自己，做身心完整的个人。

20 年前，我研究生毕业，应聘到了毕博（原毕马威）咨询公司。当时同学们都很羡慕，认为我接下来房子、票子等都会有了。“五子登科”是 20 年前人们追逐的世俗成功。但今天，越来越多的人希望活出自己。

上述调查数据说明，今天我们要重视的是员工的成就感。员工的成就感即自我实现的满足感，会让他们不断地探寻个人使命，最后与企业的使命越来越趋同，从而与企业同频共振。

为什么希望活出自己、探寻个人使命的人越来越多？从马斯洛需求层次理论来看，越来越多的人已经解决了生理需要、安全需要，因此转而去追求社会需要、尊重需要和自我实现需要。人们处在从追求小我向追求大我的转变过程中。时代在变，企业应该随时代而变，注重员工的成就感，鼓励员工寻找个人使命，实现自我价值。

使命会让人穿越第二曲线（见图 3-2）。一个很有趣的数据显示，大部分人在 36 岁之前没有想过使命，都还处在第一曲线的奋斗过程中，即目标是世俗的成功。但当人们进入 36 岁之后，会思考活着的意义是什么；到 45 岁时，会慢慢地悟到生命的意义之所在。

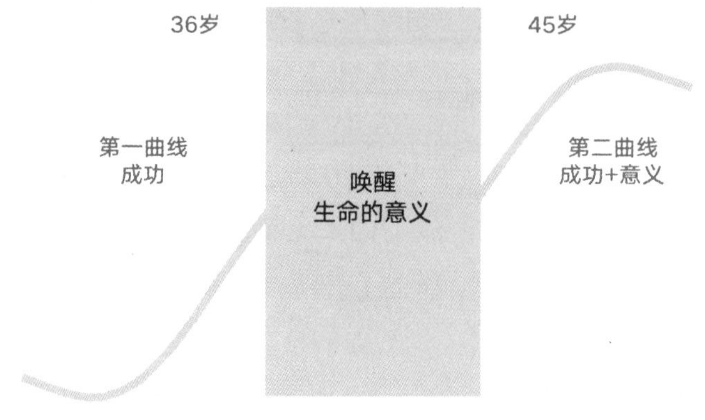

图 3-2 使命让人穿越第二曲线

我现在越来越清楚自己的使命，即“打造组织新范式，点亮更多企业家”。这个使命不是突然迸发出来的，而是我在最近几年进行职业转型时不断探索出来的。当我找到自己的使命时，我更加清楚，快乐不是为外在的激励所驱使，而是为内心的召唤所驱动。这个动力不是短期的，而是源源不断、具有生命力的。活着，是为了追求生命的意义，这就是使命的价值。

使命来自内心的召唤

使命是超越自我、超越家庭的。使命越小主题就会越多样，使命越大主题就会越趋同。使命是我们可以为他人、社会、世界带来什么。它不是一成不变的，而是可以不断迭代、具有生命的。随着个人的成长，使命也在不断成长。人生每一阶段的使命都有可能不一样，使命会随着人们经历和体悟的不同而逐步迭代，不断进阶。但使命都是以利他为导向的，使命的前提都是追求真善美。

使命如何产生

纪伯伦说：“工作是看得到的爱。我们的目标并不是永远活下去，而是创造出能永远活下去的东西。”[①] 我想，这应该就是使命吧。使命就是“我擅长”“我热爱”“被需要”3 个词的交集（见图 3-3）。当我们通过一些方法，把“我擅长”“我热爱”“被需要”找出来之后，我们每个人就都被“点亮”了。

以我自己为例。我擅长把复杂的事情进行拆解、结构化，并且用简单的语言讲清楚。组织管理是件很复杂的事，但我能够用组织罗盘把它形象地表述出来，简单易懂。我还善解人意，擅长洞察别人内心的想法。在与企业 CEO 们交流的过程中，我能洞察到他们内心的想法，并且用教练式辅导的方式，帮助他们发现问题，找到解决方案。因此，我能“点亮”更多企业家。

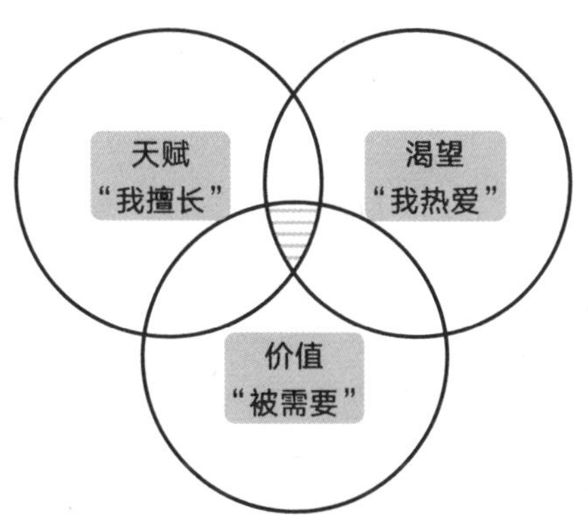

图 3-3　使命是“我擅长”“我热爱”“被需要”的交集

我每次上课的时候都充满激情，哪怕这个工作需要持续三天三夜，我依然充满激情。为什么？因为热爱，我热爱传道授业解惑；因为渴望，我渴望把自己的能量奉献出来；因为力量，热爱给予我力量，让我陪伴大家一起前行。这种热爱是发自内心的，是金钱等外在力量的驱动所无法替代的。

“被需要”指的就是被认可被接受，感受到自己的价值所在。人们因为被需

① 出自《指数型组织：打造独角兽公司的 11 个最强属性》。这本书的中文简体字版已由湛庐引进，浙江人民出版社 2015 年出版。

要，所以可以长期坚持，不会孤独前行。我每次上完课，很多同学都说，“老师，我被你‘点亮’了”，“老师，你让我看到了团队的不足，让我看到这个团队能做得更好”。这种“被需要”激励着我，给我源源不断的动力。基于“我擅长”“我热爱”“被需要”的交集，我找到了自己的使命，“打造组织新范式，点亮更多企业家”。我希望能够帮助越来越多的企业，“点亮”越来越多的企业家，帮助企业从机械型组织转向生态型组织。

我们找到了“我擅长”“我热爱”“被需要”的交集，就找到了我们的使命。我们就应该拥抱它，与它成为一体。很多时候，使命来敲门了，我们却感受不到。但是，当我们经历了越来越多的历练之后，就会越发清晰地感受到使命在敲门。于是我们会打开“心门”，释放自己，使命就能悄无声息地与我们融为一体。当我们有了自己的使命之后，就不会活在别人的世界或认可里，那是外在的因素。我们会活在自己的使命里，那是发自内心的热爱，能让我们活出自己的人生。

蓄势待发的英雄之旅

找到使命，就是找到“自己”。山本耀司说，“自己”这个东西是看不见的，但撞上一些别的什么，反弹回来后，人们才会了解“自己”。所以，跟很强的、可怕的、水准很高的东西相碰撞，然后才能知道“自己”是什么，这才是自我。

使命的召唤有可能来自外界发生的变化，也有可能来自内在的觉醒，二者是相结合的。个人要不断地进化，外部环境也会起推动作用。使命的召唤有可能来自一次危机，也有可能来自一场灾难。每一次的危机或灾难都会推动我们去思考人生和活着的意义，让我们离使命越来越近，如图 3-4 所示。很多人经历了磨难之后，反而活明白了，活出了真正的自己。

“读万卷书，行万里路”有助于探索真正的自己。我女儿小的时候对自己没有要求，成绩自然也不好。作为不那么望子成龙、望女成凤的妈妈，我也没有太多的焦虑。我女儿 6 年级暑假时，去美国参加了卡迪根山中学（Cardigan

Mountain School）的夏校，我们全家又进行了美国名校参观之旅，访问了哈佛大学、麻省理工学院、耶鲁大学、沃顿商学院、康奈尔大学、卡耐基·梅隆大学等著名院校。坐在耶鲁大学法学院的图书馆里，望着哥特式的穹顶，我和女儿都感觉此生一定要来此读一回书，人生才算圆满。

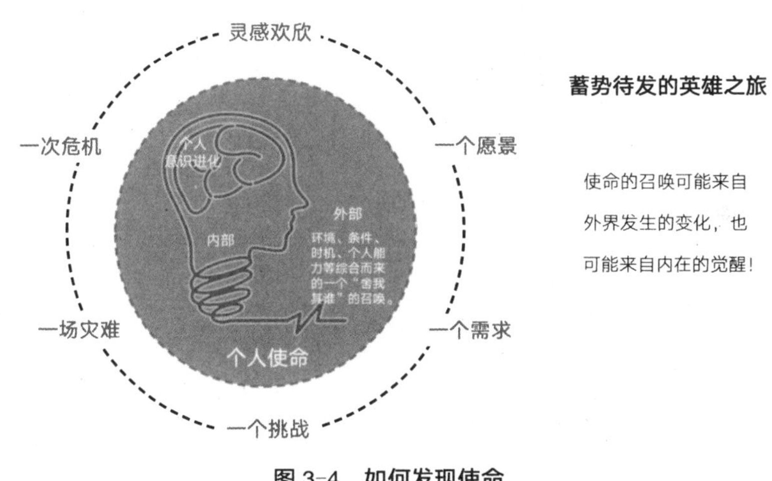

图 3-4　如何发现使命

回国后，女儿在日记里描述了自己的心愿：等她长大成人后，也要从事慈善事业，捐赠回馈母校。从那时开始，女儿的人生状态发生了变化，她从一个对自己没有任何要求的小孩，蜕变为积极、乐观、主动的青少年，成绩也一路上升。每当我回想起女儿的这段成长经历时，总掩饰不住自豪。但更重要的是，我认识到，内在的觉醒会让我们发现“自己”，而“读万卷书，行万里路”有助于内在的觉醒。

心想事成的力量，一直在冥冥之中牵引着我们往前走。我是江苏人，读大学时需要借道上海转到厦门。我当年在外滩和南京东路游玩时，看到那一栋栋雄伟建筑里的一家家金融机构，就想，自己以后能否在外滩工作，能否在这其中一家金融机构工作。我原以为这一切都是梦想，但是当我加入平安，搬到了浦东新区陆家嘴环路上的平安金融大厦，遥望对岸的南京东路时，才发现梦想是一定要有的，万一实现了呢。

我曾尝试着写下自己 10 年内的 30 个目标，当再回首时，很神奇地发现绝大部分目标都实现了，甚至在很短的时间内就实现了，这就是梦想的力量。如果我们的梦想是为他人、为社会、为世界带来改变的话，这就是使命，使命会牵引着我们前行，这就是使命的力量。

让整个组织同频共振

虽然企业文化很重要，但这并不意味着所有的企业都能建设文化。初创企业建设不了文化，这时候更重要的是筛选出愿意和企业一起生存下去的员工，把他们作为星星之火的种子，才能有机会在未来孕育企业文化。老板没文化也建设不了企业文化。如果老板内心没有真正信仰的东西，那么企业前景也不明朗。

企业文化的打造必须结合企业自身的经验，必须开启群智，拒绝自娱自乐。很多企业的 CEO 说他们有企业文化。如果问他们企业文化是怎么弄出来的，他们会说："很简单，我照着阿里巴巴的企业文化，在办公室里花几个小时就改出来了。"这不是企业文化，甚至连老板的文化都算不上，这只能算是阿里巴巴企业文化的延伸。

企业文化不只是贴在墙上的标语

企业文化的很大一部分潜藏在未言明的行为、思维方式和人际模式中，它可以具象为一些价值理念和行为规范，但更多时候，它表现为一种说不清道不明的氛围。那么，到底什么是企业文化？我们先看几个例子。比如人们走进一家企业，首先接触的是前台。她是热情的还是冷漠的？她在上网看小说，还是在同时处理多项工作？下午 6 点是某家企业规定的下班时间，而在下午 5 点半时，这家企业里已经有很多人开始收拾包，讨论晚上去哪里吃饭，跟谁约会。但另外一家企业，到晚上 8 点依然灯火通明。再比如，有的企业要求员工无论到哪座城市出差，无论什么级别的领导，都不允许接送，华为董事长任正非都曾经深夜在机场排队等出租车。但是有的企业，大领导无论到哪儿出差，身边都是前呼后拥，机场接、机场送。

上面的例子，真实地体现了不同的企业文化。企业文化有可能是虚的，也有可能是实实在在的。企业文化可能是空气，是一种味道，体现在企业的方方面面。企业文化是一种思维方式，是同事之间相处需要遵守的行为准则的前提。

企业文化是企业在长期实践中形成的、为成员普遍认可和遵循的价值观念和行为方式的总和。当企业文化满足以下 3 个条件时，才能为企业带来持续的竞争力。第一，企业文化必须有价值，必须使一家企业所做的事情是低成本的，能够带来高收入及高边际收益，即企业文化必须产生积极的经济效果；第二，企业文化必须是稀有的，必须具有区别于其他大多数企业的独特的特点；第三，企业文化必须是难以模仿的，没有独特文化的企业无法进行使其自身文化与时俱进的活动。

企业文化的形成，需要经过以下几个阶段。

- 阶段一：企业文化通过创始团队和第一批员工直接互动而产生。
- 阶段二：老员工向新员工口头传播，企业文化开始被曲解，因此需要投入部分时间用于文化阐述。
- 阶段三：建立组织内部的企业文化传播方式，并加以管理。
- 阶段四：用正规化的方式来管理企业文化，企业文化管理应成为规划流程的一个重要组成部分，相应的资源也须投入其中。

但是，我所接触到的大多数企业文化，都存在某种形式的断裂。

- 第一层断裂：团队中的每个人都有共同的经验，但是没有在企业内部形成共同的价值观，没有以书面形式记录下来。
- 第二层断裂：团队有价值观，但是这个价值观是老板一时冲动想出来的，并不是整个团队通过并肩战斗得到的共同经验；团队不信，只有老板自己信。
- 第三层断裂：有了价值观后并没有形成制度，不能保障每个员工的行为都依此而行。
- 第四层断裂：有了价值观和行为规范后，虽然企业面临的情况不停变化，挑战不断增加，但是企业文化并没有迭代。

企业文化是老板的文化，这只说对了一半。企业文化最初是老板的文化，比如，华为的企业文化最初体现了任正非的悲情文化和他坚毅果敢、负重前行的价值观。平安的企业文化最初的危机意识，就是马明哲身上所具有的危机意识的强烈体现。所以，创始人的信念在企业初创期，对企业文化的形成起到了决定性的作用。

那企业文化的另外一半是什么？企业不是创始人一个人的，是由团队一起创造的。当团队取得阶段性成果的时候，就有了共同经验。这时要对企业文化进行提炼和萃取，将隐性的文化变成企业所有成员共有的理念。

在这个过程中，不断有新成员和新的第二曲线加入。这时，企业文化只有不断地更新迭代，才能引领组织进化。平安陆金所的文化已经不完全是平安的文化，而是在平安金融文化的基础上添加了很多互联网元素。平安必须进行文化迭代，否则就打造不出市值 300 亿美元的互联网金融“独角兽”。

企业文化的“洋葱模型”

企业文化的洋葱模型包括理念层、制度层、行为层、物质层 4 个方面，如图 3-5 所示，很好地诠释了什么是企业文化。

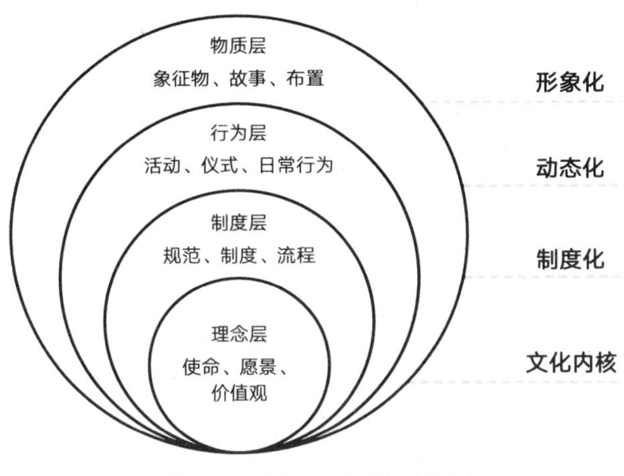

图 3-5　企业文化的洋葱模型

理念层，诠释了企业的使命、愿景、价值观，这是文化内核。使命是存在的意义，回答的是“why”，即我们为什么要活着，为什么而活。使命是让人毕生奋斗的，其底层是鼓励追求真善美。愿景是使命的具象化表达，回答的是“what”，即使命的阶段性图景，在 5 至 10 年或者更远的未来，企业要达到的目标和要实现的图景。价值观是行为准则，回答的是“how”，价值观是对外的底线，即做人和做事的标准。

制度层，也就是文化、价值观与哪些制度挂钩，才能确保制度可以落实。在绩效考核中有没有对员工的价值观进行评价？在招人时，有没有考查应聘者的价值观？评选优秀员工时，对员工有没有价值观方面的要求？企业的出差标准、办公室环境是不是与企业的价值观统一？这些制度是价值观普及的有效保障。

行为层，除了制度外，有没有具体的行为举措来促进文化深入普及？比如，由高层人员来代言价值观，分享符合价值观的优秀行为；评选优秀员工，提炼优秀员工的事迹，邀请优秀员工分享关于价值观的故事；每个部门组织月度反思会，进行批评与自我批评，促进部门成员间的交流。

物质层，即肉眼可见的企业文化宣传形式。比如贴在墙上的标语“今天不努力工作，明天努力找工作”等。再比如 T 恤衫、宣传手册、书刊、视频等。这是企业文化的表象，是形象化的、外显的。

洋葱模型是由内而外一层层打造出来的。这样才能形成立体的企业文化，并形成企业的文化阵地，使企业文化深入人心。

PATH 中企业文化做得最好的是阿里巴巴。阿里巴巴是通过企业文化进行驱动的，它的使命、愿景、价值观是最清晰的。

阿里巴巴的使命是“让天下没有难做的生意”，这句话已经成为很多企业撰写使命时的标准范式。使命是动词而不是名词，就是要使一件事发生。愿景是使命的阶段性图景。阿里巴巴的愿景是“成为一家活 102 年的好公司”，“让客户相会、工作和生活在阿里巴巴”，“到 2036 年，服务全世界 20 亿消费者，帮助 1 000 万中小企业盈利以及创造 1 亿就业机会”。阿里巴巴的价值观是“认真生活，快乐工作；今天最好的表现是明天最低的要求；此时此刻，非我莫属；因为信任，所以简单；唯一不变的是变化；客户第一，员工第二，股东第三”。每一条价值观都有相对应的清晰界定的行为表现。

对阿里巴巴企业文化的打造，影响力最大的是马云和关明生。马云对阿里巴巴文化的影响是毋庸置疑的，阿里巴巴前首席营运官关明生则将企业文化进行了提炼总结，使之得以沉淀下来并且得到了有效的传承。这个过程用了差不多 4 年时间，从 2001 年到 2004 年，关明生打造了阿里巴巴的整个文化体系。

阿里巴巴成立 5 周年的时候，公司快速发展，员工越来越多，企业开始走国际化路线，企业文化也变得多元化。一些过去的成功经验，未必适合企业未来的发展。因此，阿里巴巴对企业价值观做了一些调整。2009 年阿里巴巴成立 10 周年时，提出了新的使命和愿景。那时的阿里巴巴觉得自己很了不起，把使命调整成“促进开放、透明、分享、责任的新商业文明”。但 2012 年又重新改回“让天下没有难做的生意”，回到了真正帮助中小企业更好地做生意的使命上。

2014 年，阿里巴巴在全球领域已经是最优秀的公司之一，但也面临着企业文化方面的挑战和危机，主要是企业文化的稀释。这是每家企业在发展过程中都会面临的问题，人员多了，自然会有新观点融入，旧观点就会被打破，这是一个自然的过程。在这个过程中，阿里巴巴的价值观从“独孤九剑”到“六脉神剑”再到“九阳真经”，正是这股“活水”推动了业务的“洪流”。2019 年，“逍遥子”张勇与马云交接班时，推出了酝酿已久的“新六脉神剑”，对阿里巴巴的企业文化进行了更新。

PATH 中另一家企业平安的企业文化也具有鲜明的特点。我在 2007 年加入平安时，因为我的理念和平安当时的企业文化高度一致，所以我适应得非常快。但是后来我调到平安陆金所的时候，就感受到了企业文化的差异，甚至是冲突，这就是互联网文化和金融文化的差异。这也是平安会进行企业文化变革的原因，只有适应了互联网文化，才能适应时代的发展，从而更好地推动平安的发展。

“专业创造价值”是平安价值观的核心之一，体现在平安的方方面面。比如，有两个候选人参加面试，其中一个很专业但是对薪酬要求高，另外一个对薪酬要求不高但不够专业。平安一定会选专业但对薪酬要求高的候选人，这符合平安“专业创造价值”的核心价值观。平安是第一家股份制保险公司、第一家员工持股的公司、第一家引进外资股东的公司、第一家建立电话销售中心的公司、第一家综合金融集团、第一家小额消费信贷公司、第一家互联网金融公司……平安创造了无数的“第一”，提出“人无我有，人有我专，人专我新，人新我恒”的理念。平安的成长过程，就是对“专业创造价值”最好的诠释。

危机意识是平安的另外一条核心价值观。创始人马明哲说：“我们永远在创业，越是面临崎岖不平的道路，我们的斗志越昂扬；我们要有信心永远不畏难，我们永远在创新，永远在创业。”平安的每一个毛孔里都渗透着危机意识，正是因为有这样的危机意识，平安才能不断地开创新的第二曲线，从保险到综合金融，再到“金融＋科技”“金融＋生态”。这一历程是平安企业文化价值观淋漓尽致的体现。

群智涌现，共创企业文化

企业文化的打造，需要中高管跟核心骨干进行共创、群智涌现。通过4D[①]欣赏式探询的方式，进行集体思维的碰撞，大家一起描绘未来的图景，并据此设计出未来的行动方案。企业文化的打造谢绝自娱自乐，而老板自己关在房间里面编写企业文化，就是自娱自乐。照搬照抄其他企业的文化价值观，连自娱自乐都算不上。大家一起创造出来的文化，是大家共同的梦想、准则，而不是老板的文化。企业的制度不是老板要我遵守的，是我自己要遵守的。共创解决了企业成员认同度的问题，思想上的问题解决了，行动上的问题就会减少。

使命、愿景的打造

使命和愿景的打造，通过以下3步来实现。

第一步，CEO眼中的未来。企业文化体现了老板的文化，CEO眼中的未来非常重要。CEO需要回望过去：企业为什么会走到今天？经历过什么样的故事？碰到了什么样的困难？为什么会有这样的初心？CEO更需要展望未来：企业还能走多远？企业的未来在哪里？我心中的图景是什么？

第二步，团队眼中的未来。企业不仅是老板的，更是团队共同创造的。当CEO回望过去、展望未来之后，要与中高管和核心骨干进行共创，通过4D欣赏式探询的方式，描绘出企业的蓝图，实现梦想。这就是群策群力、群智涌现的体现，这就是团队畅想的未来，每个人都能投入其中，为企业的未来贡献智慧。

---

① 发现（Discover）、梦想（Dream）、设计（Design）、实现（Deliver）。

第三步，厘清企业的使命、愿景。团队畅想未来是发散的过程，我们需要由此进行收敛与聚焦，从“3W1H”来厘清企业的使命和愿景。“Who”是指利益相关者，我们要服务的对象是谁，要关注哪些用户和利益相关者；“What”是指用户和利益相关者需要什么；“Why”是我们为什么要做这件事情，初心是什么；“How”是指对用户和利益相关者的期望，以及我们要怎么做。这就是我们存在的价值以及使命。通过深度追问和探讨，企业的使命、愿景就自然而然地生长出来了，这是大家共创的结果，是团队共同奋斗的目标。

企业价值观的打造

价值观有 3 个层面，分别是更好的自己、更好的我们、更好的世界，层层递进。图 3-6 展示了安永会计师事务所的价值观是如何体现更好的自己、更好的我们、更好的世界的。

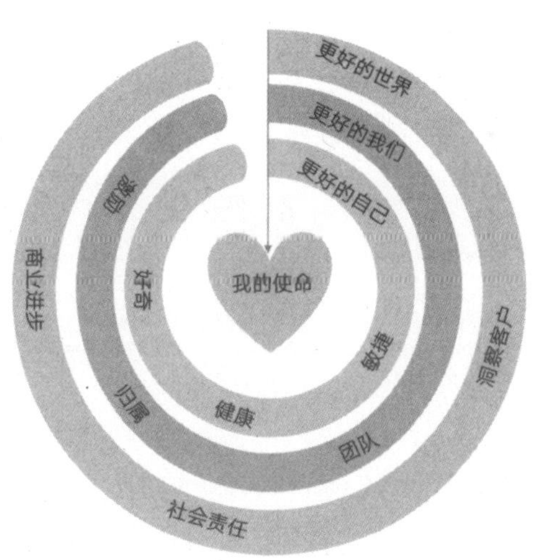

图 3-6　安永会计师事务所的价值观

“更好的自己”强调的是好奇。作为国际领先的咨询公司，如果员工都没有好奇心，不关心前沿领域，不深入探究为什么，那他们凭什么帮助客户洞察需求，拿什么帮助客户解决问题呢？好奇，对安永这种类型的咨询公司来说，确实是打造更好的自己最重要的一条。

“更好的我们”中，我最喜欢的词是“归属”。我曾经在毕博（原毕马威）管理咨询公司工作过，对归属的感受十分强烈。与别的公司同事们在同一个办公室一起工作不同，在咨询公司，咨询师驻扎在各个项目上，分散在全国各地，很容易缺乏归属感。所以，咨询公司需要更多的团队活动、上级的关怀，才能把团队凝聚起来，形成对组织的归属感。

在“更好的世界”中，洞察客户、商业进步都非常传神，体现了咨询公司的要求。作为一家国际咨询公司，必须去洞察客户的需求，捕捉外在世界的变化，分析这些变化能否为客户所用，能否通过咨询师的努力帮助客户进步，从而帮助整个商业环境和社会进步。

从“更好的自己”到“更好的我们”，再到“更好的世界”，这3个层面一层一层地放大，层层递进。那么，我们该如何探索更好的自己、更好的我们、更好的世界？主要弄清两点：过去是什么帮助了我们成功，未来有什么能帮助我们成功。

回顾过去，是什么帮助了我们取得成功？企业过去有过很多成功的案例，过去的成功决定了我们的基因，决定了我们是怎样一群人。我们要把过去促进我们取得成功的基因找出来，并发扬光大。

面向未来，有什么能帮助我们取得成功？时代在变化，过去的成功经验不一定能帮助我们在未来获得成功。在未来，什么能够帮助我们实现使命、愿景？我们现在的信念是什么？未来能够帮助我们取得成功的，就是我们需要坚持的信念。

企业的使命、愿景与价值观均应该通过团队共创的方式，群智涌现、共同确定。企业通过共创确定了使命、愿景、价值观，并将之融入实际行为之后，会引领企业进入良性循环，给企业带来很大收益。

企业文化落实，应润物细无声

企业打造出使命、愿景、价值观之后，离真正具备企业文化还缺少最重要的一步，就是把价值观传递给企业的所有的管理者和员工，通过坚持不懈的努力，将它变成企业每位成员的行为准则，这才是真正的企业文化。企业需要将价值观进行细化，使企业所有成员充分理解，落地考核，形成闭环。企业文化要变成可执行的制度、员工的日常行为、肉眼可见的宣传物。要让企业的所有成员对价值观形成一致的理解，可以通过讲故事的方法，使企业文化在企业内部自上而下、自下而上形成共识，这样才能同频共振。

用洋葱模型落地企业文化

团队在企业文化、价值观上的落地，可以分成 3 个阶段：共识、共鸣和共行。共识的意思是“我”知道了；共鸣的意思是“我”不仅知道了，还会主动地宣讲，“我特别认同用户至上，我觉得我们比别的公司都好”；共行是最高的境界，如果员工在遇到边缘问题的时候，直接用企业的价值观去判断、解决，这才是真正的行动。

如何才能让员工从共识到共鸣，再到共行呢？还是要从制度层、行为层、物质层 3 方面着手。洋葱模型的最里面是理念层，即企业的使命、愿景、价值观。往外一层是制度层，通过制度来使企业的使命、愿景、价值观落地。再往外一层是行为层，即企业需要通过某些行为使价值观渗透到员工心中。最外一层是物质层，即企业需要外显的宣传，使企业文化生根发芽。

第一，制度层。企业文化的落地需要通过制度来保障。首先看奖惩机制。奖励了谁、惩罚了谁、开除了谁，这听上去是孤立的行为，其实不然。这背后是持续的文化建设，是文化价值观的标准线和红线。每一次奖励、惩罚、开除的行为，都是在加强员工对企业价值观的认知，是对企业价值观的巩固。

评优制度是否充分突出了企业价值观？绩效考核时，有没有将企业价值观纳入其中？晋升机制是否能确保晋升人员符合企业价值观？绩效反馈机制有没有要求上级跟下属坦诚反馈？哪些是做得好的，符合企业价值观？哪些是做得不好的，不符合企业价值观？招聘人员时，有没有考核他的价值观是否与企业一致？

第二，行为层。在企业价值观落地时，高层需要以身作则，成为企业价值观的代言人。每位高管代言一条企业价值观，比如“客户第一”。高管需要去诠释他所理解的“客户第一”是什么，他身上发生了哪些“客户第一”的案例，他看到了哪些不符合“客户第一”的案例。高管每个季度可以召开高管团队民主生活会，大家进行批评与自我批评，互相“照镜子”，既能欣赏别人的优点，又能看到自己的不足，成为能够反思的真高管团队。

讲故事是最好的宣扬价值观的方法。讲一万遍谦让的道理，可能都不如讲一个孔融让梨的故事让人印象深刻。企业可以举办优秀员工表彰大会，邀请优秀员工分享什么是优秀行为，什么是代表企业价值观的行为，有哪些生动的故事。让员工讲述发生在自己身上的故事，会更生动，更易于传播，更能使大家理解什么是企业价值观。通过不断积累符合企业价值观的故事，员工将真正地理解并内化企业价值观。

第三，物质层。企业有了使命、愿景、价值观以后，还要把企业文化氛围营造出来，这就包括环境布置，张贴标语，定制文化衫，制作宣传手册、视频、故事集等。有人可能会问，这些重要吗？当然重要。因为只有仪式化的表达，大家才会重视。文化是虚的，虚事需要落到实处。

“三棵树”涂料股份有限公司成立于2003年，是一家致力于打造“以高品质涂料为主的美好生活解决方案”的企业，“三棵树，马上住”是该企业著名的广告词。“三棵树”是企业文化的优秀典范，员工发自内心地认同企业价值观。“三棵树”把它的价值观故事整理成一本书《道法自然》，让员工、供应商、代理商等学习。我在给“三棵树”的员工讲课之前，收到了这本书，帮助我提前了解了这家企业。“三棵树”甚至在面试重要候选人之前，会先请候选人阅读该书，了解候选人是否认同“三棵树”的价值观。如认同，则再进一步对候选人进行面试。

企业文化落地需要刚柔并济

在企业里，文化落地需要土壤，还要虚事实做，通过硬性和软性两种方式来推进。硬性指的是制度和保障，软性的指是仪式和氛围，两手都要抓。对员工来说，企业文化的变迁不能硬来，必须从对企业文化的体验中感知和沉淀，使员工自己总结出对企业文化的认知。硬性的方式主要有 3 种。

- 通过管理者设计顶层架构，全员参与讨论的形式诠释。
- 全员宣导，并且要树标杆给大家示范。
- 必须有落地保障机制，人力资源部门负责全程跟进。光有机制，没有落实，也是没用的。

软性的方式，就是落实企业文化的时候，一定要让员工有真实的体验，包括各种仪式，比如家属动员会、每个月的启动会、“战报”等，都是企业文化外显的形式。我们可以从图 3-7 中看到平安的企业文化传播方式。从企业内部到企业外部，从典礼仪式到邮件文化，再到英雄楷模、社会责任，都体现了企业的价值观。

企业的文化落地不是单一的工程，而是一套系统工程，“五个一工程”。

- 一个理念体系，即企业的使命、愿景、价值观。需要通过共创的方式，实现群智涌现，打造出来。

- 一套制度体系。企业的使命、愿景、价值观需要通过制度来落地，否则就是空的，制度包括绩效考核、招聘面试、评优等。

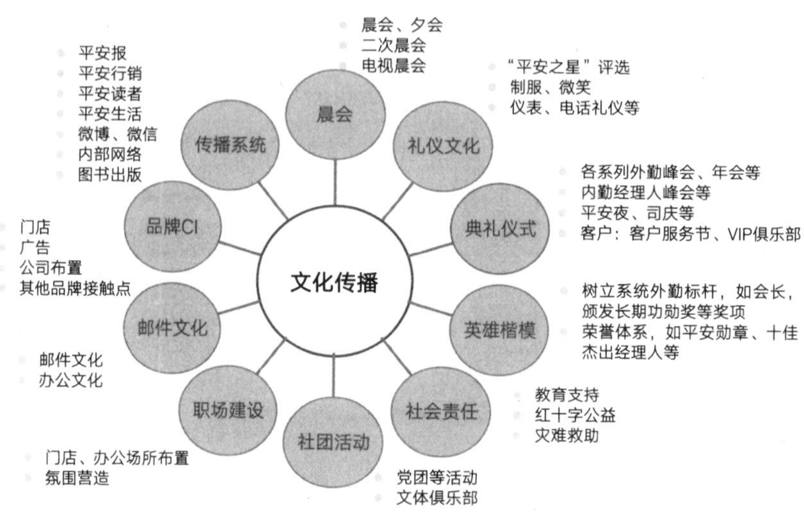

图 3-7　平安的企业文化传播方式

- 一套荣誉体系。企业通过荣誉体系的搭建，表彰好人好事，树立典型标杆。
- 一本案例集。把日常生活中符合企业价值观的优秀行为以书面形式呈现，并整理成册，不仅可以供员工学习，还可以让供应商、代理商，甚至面试候选人学习。
- 一系列反思会。每家企业的每个部门，在每月或每季都有一天“反思日”。只有能够反思的团队才能形成正向的价值观飞轮，并且越转越顺。

“90 后”和“95 后”已经成为现在的职场主力，用“游牧青年”可以很好地概括他们身上的特点。他们既强调自我，骑上马就是一个好的骑手，又需要团队，希望跟随骑兵团一起打仗。针对“90 后”“95 后”宣传企业文化时，必须“携手游牧青年，建立共同愿景”，尽量多用他们容易接受的方式，比如小视频、微电影、公司土话，甚至动漫等。

CEO 是构建企业文化的责任人

微软 CEO 萨提亚·纳德拉（Satya Nadella）在其著作《刷新》（*Hit Refresh*）中指出，首席执行官 CEO 字母中的 C，代表的应该是文化。首席执行官必须是一家组织的文化管理者。无论是在公共活动中，还是在邮件、内部通知或月度员工沟通会中，他都会利用机会，鼓励团队坚持不断学习文化。他还认为，劝诫式布道只是 CEO 推动文化变革力量的一部分，组织文化并不是能以一种理想方式简单解冻、改变、再冻结的事物。推动文化变革需要细致的工作和具体的理念，同时，还需要显著的、明确的行动，抓住团队成员的注意力，并将他们推出舒适区。

首先，企业文化落地要从关键人群入手。文化既可能成为组织发展的最大动力，也可能成为组织发展的最大障碍。学习如何缔造自己企业的文化，如何做好企业的文化传承，是 CEO 的必修课。CEO 在推动企业文化落地时，要抓住关键人群——管理层。管理层的行为会推动企业文化的形成，改变企业文化意味着改变行为方式。行胜于言，企业文化的落地不仅要听员工说了什么，更重要的是看他们做了什么。

很多企业的价值观里都有“创新”这一理念，但企业的产品和服务并没有真正创新，那么创新文化没有落地的原因是什么？是管理层没有起到示范作用。大家是否愿意开诚布公地讨论创意好或者不好？在创新过程中如果遭遇失败，管理层是否能包容员工甚至庆祝失败？管理层是否能鼓励员工勇攀最高峰，把登顶途中跌落山崖的行为视作为下一次创新积累经验、奠定基础？

大多数企业不仅不会庆祝失败，还要惩罚责任人。所以，创新出现停滞并不奇怪。强化文化的最好方式，是管理层从实际行动层面加以重视。所以，企业文化的改变或重塑应从管理者开始。想把企业变成什么样，管理者要从自身开始调整。管理者必须具备传教士精神，把企业的价值观植入员工心中，教他们怎么做人做事，带领他们打胜仗。

除了管理者之外，企业中还必须有一个“文化宣传小分队”，来帮助企业文化落地。这是一群“眼里有光、心中有火”的人，他们是公司里热爱企业文化、有影响力和号召力的人。让他们组成“文化宣传小分队”，共同思考怎么实现企业文化落地，这样可以把公司里很多特别积极的人聚拢过来，他们有很强的辐射力、影响力，可以成为企业文化推广的重要阵地。

其次，企业在不同阶段需要不同的企业文化。处在创业期的企业最需要的是生存文化。创业初期，管理者没有那么多时间去培养人，人员流动速度快，把最优秀的人留下来是这个时期最重要的工作。经过最苦的“从 0 到 1”之后，企业进入成长期，得到了快速发展，企业的业务天天都在变化，但是在这个时候，恰恰需要相对稳定的环境去提升企业文化、推进业务。之后企业进入平稳的成熟期，但从业务发展的曲线中看到的却是下行趋势，所以企业需要重拾创新精神、推动组织变革，才能开创第二曲线，进入再兴期。

企业在从第一曲线向第二曲线发展时，最难实现的是企业文化的迁移。文化是一种情感，如果它不迁移，其他的东西也很难被迁移。对诺基亚来说，他们看到了智能机的时代，也预测过移动互联网时代的发展，但是他们的底层文化迁移不了，所以诺基亚成了过去式。而微软在纳德拉的领导下，刷新组织心智和企业文化，使微软得到了重生，重回万亿美元市值。平安在开创“金融 + 互联网”时，主动变革，开创了包括陆金所在内的四大“独角兽”。字节跳动选择没有障碍地传递信息，所以拥有了孕育“抖音”的基础。2017 年，字节跳动的员工人数急速增长，面对员工在头条圈的匿名表达和宣泄，字节跳动管理层专门花时间讨论，最终达成共识，允许员工继续匿名表达。华为也是如此。华为的内部讨论社区“华为心声”成立之后，常常有人投诉领导。领导觉得被冤枉了，向任正非反馈，要求实名查证投诉者。任正非的答复是，如果你愿意接受先自降两级，那么再去帮你查实。任正非的意思是，领导被骂是正常的，但绝不能因为任何理由，破坏匿名表达的氛围。

最后讲一个“黑色贝多芬”的故事。20 世纪 80 年代，在斯坦福大学，一位黑人学生根据考据文献认为贝多芬是黑人，于是把贝多芬的图像涂成黑人的肤色，挂在宿舍墙上。个别白人学生很不满意，在墙上写了一些种族侮辱的话。于是，在校园里发生了一场种族冲突。当时斯坦福大学没有相应的规章制度来约束和惩罚写这种侮辱话语的学生，因此，这些白人学生没有受到任何处罚。

人们为此展开了激烈的争论，争论的中心问题是，学校应不应该建立规章制度以限制人们使用种族歧视的言论？学校内部分成了两派。一派认为人人平等是基本人权，而人人平等就不应该容忍种族歧视。大学作为思想最先进的场所之一，应该对种族歧视言论加以限制。另一派则提出言论自由的重要性。他们认为，学校应该谴责这种做法，但是不能限制人们的言论自由，这是受宪法保护的权利。这场争论非常激烈，持续了将近两年的时间。当时许多媒体都有报道，很多全国性的团体都参与进来。争论的结果是，斯坦福大学建立了所谓惩治种族歧视的规章制度。

有趣的是，这项规章制度自建立起就从未被使用过。背后的原因是，争论的过程实际上是对所有人的教育过程，是社会化的过程。这个过程让大家知道什么该做，什么不该做。经过两年的争论，实际上，大家都在原则上达成了共识。规章制度是争论的产物，争论结束之时也是规章制度被接受的时候。

这个过程同样适用于企业文化建设，企业文化建设不是靠一纸公文就能解决的，而是一个不断通过讨论达成共识，并用制度规范、确定的过程。在这个过程中，CEO 及高管应该以身作则，积极参与企业文化的建设，使企业文化最终在企业内落地、生根、开花、结果。

章末总结

企业文化的打造，需要群策群力；打造企业文化的过程，本身就是企业文化变革的过程。墙上的标语如何成为员工心中的文化？旧的企业文化如何迁移至新的企业文化？企业文化的变革是艰难的，也可能是痛苦的。抗拒变革的根本原因是对未知的恐惧。CEO 只有将自己作为企业文化的第一责任人，才能让企业文化最终在企业内落地、生根、开花、结果。企业文化的落地应该是润物细无声的，治大国若烹小鲜，要从点点滴滴入手，把企业价值观渗透到员工心中，而不是扛一面大旗，只做一家有企业文化口号的公司。企业文化能否落地，决定了它会成为组织发展的最大动力还是最大障碍。

第4章

组织设计，根据业务匹配组织形态

《帕金森定律》(*Parkinson's Law*)一书中指出，行政机构会像金字塔一样不断增多，行政人员的数量会不断膨胀，每个人都很忙，但组织效率却越来越低。大量采用金字塔型组织结构的企业，其发展速度看似快速，实际却是在“带病发展”。组织规模逐渐庞大后出现的“大企业病”，很容易使得人力资源效能和财务效能相互影响，从而产生“管理双杀效应”，最终导致企业轰然倒下。因此，应该坚决推动企业转向流程型、平台型组织。

如表4-1所示，传统的职能型组织结构，也就是人们常说的金字塔型组织结构，有很大的弊端，主要体现在厚重的部门墙上。职能型组织结构就像从前的老式火车，一个小时只能行驶80千米，“火车跑得快，全靠车头带”，整个组织只有一个动力系统，是靠CEO和管理层来驱动的。而流程型、平台型组织结构就像高铁一样，一个小时可以行驶300千米，每节车厢都有动力系统。所以，我们要将职能型组织结构转变为流程型、平台型组织结构，让每个人都产生动力，像高铁一样，“高铁道上飞，节节车厢推”，使组织跑得既快又远。

表 4-1　传统组织 VS 新型组织

项目	传统组织	新型组织
模式	老式火车，80 千米 / 小时	高铁，300 千米 / 小时
理念	火车跑得快，全靠车头带	高铁道上飞，节节车厢推
驱动力	领导驱动，只有一个动力系统	全员驱动，每节车厢都有动力系统
心态	为公司工作，打工心态	为自己工作，自食其力
特点	人员体系臃肿，无法客观评价个人贡献	一个人也要工作，贡献多少一目了然
执行力	多重领导，层层审批，执行迟缓	快速决策，高效执行

数字时代的组织结构

从西方企业的发展史以及 PATH 的发展历程来看，与成立之初相比，基业长青的企业的组织形态发生了巨大的变化，早已“面目全非”。也就是说，这些企业在发展过程中，一定会随着市场生态的变化调整其组织形态，进行组织进化，打造适合本企业的组织结构，这样，既能防止瞻前顾后、畏缩不前，又能避免出现过度超前的设置。

组织结构的前世与今生

工业 1.0 时代的组织结构：直线型

进入工业 1.0 时代后，对于企业而言，最佳的组织形态是股东价值形态，企业的股权结构高度集中，以维护和体现股东价值为主要原则。

在股东价值形态下，企业的成功要素是老板，组织能力是股东的个人能力。这时，在企业中通常采用直线型组织结构，企业的发展依赖股东的个人能力以及对独特资源的占有及优势的发挥。若企业创造价值的方式比较简单，企业的发展规模就会受到限制。

工业 2.0 时代的组织结构：职能型

进入工业 2.0 时代后，对于企业而言，最佳的组织形态是精英价值形态。在企业中，精英群体一般由权威的管理和专业人士组成，他们大都是经理人，虽然人数较少，但对企业的发展起着重要作用。企业的股权相对集中，控股股东消失，仅存在控制权股东[①]，企业以维护和体现精英人士的价值为主要原则。

在精英价值形态下，企业的成功要素是精英，组织能力是精英领导力。这时，在企业中通常采用职能型组织结构，将所有与特定活动相关的人的知识和技能合并在一起，形成专门的职能单元，使精英群体的领导能力、专业能力在不同职能单元中得到发挥，使企业较快发展。

职能型组织结构如图 4-1 所示。职能型组织结构的优点是能够促进职能领域内规模经济的实现。规模经济意味着组合在一起的员工可以共享某些设施，从而提高生产效率。职能型组织结构的主要缺点是，对外界环境的变化反应迟钝。因为做出这种反应需要跨部门的协调，会使决策堆积，致使管理者不能做出足够快速的反应。

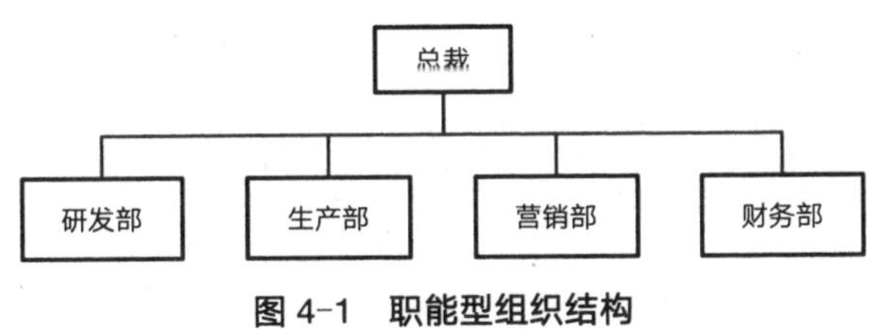

图 4-1　职能型组织结构

随着业务复杂程度的增加，组织也变得越来越复杂，组织结构演变为事业部型。企业可以按照单项的产品或服务、产品群组、大型的项目或规划、业务或利润中心来组建事业部。在事业部型组织结构中，因为每个部门的规模较小，所以

① 指股东仅具有控制权，而不参与企业管理。

能更好地适应环境的需要，促进企业发挥灵活性。但从本质上来看，事业部型组织结构依然属于职能型结构。

事业部型组织结构如图 4-2 所示。事业部型组织结构能适应不稳定环境中迅速发生的变化，并对各种产品的经营状况有高度的预见性。对于经营多种产品或服务，并拥有足够的人力资源，有能力给各事业部职能单位配备人员的组织来说，事业部型组织结构通常最合适。企业管理者将决策权下放到各个事业部，每个事业部都保持适当的规模，以便能敏捷地行动，对市场的变化做出迅速反应。事业部型组织结构的一个缺点是，组织失去了规模经济，人员不能重复使用，物质设施也必须重复配置。各产品线的生产经营相互分立，跨产品线的协调难以实现。

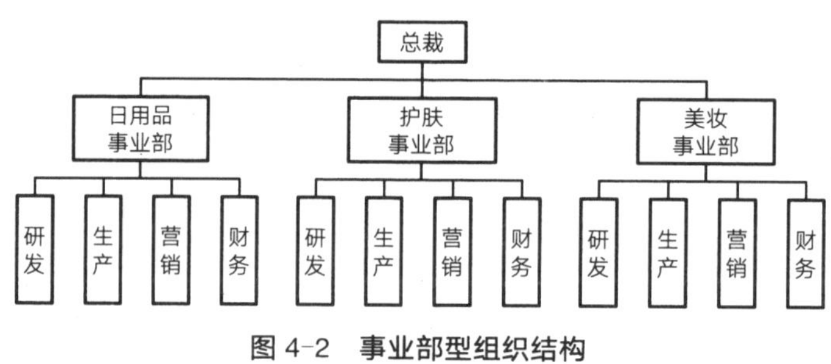

图 4-2　事业部型组织结构

工业 3.0 时代的组织结构：流程型

进入工业 3.0 时代后，对于企业而言，最佳的组织形态是客户价值形态，企业的股权结构相对分散，没有了具有股权优势的股东，企业以维护和体现内外部客户价值为主要原则。以知识型员工为主的各类创新型团队开始崛起，骨干力量人数较多，为企业创造了主要价值。

在客户价值形态下，企业的成功要素是团队，组织能力的体现是团队创新力。这时，在企业中通常采用流程型组织结构，把团队集中在一起，应用众多可以满足客户需求的业务流程。于是，纵向管理模式被横向管理模式取代，部门开始消失，企业呈现一种开放的组织形态。当企业组织结构被再造为流程型后，参与同一业务流程的所有人都更容易与他人沟通，从而更容易协调工作。流程型组织应该成为企业设计组织结构时的主要方向。

工业 4.0 时代的组织结构：网络型

进入工业 4.0 时代后，对于企业而言，最佳的组织形态是利益相关者价值形态，企业的股权高度分散，人的劳动开始资本化，资本的历史使命即将结束，企业以维护和体现利益相关者的价值为主要原则。组织内部的个体创造了主要价值。

在利益相关者价值形态下，企业的成功要素是组织人格，组织能力的体现是组织人格力。组织人格是不同个体具备的、趋同的人格特征，能让所有个体的价值创造能力得到发挥。这时，在企业中通常采用网络型组织结构。当内部团队消失之后，所有个体都可以独立进行价值创造，并依据客户需求进行自由组合，即时形成与客户需求相匹配的价值链条。这样的组织内部消耗最小，运行效率最高。

我记得小学时学过一篇课文《秋天》，大雁向南飞行时，一会儿排成“人”字形，一会儿排成“一”字形。鸟群只需遵循三条简单的规则，即可形成飞行规则，既不至于过于聚集而僵化，又不至于过于分散而不利于集合。这三条规则是：避免与附近的其他成员碰撞，飞行方向与附近成员的平均飞行方向一致；不要落单。

企业的组织设计可以向处在混沌边缘的鸟群学习取经。组织的设计不应像今天这般复杂、过于层级化，但无组织状态也不利于发挥整体的力量。因此，网络型组织结构是最适合企业未来发展的结构形式，具体如图 4-3 所示。

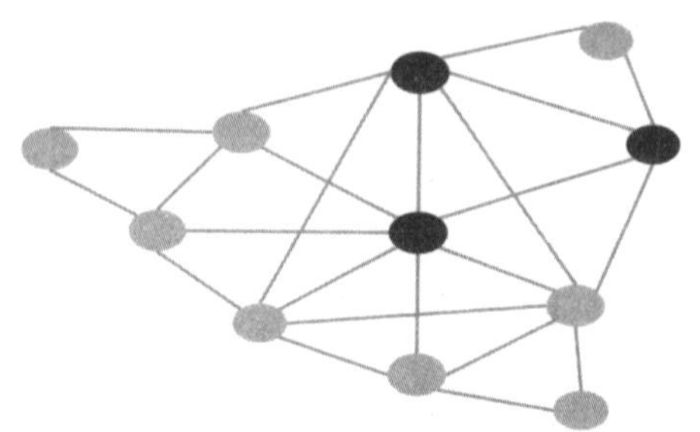

图 4-3　网络型组织结构

组织结构的发展规律

总体而言，组织结构呈现以下发展方向。

第一，从简单到复杂。在直线型结构中，企业实行的是从上到下的单向管理，组织结构相对简单；在职能型结构中，纵向秩序中出现母子格局，组织结构开始复杂化；在流程型结构中，呈现出横向秩序，复杂程度进一步提升；在网络型结构中，组织结构横向且交错，复杂程度显而易见。

第二，从稳定到松散。直线型是权力固定、秩序稳定的结构设计；职能型结构中出现了分工，固化的秩序中出现了灵活性，需要不同职级之间相互协作；流程型结构由静态秩序变成了动态秩序，依据客户的需要设计业务流程；网络型结构完全变成动态秩序，没有了固定形式，所有业务流程都需要临时设计。

第三，从封闭到开放。在直线型结构中，除了老板，其他人不会过多接触外部客户；在职能型结构中，能够代表公司的人才组成了精英团队，同时出现了专门负责销售的部门 / 人员，与外界客户接触的点增多；在流程型结构中，以客户为导向的业务流程使企业与客户全面接触，企业的边界逐渐开放；在网络型结构中，客户成了企业价值创造活动中不可或缺的一个环节，两者已经充分融合在一起，企业的边界完全开放。

总的来看，组织结构呈现出从纵向型往横向型发展、从机械型向生态型发展的趋势。从直线型到职能型、流程型、网络型发展的组织结构均体现出这个趋势。企业可以在两类方案中做出选择：一是按照传统的以效率为中心的组织设计，强调纵向的沟通和控制，打造机械型组织；二是在 VUCA 时代，打造生态型组织，强调横向的沟通和协调。

图 4-4 展示了组织结构的发展规律，对比了机械型组织、生态型组织的特点。机械型组织体现的是对效率和控制的重视，与任务专业化、职权层级界限分明、规章制度较多、正式的报告制度、集权的决策等相关；而生态型组织体现的是对学习能力的重视，与任务共担、层级弱化、较少的规章条例、面对面的沟通、放权的决策等相关。

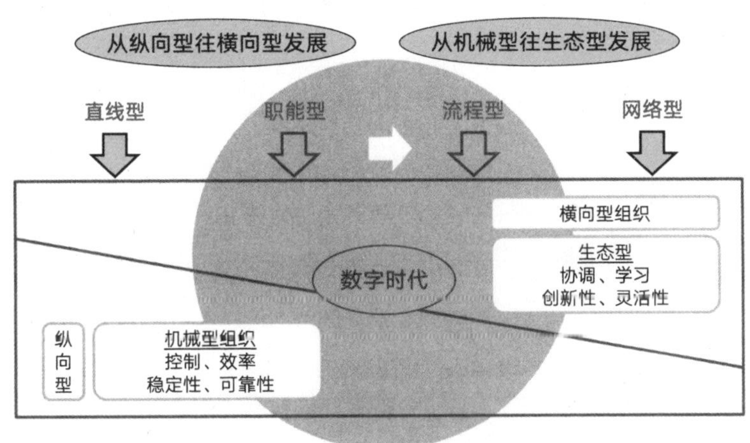

图 4-4　组织结构的发展规律

组织需要通过不断地试验，才能找出适应其需求的、正确的组织管理模式。图 4-4 以一个简化的连续流显示了组织结构设计与纵向控制和横向协调的关系。当组织需要通过纵向层级来协调，以及当效率对实现组织目标至关重要时，采用职能型组织结构是合适的。它能够借助任务的专业化和严格的指挥链，使稀缺的资源得到高效利用。当组织为实现创新、促进学习，对跨职能协调有高度需求时，采用流程型组织结构就是合适的。它能够促进组织实现自己的差异化，并对客户的需求做出快速反应。

数字时代，流程型组织

今天我们处在数字化时代，企业将所有的商业价值活动转向以客户为中心，提升企业的产品质量和服务能力，从而驱动企业内部流程的优化，推动企业业务新的增长。这与流程型组织面向客户需求快速反应是完全匹配的。企业数字化转型的本质是组织进化，在组织未来的发展趋势中，流程型组织结构最符合数字经济时代组织发展的需求。

职能型组织结构，也就是金字塔组织结构，最明显的不足，就是具有厚重的部门墙，各部门只关注各自孤立的活动和局部效率，阻碍了价值在业务流程中的传递；而组织内部复杂的流程和制度，会导致工作效率下降、市场信息失灵，各部门逐渐只满足内部需要。但在横向组织还没有建好之前就拆掉部门墙，不但不可行，还非常危险。所以，最现实的方法就是在部门墙上钻孔，实现信息的横向流动。当墙上的孔变得越来越密集之后，这些部门墙自然会被拆掉，流程型组织结构自然而然就形成了。

流程型组织结构最显著的优点是极大地提高了公司的灵活性和对客户需要的反应能力。在采用流程型组织结构的企业中，员工的注意力能够转移到客户身上，从而在改进生产速度和效率的同时，也带来了客户满意度的提升。而且，流程型组织结构打破了职能部门间的边界，促使员工注重团队合作，最终实现共同的目标。但是，流程型组织结构也可能给企业带来损害，除非管理者能细致地鉴别出对客户起关键作用的核心流程。然而，确定这些关键流程很耗费时间。而且，实现向流程型组织的转变这一过程更加耗时，因为它要求组织对企业文化、工作内容设计、分工与合作、奖酬系统、企业底层的管理哲学都做出重大的变革，并且还要采取措施，使员工有机会获得综合技能。

目前国内绝大部分企业还处于职能型组织结构阶段，要么是直线职能型，要么是事业部型。那么，如何才能使企业从职能型组织迈向流程型组织呢？从钻孔的密集程度，也就是横向型组织在整个组织结构中的重要性程度来看，可以将流程型组织结构分为三种类型，分别是项目型、矩阵型、平台型，如图 4-5 所示。平台型组织是流程型组织中的高级形态，也是最能适应数字化时代的组织形态。

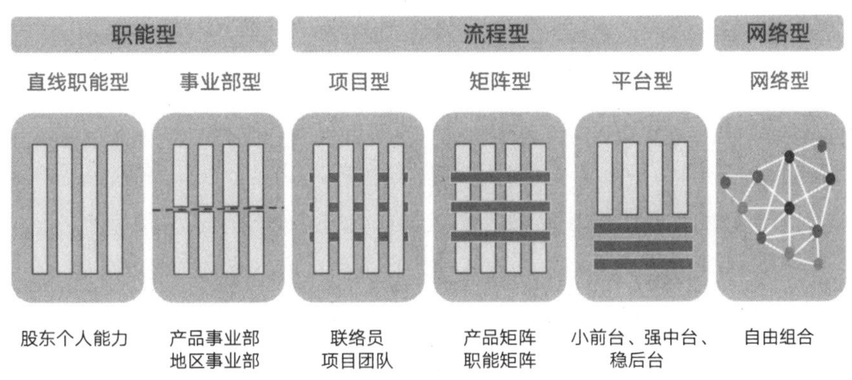

图 4-5　组织的各种类型

项目型组织

项目型组织是指在原有的职能型组织结构的基础上，设置联络员角色或者组织项目团队来加强部门之间的横向沟通。项目型组织并不改变职能型组织结构的总体运作模式，但它在部门墙上打孔，的确增加了部门间的横向沟通和协调。

设置联络员角色是促进横向联系的一种方式，目的是加强受某一问题共同影响的管理者之间或员工之间的联系。联络员隶属于一个部门，负责与其他部门进行沟通和协调。企业在工程部门和生产部门之间经常设置联络员角色，因为工程部门所开发和测试的产品必须与既定的生产设施条件相适应。研发部门的人员可能会参加销售会议，与销售人员讨论顾客需求以及新产品开发等问题。

一种更强有力的横向联系手段是设置项目团队，负责诸如新产品的设计、创新活动，或者营销活动等项目。每个项目团队配备项目经理、项目成员；项目成员来自各个职能部门，分别负责各自领域的工作；项目经理对整个项目负责，确保项目按进度推进，实现项目目标；但项目经理在人员的选用育留方面并没有正式的职权。这种职权通常是由职能部门的经理行使的。项目经理会将项目成员在项目方面的表现告知职能经理，由职能经理结合成员的各方面情况进行综合评估。

矩阵型组织

矩阵型组织是增强部门间横向联系、打通部门墙的一种更有力的方式。矩阵型组织结构如图 4-6 所示。矩阵型组织结构的独特之处是同时使用产品事业部（横向的）和职能（纵向的）结构。产品经理和职能经理在组织内拥有同等的权力，员工同时向他们汇报工作。矩阵型组织是升级版的项目型组织，不过，这种组织结构中的产品经理（横向的）得到了与职能经理（纵向的）同等的正式职权。

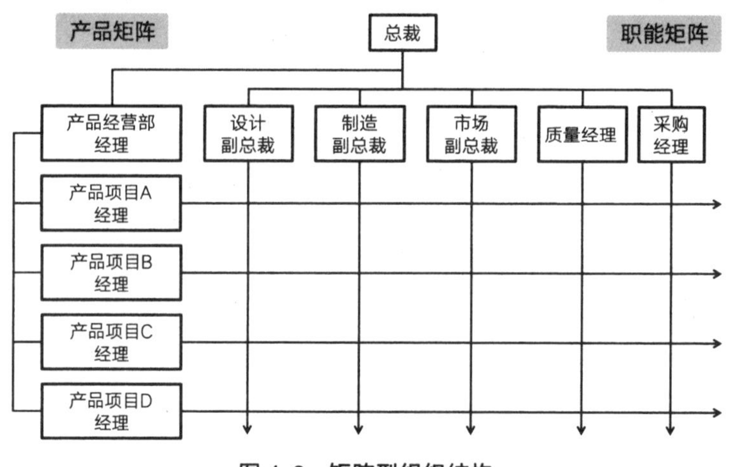

图 4-6 矩阵型组织结构

注：设计副总裁、制造副总裁、市场副总裁均为职能经理。

矩阵型组织结构最适合环境变化大且目标反映双重要求（如对产品和职能的

双重目标要求）的组织。双重职权结构促进了组织的沟通和协调，是应对迅速变化的环境所必需的。双重职权结构还促进了产品和职能经理两方面的权力平衡，同时促使人们对没有预见到的问题展开充分讨论，并做出适当的反应。只有一条产品线的企业没有必要使用矩阵型架构，而产品线太多的企业又难以迅速地达成两条权力线间的协调。矩阵型组织结构的缺点也很明显，接受矩阵式管理的员工面临双重职权关系，同时向两个上司负责，有时还会面临互相矛盾的要求，特别是当高层管理者未能清晰定义员工的角色和责任时，会让员工感到无所适从和混乱。而且，矩阵型组织结构还迫使管理者将大量时间耗费在开会协调上。矩阵型组织结构的优缺点如表 4-2 所示。

表 4-2　矩阵式组织结构的优缺点

优点	缺点
获得满足顾客双重需要所必需的协调	导致员工面临双重职权关系，容易感到无所适从和混乱
促使人力资源在多种产品线之间实现灵活共享	意味着员工需要有良好的人际沟通技能并接受高强度的训练
适应不确定性环境中频繁变化和复杂决策的需要	耗费时间，需要频繁开会协调及讨论冲突的解决方案
为职能和产品两方面技能的发展提供了机会	除非员工理解这种模式，否则难以奏效
最适合拥有多条产品线的中等规模的组织	需要做出很大努力来维持权力的平衡

为了解决矩阵型组织结构中双重职权带来的冲突，可以设置职能矩阵和产品矩阵两种变形的矩阵。在职能矩阵中，职能经理拥有更大的职权，而项目经理或产品经理只负责协调各产品线的活动。产品矩阵的情形刚好相反，项目经理或产品经理拥有更大的职权，职能经理只负责将有专门技术的人员分派到各项目中，并在需要时提供专业技能方面的建议。对大部分企业来说，这两种变形的矩阵比具有双重职权线的平衡矩阵更为有效。

平安的矩阵型组织结构应用得非常娴熟，效果也非常好。平安应用的是典型的产品矩阵型组织结构，如图 4-7 所示。平安成立了若干个子公司（战略业务单元），负责保险、综合金融、“金融 + 科技”、“金融 + 生态”四大类业务。集团总部不实际经营业务，只具有管理职责，仅设置了人力资源部、财务部、战略企划部、法律部等职能部门。

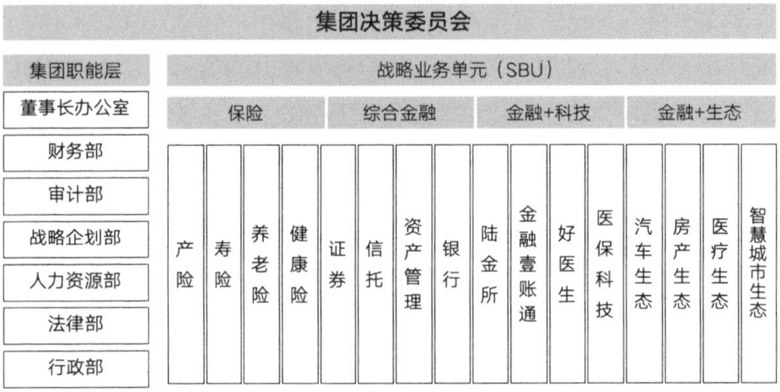

集团决策委员会

集团职能层

董事长办公室

财务部

审计部

战略企划部

人力资源部

法律部

行政部

战略业务单元（SBU）

保险：产险、寿险、养老险、健康险

综合金融：证券、信托、资产管理、银行

金融+科技：陆金所、金融壹账通、好医生、医保科技

金融+生态：汽车生态、房产生态、医疗生态、智慧城市生态

图 4-7　平安集团组织结构

但是，如果这些职能部门仅在总部办事，就会形成官僚作风，办事效率低下，不能有效响应一线业务的需求。因此，平安将这些职能部门下沉到各个子公司，并设置了合理的矩阵式管理权限，既确保了灵活性，又保证了原则性，从而很好地实现了范围经济。范围经济指的是企业通过扩大经营范围，增加产品种类，生产两种或两种以上的产品而导致单位成本的降低。这种节约来自分销、研究与开发和服务中心（像财务部、公关部）等部门。

平安的矩阵式管理模式主要表现在以下两个方面。

一是双线汇报、有效制衡。子公司职能部门有两个“婆婆”。一方面，子公司职能部门在集团职能部门的指导下工作，定期向集团职能部门汇报工作，并接受集团职能部门的监督检查；另一方面，子公司高层是子公司职能部门的直接领导，子公司职能部门的主要工作是与子公司高管一起，面向客户，进行业务管理。

二是合理分工、权责明确。为了避免两个“婆婆”之间的牵扯，平安对两个“婆婆”之间的权责进行了清晰的界定。表 4-3 展示了平安集团子公司的人力资源负责人的两个“婆婆”，子公司 CEO、集团 CHO 之间的权责。在考核指标、绩效排名、薪酬奖金方面，子公司 CEO 有建议权，集团 CHO 有否决权。而在干部任命方面，集团 CHO 有提名权，子公司 CEO 有否决权。

表 4-3　平安的矩阵式管理

考核人	考核指标	绩效排名	薪酬奖金	干部任命
子公司 CEO	建议权	建议权	建议权	否决权
集团 CHO	否决权	否决权	否决权	提名权

子公司 CEO 的判断标准主要是，子公司人力资源部门负责人是否支持子公司业务的发展。而集团 CHO 的判断标准，主要取决于子公司人力资源部门的工作在集团所有子公司的排名是否有违背集团总体规定的行为。比如，子公司人力资源部门的工作在集团的排名处在后 30%，则子公司人力资源部门负责人的排名不能处于前 40%。由此可以看出，子公司人力资源部门负责人最主要的任务是支持子公司的业务发展，但同时也必须符合集团总体人力资源工作的框架。但如果将建议权和否决权反过来，则子公司人力资源部门负责人的主要精力将会是满足集团人力资源部门的规定，而不是推动子公司的业务发展，从而适得其反。

平台型组织

好的分工与协作是让组织纵向有效率、横向有能力。纵向有效率指的是“产销研”价值链一体化的效率。举一个反例，如果营销部门代表市场和用户对价值链提出某项需求，但研发制造部门对他们爱搭不理、不予解决，甚至提出必须让营销部门的同事请客吃饭才肯回应，那么，这就是典型的官僚主义，反映出组织内部壁垒森严、内部交易成本居高不下的状况，这种组织纵向就没有效率。

什么是横向有能力？同样举一个反例，每个价值链彻底一体化的产品事业部都有自己的供应链管理平台，每个供应链管理平台各自的标准、规则、能力都不一样，那么在跨产品事业部协同事项上，如果针对某一位购买了多品类产品的用户进行全套产品交付时，横向协同效率就可能非常低。这种情况一旦增多，就会影响全套准交率和库存周转率，导致用户和市场满意度的下降，企业自身竞争力也会下降。

平台型组织是矩阵型组织结构的升级版，小前台、强中台、稳后台是典型的平台型组织结构。前台体现了纵向一体化，由具有多样技能的团队组成，是完整的作战单元，面向客户独立完成业务流程，这大大降低了响应时间，提升了客户体验，实现了纵向有效率。

强中台是支持前台业务实现的各个流程的集合，稳后台则是财务、战略、人力资源、法律等各个流程的集合。强中台最主要的功能是赋能前台，给前台作战人员提供各种先进武器、枪支弹药，而稳后台则主要是激活组织，使组织从“要我做”变成“我要做”，从“火车跑得快，全靠车头带”变成“高铁道上飞，节节车厢推”。强中台和稳后台实现了“横向有能力”，很好地起到了范围经济的作用。

走向平台型组织

平台型组织的运作逻辑非常像我国军队的管理体系，我国军队既有东部战区、南部战区、西部战区、北部战区和中部战区五大战区，又有陆军、海军、空军、火箭军、战略支援部队等各个军种。战区与军种之间分工协作的指导思想是“战区管战、军种管建”。平台型组织与这一指导思想完全一致，前台就是战区，负责打胜仗、机会的商业变现、战役胜利后的奖金分配；中台和后台就是军种，负责本职种职群、本专业体系、本产品 / 能力平台的专业能力建设。

小前台、强中台和稳后台

平台型组织的运作逻辑

小前台、强中台和稳后台的平台型组织结构如图 4-8 所示。

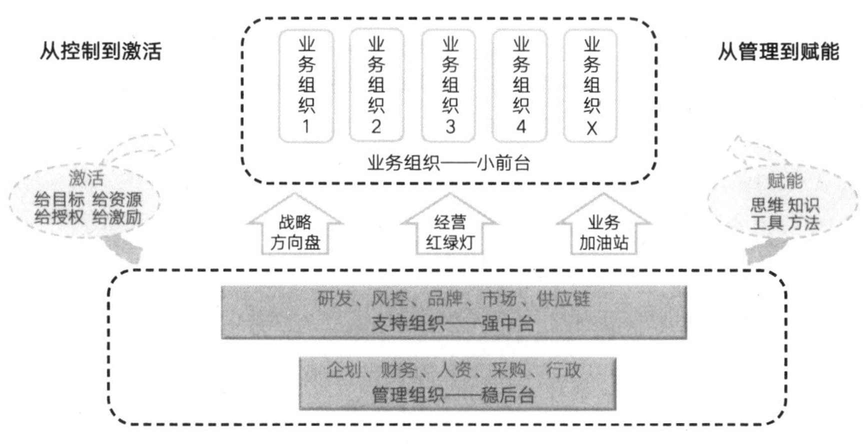

图 4-8　平台型组织结构

前台指的是业务组织，中台一般包括研发、品牌、市场、风控、供应链等职能，后台指财务、企划、行政、人力资源、采购等职能。虽然名为“小前台”，但前台可大可小，既可以是三人战斗小组，也可以是上百人甚至上千人的战斗团队。“小”不是指规模，而是指纯粹性、灵活性。中台和后台则需要从原来的控制和管理，转变为激活和赋能。赋能包括思维、知识、工具和方法，即给前台提供“枪支弹药”；激活包括给目标、给资源、给授权、给激励，使前台变成自驱动的“高铁车厢”。能否有更多的前台加入经营并做大做强，核心是中台和后台能否对前台进行价值输出。

小前台、强中台和稳后台的组织结构有点类似“俄罗斯套娃”。以平安为例，从整个平安来看，若干个子公司就是平安的前台；平安科技公司负责整个平安的信息化、数字化体系的搭建，是平安的中台；集团的人力资源部、财务部、法务部等就是平安的后台。作为平安的子公司，平安陆金所也是小前台、强中台和稳后台的平台型组织结构。平安陆金所的分公司是前台，产品、市场部、客服部等是中台，而财务部、人力资源部等是后台。

前台要想得到发展，必须有中台和后台的支持。首先，必须有中台给前台提供“枪支弹药”和“炮火”的支持，比如，流程和生产制造能力的支持等。其次，后台必须设计良好的激励机制，“不让雷锋吃亏”，让前台的收入与付出成正比，鼓励前台不断裂变、做大做强。最后，中台和后台还必须给前台赋能，提供技能培训，让前台具备复合技能以及团队合作等意识。

并不是每一家公司都适合搭建小前台、强中台和稳后台的平台型组织结构，只有当公司发展到一定规模，尤其是有多条产品线时才适合推动搭建平台型组织结构，这样既能实现范围经济，又能缩短决策链条，加强信息传递，更好地满足客户的需求。

灵活作战的小前台

小前台有三个特点：自主经营、“特种部队”、不断裂变。

第一，自主经营。自主经营就是要给前台充分的授权。公司制定统一的政策底线，比如品类、价格、促销活动等底线要求。在此基础上，前台自主决定面向哪些客户进行销售，卖什么类型的产品，而具体的品牌、价格、促销措施等，不再需要层层汇报请示。只有让前台真正地自主经营，才能面向客户，快速响应客户需求。

第二，“特种部队”。在战场上，特种部队队员个个身怀绝技，他们互相信任、相互补位，把后背交给对方。前台也应该像特种部队一样，有的人擅长销售，有的人擅长产品设计，有的人擅长从事客服工作，能敏捷捕捉客户的需求。同时，通过长期的磨合，前台内部之间也是互相信任、相互补位的，从而形成很强的战斗力。

第三，不断裂变。我们先了解两种动物——海星和蜘蛛。如果把海星切成两半，它会变成两个海星；切成五瓣，会变成五个海星。但是如果把蜘蛛的头切掉，蜘蛛就死了。这代表了两种不同的组织，海星组织是可以不断裂变的，而蜘蛛组织是典型的自上而下的，失去了头部的指挥就失去了方向。所以，要将前台打造成“海星组织”，使组织不断地裂变，从 1 到 10，再到 100，这样，组织才能迅速地扩张。

华为的“铁三角”就是小前台。在铁三角里面，有客户经理、解决方案专家和交付专家。他们形成一个战斗小组，共同面对客户。首先，客户经理负责挖掘与接触客户，解决方案专家负责为客户定制解决方案，二者合力拿下项目。其次，交付专家、解决方案专家和客户经理一起合作，确保项目按时按质完成。最后，客户经理确保客户按时回款。

原来分散在三个部门的员工合并成一个战斗小组，形成利益共同体。华为的“铁三角”完全解决了部门之间沟通不畅的问题，将精力集中在服务客户上，而不是内部的拉扯上。他们可以在公司的政策框架范围内自主决定面对哪些客户，以什么样的价格、方案服务客户，以便快速满足客户的需求。在多种组合的配合下，根据不同的项目情况安排合适的人手，这样的方式更灵活，每个人都可以被调动起来完成任务。在对大项目进行攻坚战的时候，甚至轮值 CEO 都可以来支持项目组。华为的战斗力就是这么磨炼出来的，这就是小前台的魅力。

2021 年华为再度创建了四大“军团”。简单来讲，就是华为把企业业务集团（Business Group，BG）、运营商 BG、云经营单元（Business Unit，BU）等核心部门的将才，整合在一个个以细分场景（如海关、公路、能源、光伏）为单位的独立部门中，为客户提供一套更全面的解决方案。这就如同让专职料理鲍鱼、海参、鱼翅、鱼唇等食材的几位厨师，联手为顾客提供一道每类食材的味道都无可挑剔的佛跳墙。

在数字化转型的背景下，当前的传统政企机构急需提升硬件、软件、高速网络等 IT 基础设施的性能，而以往华为每个 BG 单兵作战，只能解决客户的某一类诉求，无法同时实现对客户“云—管—端”的一体化改造。在这个过程中，各 BG/BU 也试图为客户提供更多服务，因此踏进其他 BG/BU 的领地，越界、内斗、抢客户事件频频发生，资源和资金重复投入，技术和产品重复建设，组织问题频出，内耗严重。华为四大军团的设置有利于使各 BG/BU 的产品和服务能力相互融合，以场景为单元，快速生长、集中输出。这依然是小前台的理念，只不过是规模较大的前台。

强中台对小前台的支持

中台就像组织的“航空母舰”，前台的良好运转一定要有中台的支持。如果前线的作战部队是前台，那么航空母舰就是中台，不断地给前台提供炮火支持。中台的建设，关系到前台的成功。精准打击的导弹从航母舰群（中台）上发射而出，给前方提供了强大的侦查火力支援。前台特种部队在战场一线，可以根据实际情况迅速决策，并引导精准打击。中台将业务的共性需求提炼出来，打包成组件化的功能，以接口的形式提供给前台使用，可以使企业更加快速地响应客户需求。

在数字化时代，大数据和智能化帮助组织建立了强大的中台，尤其是决策模型的建立给前台提供了决策依据，大大降低了决策难度，从而使前台可以灵活地面向客户、自主决策。中台越强大，前台就越活跃。中台有以下三个特点。

第一，具有业务属性。中台的主要任务是支持前台业务的完成，具有很强的业务属性。其实市场部、客服部、风控部、产品研发部、流量管理部都是典型的中台，主要职责是提供“武器库”，前台可以从中选取需要的武器，完成业务闭环，从而大大降低了决策难度，缩短了对客户的响应时间。平安产险的车险理赔业务就是典型的中台能力建设。以前客户出车险之后，从报案到查勘、理赔至少需要一个月的时间。现在经过中台的梳理和沉淀，从报案到理赔，半个小时就能完成。当然，这得益于数字化时代通过信息化和智能化建立的决策模型。

第二，具备共性能力。当某项业务能力是企业各项业务都需要具备的共性能力时，就可以集中放在中台，做好能力的沉淀和复制，形成范围经济。市场品牌能力就是企业各条业务线所具备的共性能力。企业的品牌应该具有统一性、连贯性，各条业务线之间应该互相借势。当然，每条业务线之间的品牌形象会有差异性，前台可以在中台统一品牌的基础上进行个性化的打造。

第三，属于核心能力。在中台沉淀的能力属于公司拥有的核心能力，如果把这项能力剥离掉，公司可能很难生存。正是由于这项能力的重要性，才值得花精力在中台沉淀下来，使之成为公司的核心竞争力。在金融公司，风控就是典型的共性能力，应该在中台沉淀下来，不需要重复建设。但是，为了更好地支持业务发展、贴近一线，可以将部分风控功能前置，放在前台对客户进行第一轮的风控筛选环节，提高业务成功率。

很多企业的业务团队一旦成熟就会自立门户，这是因为业务团队本身就是个体户，完成了所有的业务流程，脱离公司之后照样能够运转。传统的房产经纪行业就是如此，业绩高的业务人员一旦成熟之后就可能自立门户、独立单干。贝壳找房网对房产经纪的业务流程进行了拆分，有的流程由前台人员完成，有的流程由中台人员完成，一方面，降低了业务的难度系数和对从业人员的要求；另一方面，业务的完成依靠的是企业的合力而不是单个的团队，这就大大降低了员工自立门户的可能性。

平安创始人马明哲曾说，小胜靠个人，中胜靠机遇，大胜靠平台，中台的建设就是其中的平台之一。中台建设好了，前台业务就能够迅速地扩展，土壤肥沃了，“插根扁担都开花”。平安从保险迅速发展到综合金融，再到“金融 + 科技”“金融 + 生态”的迅速扩张，中台的作用功不可没。

那么，企业发展到哪一阶段需要开始考虑建设中台呢？平安搭建中台的过程，可以为我们提供一些启示。

2003 年，平安的综合金融已经初具规模，既有产险、寿险等保险公司，又有银行、证券和投资业务。但是各条业务线之间没有打通，信息系统低水平重复建设，数据也不能实现共享；流程没有标准化，服务具有不确定性，各个子公司给客户的感受也不一样。平安的中台建设是向汇丰银行学习的，包括以下 3 个方面。

第一，客户接触层。是指终端客户直接接触的作业部门，包括电话中心和各个分支机构的业务柜台，都统筹到中台的建设中来，形成标准化的流程、话术。无论客户是打电话来买保险，还是到各个分支机构的柜台去办理保险业务，都能享受到专业高效、水准一致的服务。

第二，专业作业层。是指需要专业能力介入业务判断的作业部门，包括核保和理赔等部门，都纳入中台的建设中，提供统一的理赔和风控标准及流程。没有建设中台的时候，各地的风控标准不一致，需要人为判断，造成该赔的不赔，不该赔的乱赔，风险非常大。建设了中台之后，所有的风控不再由人为决定，而是由中台人员根据规则来判断，大大降低了人为风险，且流程的运转更加高效。

第三，共享作业层。各类业务共享的后台作业部门，包括文档作业和会计作业等，都纳入中台管理。一笔费用能不能报销，原来是由各分支机构的会计来操作，一个会计不可能不给分公司的总经理报销，因此造成很多开支上的浪费。但中台建成之后，能否报销由集团的中台人员按照制度处理，超出标准的一律不能报。

综上所述，建设中台的好处是提高效率、降低成本、控制风险。但是，中台的建设看上去很美好，过程却非常艰辛。平安从 2002 年开始筹建中台，到 2007 年才初步建成，之后又不断地迭代。在建设中台的过程中，需要注意以下两点。

第一，先抑后扬，坚持初心。平安建设中台时，不是一开始就能提升效率的，建设初期的效率有可能是下降的。因为有新老两套系统、规则在同时运转，人员处在熟悉中台的过程中，甚至有些人一开始还有些抵触，需要一个接受的过程。所以，在中台建设的初期效率必然不高，能否产生先抑后扬的效果，看到胜利的曙光，考验的是企业家的定力。这时，需要企业家坚持当初建设中台的初心，不要因为投入的成本多了、时间长了、有人反对了，就放弃对中台的建设。

第二，分久必合，合久必分。平安从 2002 年开始建设中台，到 2007 年初步建成投入使用。但到 2015 年前后，整个中台越建越大，使用者已经有上万人。这时，效率已经得不到更高的提升，而且又远离了客户。各个子公司信息平台、数据平台的搭建，原来是由平安科技统一建设的，在初期会产生规模效应，不需要在各个子公司重复搭建。但是，当这些平台的规模越来越大，且需要结合各个行业的特点来进行更加精细化的数据和智能分析时，再由平安科技统一管理就会远离客户、弱化效果。所以，平安将数据中台拆分到了各个子公司，真正结合客户需求搭建决策模型。这就是中台建设的“分久必合，合久必分”。

从平安搭建中台的过程可以看出，企业在规模较小，尤其是只有一条产品线和业务线时，不一定要考虑搭建中台。但当企业达到一定规模，有几条产品线和业务线时，就需要考虑搭建中台，以提高效率、降低成本、控制风险。但当中台规模过大，不再具有规模效应并开始影响效率时，就要考虑拆分中台，以便更好地响应客户的需求。

打造稳后台的“12 字方针”

企业在进行平台化战略改造的过程中，总部功能不但不应被削弱，而且应该被加强，尤其要针对下属业务板块所需的管理诉求进行改造。总部功能应完成以下转型：一是由管控型转化为服务型、赋能型；二是抓大放小，完成宏观层面的思考，将具体运营交由下属团队自行根据市场需求优化；三是依托下属的创业单元不断积累和沉淀数据、知识，进而转化为数据和知识资源，转变为智慧型总部。

稳后台不是指后台四平八稳、一成不变，精髓是稳步渐进地进行变革，打造长效机制。实际上，后台的变革才是全局性的、涉及整个企业的变革。正是由于其影响面大，更要慎重推进、渐进变革。每天一个小进步，比一次性重大变革产生的效果更好。这也体现了生态型组织的柔性。

稳后台的主要作用是通过制定机制、流程、制度来激活组织，提供文化建设、建立学习型组织来赋能人员，从而支持前台和中台的发展。稳后台的功能可以归纳为 12 个字：定战略、控总额、管干部、看结果。这是平安在 30 多年的发展历程中，对后台管理精髓的总结，非常贴切。

- 定战略。集团总部要和下属子公司一起，明确各个子公司的发展方向。整个集团是一盘棋，需要各个子公司之间形成合力，这就需要集团进行战略总体设计。平安并购了深圳发展银行，改名为平安银行，就是借助平安寿险的力量来推销信用卡，使平安银行的信用卡一战成名。平安陆金所成立初期，也是借助平安寿险强大的代理人团队，销售理财产品，形成稳定的客户群，然后再逐步转到线上。这就是平安制定的“综合金融”战略，各个子公司之间交叉销售、形成合力。
- 控总额。平安有 32 家子公司，如果都采取运营管控的模式进行精细化管理，根本管不过来。所以，平安采取的是战略管控模式。集团与各子公司确定总成本，在总成本范围内，由各个子公司自主决定如何使用。当然控总额必须进行动态管控，业绩越好，总额越多，业绩不好，总额就少。
- 管干部。为什么平安能在保险业务的基础上打造出综合金融、“金融 + 科技”、“金融 + 生态”等多条第二曲线？除了独到的战略布局之外，平安在干部管理方面的投入也是其成功的重要因素。平安的干部是一盘棋，当有新公司成立的时候，就会把很多优秀的干部从老公司调到新公司。干部是企业的灵魂，能够帮助新公司成长，星星之火可以燎原。干部就像是珍珠项链的绳子，用绳子把珍珠穿起来，项链就成型了，否则就是一盘散珠，无法形成合力。

- 看结果。制定好的战略，做好总额的管理，用好的干部来推动业务的发展，最后还需要看结果，形成稳后台管理的闭环。看结果就是进行事后审计，看集团的制度在子公司的执行情况，有没有越权处理、违规行为等。正是有了事后检查制度，才能保证权力的放而不乱，确保业务有条不紊地进行。否则很有可能一放就乱。

平台型组织结构改造案例

没有前台的弊端

A 公司是一家货代公司，帮助从事进口业务的企业进行报关和货物运输。原来的组织结构是典型的职能型架构，销售人员隶属于销售部，负责跟客户接洽业务；运营人员隶属于运营部，负责处理报关、运输货物。两个部门经常打架，销售会抱怨："运营部的成本太高，这单没赚到钱。"运营反驳说："销售拿回来的价格太低，在节假日高峰期成本上涨，怎么可能赚钱？"销售投诉："运营部的效率太低，导致业务时间拉长，客户退单。"运营很委屈地说："我们的人手很少，加班加点都做不过来，一直在超负荷运转！"

这些是职能型架构存在的典型问题。于是，A 公司决定将销售部与运营部合并、拆分成一个个小的业务团队，并按照行业划分为事业部。在小团队内，销售和运营成为利益共同体，一起面向客户决定是否接受这单业务，以什么价格成交，选择什么样的供应商来完成业务。这样，上述"神仙打架"的问题就都解决了。这样做的好处是，第一，大大缩短了沟通链条，从原来两个部门之间的沟通，转变为两个人之间的沟通，能够及时有效地响应客户的需求。第二，两个部门的使命是清晰的，利益是一致的，相当于一节"高铁车厢"，形成了自驱力，"马不扬鞭自奋蹄"，自驱动地往前高速奔跑。第三，小团队的内部成员之间高度互补、互相补位，他们的技能、功能是全面的，就像特种部队一样，因为不断地磨合，彼此之间互相信任并形成了高度默契。

组织不是有前台就有用，没有中台的支持，前台无法充分发挥作用。A公司从事的是货代业务，要帮助客户报关和运输。如果没有强大的报关能力、供应链管理能力，依然服务不好客户。因此，A公司建立了强大的系统，将货物全程的运输状态在系统中全部展示出来，让买家和卖家都能清晰地看到运输流程。A公司还建立了先进的运输供应商系统，实时匹配运力，解决高峰时段的运力瓶颈，并且能够获得成本最优解。

而且，货代行业本身的技术含量并不高，如果成立了事业部制的前台，而没有中台，则会将大部分业务流程都放在前台。一旦前台运转成熟，员工就有可能自立门户当老板。但建立了中台之后，组织便将核心能力沉淀至中台，员工流失的可能性大大降低，同时更容易吸引优秀人员的加入，“栽下梧桐树，引得凤凰来”。

从腾讯的开源协同，看平台的作用

敏捷迭代是腾讯在面对激烈的市场竞争时建立的标志性能力之一。当年腾讯在几十个即时通信产品中杀出重围，后来在与MSN的激烈竞争中，凭借的是以更快的速度更新产品以满足用户需求的能力。这在很大程度上得益于2005年腾讯组织架构变革时形成的产品闭环，研发跟着产品走，能够迅速响应客户需求，及时更新产品。

但随着云技术的日益成熟和数据治理要求的提升，整个互联网在2010年前后就进入了开源时代。而腾讯内部产品各自为政的方式暴露了一系列的问题：效率低、互不联通，更重要的是，产品迭代速度也慢下来了。

由此可见，腾讯的业务线就像一根根“烟囱”，每个BG从逻辑层、数据层到后端的容器或虚拟主机层都有一套独立的技术框架和技术体系，而且多数并不通用。就像一个地方的铁轨和另一个地方的铁轨，各自修得很好，火车在每条铁轨上跑得很快，但彼此不通。于是，腾讯背上了重重的“技术债”——重复造轮子。

从 2018 年“930 变革”起，腾讯便成立了技术委员会、协同小组，开始推“山头”、敲“烟囱”，短短 3 年间腾讯在开源协同上成效斐然。当一个组织规模太大后，把所有的研发集中在一起是非常低效的。而去中心化的问题又会让公司的研发各自为战，闭门重复造轮子。如何平衡去中心化和“重复造轮子”，开源协同是很有效的方法。开源的目的是减少“重复造轮子”，权限开放，代码相互可见。协同的目标是去中心化，开源组件去 BG 部门属性，共同拥有腾讯属性；开发人员是开源组件的共同参与者和创作者，不是甲方和乙方，从而彼此更好协同。这个过程就是建立平台的过程，之后大家的“地盘意识慢慢被打掉，都变得越来越开放”。

张力组织，打破部门墙

将职能型组织结构转变为小前台、强中台、稳后台，把原来分散在几个部门的功能合并起来，实现部门之间的互联，如同在原来厚重的部门墙上钻孔，不断增加部门之间的连接点。但除了正式的组织结构调整，我们还能再做些什么，进一步增加部门之间的连接点？打造张力组织就是很好的方法。

什么是张力组织

张力组织是一种项目型组织，但一般意义上的项目型组织是自上而下的，而张力组织是自下而上的，由员工发挥自驱力来推动实施。张力组织不是打破日常的组织运作模式，而是鼓励员工自下而上成立张力组织，从事项目型的工作，与原来日常的操作系统并行运作。

什么是张力？就像拉橡皮筋的时候能够感受的力量，张力就是现状与未来的可能性之间的差异。愿景与现状之间的差距能创造出情感、能量和认知的张力，它会寻求利用创造力、能量和资源进行规划并采取分步行动来解决问题。创造性张力是一种促进创造性和变革的结构。当我们清楚了解当前现状，并对结果有明确的期待时，一股张力就诞生了，它会推动我们不断向目标趋近。愿景与现状之间的差距越大，张力就越大，组织解决这种张力问题的动机和能量就越强。

感受到这种张力之后，就会产生一个亟待解决的问题，或者是一个发展的机遇。谁主张谁牵头，当感受到张力之后，员工便可发起张力组织，与一群志同道合的人一起畅想未来，提出问题的解决方案，并推动实施，将可能变为现实。

张力组织给企业带来了行动力（见图 4-9）。当组织里的每个人都能主动感知现状和未来的差异时，就会形成越来越多的张力组织，给企业带来各种积极的变化。比如某员工发现生产线上的电路设计可能有问题，按照传统组织管理的方式，必须将问题层层上报，等待相关部门按照流程派人来调查，并提出解决方案。这个过程漫长，严重影响效率。但在鼓励张力组织的企业，员工发现问题后可以自己牵头成立跨部门的张力组织，那么这个电路设计的问题便能很快迎刃而解，彻底改变原来“等、靠、要”的局面。

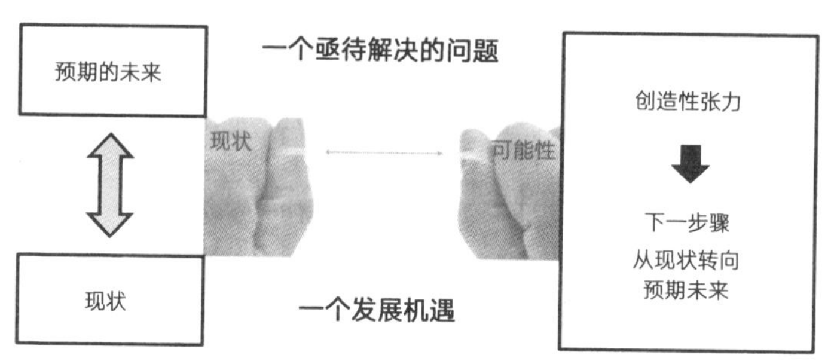

图 4-9　用张力带来行动力

同时，张力组织还会给企业带来更多的可能性。人的注意力放在哪里，成果产出就会诞生在哪里。如果企业中所有人都将注意力聚焦在同一件事上，企业就丧失了探索未来的可能性。但如果企业有更多的张力组织，则将从张力组织中诞生新的可能性，从而不断开创企业的第二曲线。谷歌鼓励员工用 20% 的时间来从事自己喜欢做的事情，其实这就是鼓励张力组织的诞生，由此可以使组织开创未来，为企业开发新的发展机遇。

张力组织成功的关键

在企业里，每个人都能感受到各种张力，就像池塘里的小鱼小虾们能感知水温的变化一样。但感受到张力之后，能不能提出问题，并形成能够解决问题的张力组织，取决于企业是否具备包容、自驱动的文化。企业有没有自驱动的文化、包容和允许试错的文化，是张力组织能否形成的关键要素。

首先，企业需要有自驱动的文化，企业里的每个个体都是身心完整的成年人。企业鼓励每个员工拥有自己的使命，并逐步与企业的使命趋同，使员工和企业形成同频共振。这时，员工就能够主动地感知、发现问题，主动地形成张力组织，解决问题。

其次，企业还需要有包容的文化，很多时候张力组织都是在试错，不成功的可能性很大。如果员工一失败就受到批评和指责，那么他们以后还敢再发起张力组织吗？反之，如果企业对勇于成立张力组织的员工进行表扬，而不在乎其是否会成功，那么企业中就会涌现出越来越多的张力组织，整个企业就会像水草丰美、具有生物多样性的池塘一样，生命力越来越旺盛。

张力组织的特点

- 跨部门协作完成。张力组织一般都是跨部门合作的小组，这就更加促进了部门间的互联，能够更好地解决企业的问题。
- 用业余时间完成。如果员工将全部的工作时间都用来解决张力问题，那么这不是张力组织所提倡的。张力组织的建立需要通过业余时间来完成，例如谷歌鼓励员工用 20% 的时间从事与兴趣爱好相关的活动。
- 张力主题可大可小。既可以是和提升企业的经营管理能力、企业业绩相关的张力主题，比如战略型项目、流程迭代等；也可以是与提升员工的能力相关的张力主题，比如读书会、兴趣俱乐部等。不要因为张力主题小而忽视，将每次实实在在的“小”主题积累起来，就会给企业带来“大”的改变。

- 确立项目目标和制订计划。张力组织也是一种项目组织，需要确立项目目标和制订计划，且目标和计划需要不断迭代。张力组织的所有成员都要参与到项目目标的确立、项目计划的制订中去，并根据项目计划来进行推进。

建立张力组织是在部门墙上打孔，促进各部门融合和交流的非常重要的方法。很多企业经常抱怨员工没有担当和创新意识，其实是企业没有鼓励创新的文化，没有鼓励员工自下而上地发起张力组织。与其抱怨员工，不如行动起来，鼓励员工去发现并捕捉张力，形成张力组织。当企业自驱动、包容的文化逐步形成后，就能出现更多的张力组织，并涌现出越来越多有担当的团队。由此整个企业就形成了螺旋式上升的态势，从原来的机械型组织逐步向生态型组织转变，传统的业务就会被逐渐突破，新业务也会孕育而生。

管控模式与分类授权

随着时间的推移和企业规模的扩大，不少企业患上了“大企业病”。甚至有很多企业未老先衰，还没有成为大企业，就已经患上了大企业病。如果对大企业病置之不理，就必然会出现“管理双杀效应”。一“杀”是员工动不起来，企业被耗死。由于企业越来越大，分工极度精细，每个人只对自己的工作负责，而不再对企业的经营结果负责。二“杀”是企业缺乏创新，被外部环境杀死。因为企业没有基于用户需求进行创新，导致产品陷入同质竞争。因此，CEO 必须减少管控，加强授权，让组织更为灵活开放。

3 种管控模式分析

针对集团化公司不同的业务模式及多种经营化程度，管控模式主要有 3 种类型。按照分权的程度从大到小，可以分为财务管控型、战略管控型、运营管控型，具体如图 4-10 所示。

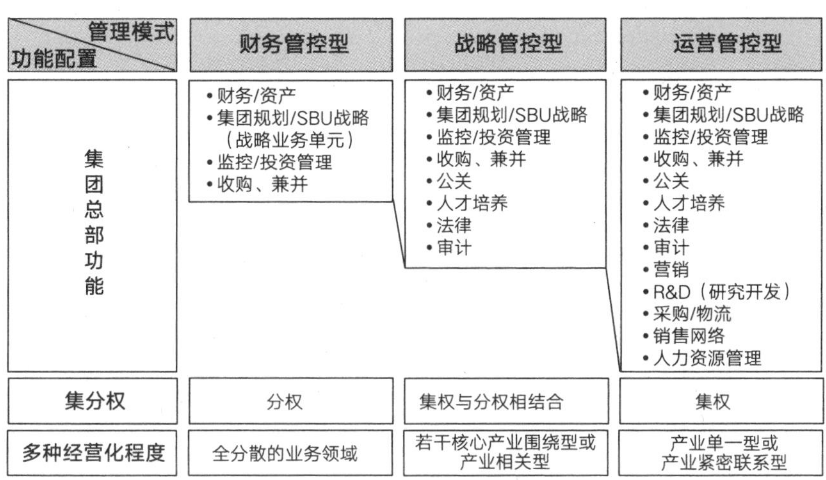

图 4-10　3 种管控模式

第一，财务管控型。财务管控型适用于业务类型较分散的领域，主要以财务指标对成员单位进行管理和考核，由于股权不占优势，很难对成员单位发挥管控作用。因此，总部关注的是投资回报，主要通过投资业务组合的结构优化来追求公司价值的最大化。

第二，战略管控型。战略管控型适用于若干核心产业围绕型或产业相关型业务，以战略规划为主，主要关注成员单位的协调发展、投资业务的合理优化，以及战略协同效应的提升，通过对成员企业的战略施加影响而达到管控目的。战略管控型处于财务管控型和运营管控型的中间地带，但是战略管控的力度如果把握不好，“母子”矛盾、“子子”矛盾会频繁出现在战略管控型的集团企业中，而且“按下葫芦起了瓢”，会令管理者焦头烂额，根本起不到战略管控的作用。

第三，运营管控型。运营管控型是指集团总部对成员单位进行日常经营运作，以及控制和管理，包括对人、财、物等进行全方位事无巨细的管理。当组织的业务线单一的时候，用运营管控是没有问题的，但是当组织的业务线越来越丰富的时候，如果还停留在运营管控型，就会出现“上面忙死、下面闲死”的情况，不仅管不好企业，还会让下面的人失去积极性。这是典型的机械型组织。

以下 5 个维度可以帮助企业判断适合用什么样的管控模式。

- 业务的关联度。企业各个业务之间的核心资源与能力的关联性大不大？在价值链上的相关程度高不高？如果关联性不大、相关程度不高，采用财务管控是比较合适的；反之，采用运营管控是合适的。
- 产业环境。产业所处的市场环境动荡还是稳定？竞争是否激烈？如果环境动荡、竞争激烈，则需迅速面向客户进行调整。采用运营管控无法跟上市场的变化，所以需要采用战略管控，有些尝试型的业务甚至还需要考虑财务管控。反之，采用运营管控是合适的。
- 发展状态。企业是在各个业务单元的基础上形成的总部，还是先有总部再孵化出各个业务单元？如果总部的管控能力较弱，建议使用财务管控。如果总部有较强的管控能力，能够实现各个业务单元之间的协同，则可以采用战略管控、运营管控。
- 业务结构。业务属于多元性还是单一性？业务区域集中在本地还是全球经营？所处业务领域的专业化程度高不高？如果是多元业务，业务区域比较分散，所处业务领域的专业化程度较高，则建议采用战略管控，甚至是财务管控。反之，采用运营管控是合适的。
- 管理风格。企业的管理风格、文化是集权还是分权？有的老板宁肯自己累死，也要把权限控制在自己手上，不相信下属可以做好，这就是典型的机械型组织。这样的管理风格只适合采用运营管控。

我们用上述 5 个维度对平安的管控模式进行分析后就会发现，平安是典型的战略管控型企业。分析内容包括 5 个大维度、11 个小维度。具体如图 4-11 所示。

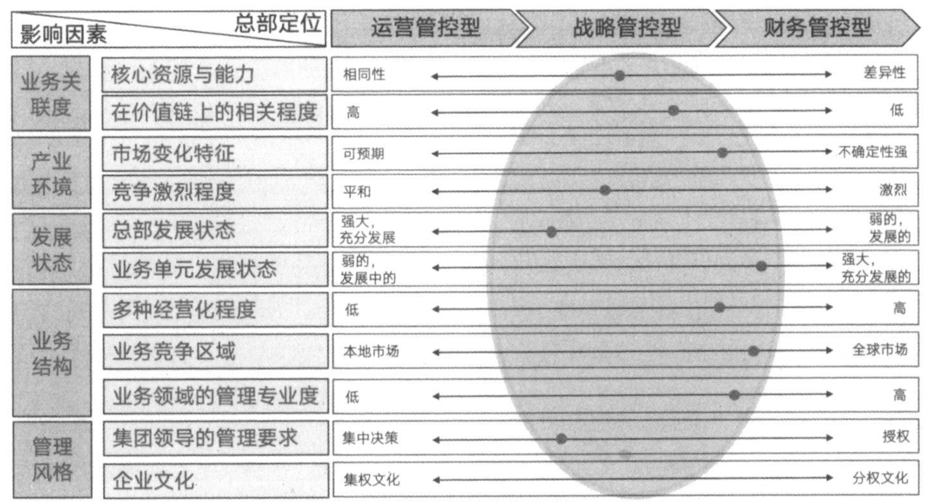

图 4-11　平安的管控模式

集团型企业的管控模式

集团企业的未来是生态型组织

在国内，绝大部分集团企业依然应用的是运营管控。运营管控极大地削弱了事业部（子公司）的市场反应速度，使集团企业运行系统日益僵化。“母子”关系、“子子”关系矛盾很深，一方面集团起不到战略协同作用；另一方面子公司得不到授权，被绑住了手脚，无法面对市场开展业务。

随着市场发展的变化，集团企业与成员单位的“母子”关系将被重新定位，形成一种相互依存、共同繁衍的生态关系，成为生态型组织。成员单位之间既是“物种与物种”之间的关系，也是“食物链上下游”之间的关系，每个“食物链”都能独立运行，在相互竞争的同时还能相互补充，共同推动生态系统的繁荣发展。

无论是相关多元化的集团企业，还是非相关多元化的集团企业，最终都将走向生态化，用生态的力量实现集团企业的价值最大化。集团企业构成越复杂，越需要走向生态化，让各个成员单位对集团发挥协同作用，传统集团企业的硬伤也将迎刃而解。

但集团企业在向生态型组织发展的转型阶段中，还必须采取战略管控模式，否则灵活与创新就很难体现出来。西方企业在 20 世纪的转型已经为我们把这个通道打开，国内领先的 PATH 也都成功搭建了平台型组织结构，为我们提供了很好的实践经验。

在平台型组织里，个人能力强大不再是重点；身处平台型组织中，会强烈感受到平台的伟大、个人的渺小。从平台型组织中出去的个人，即便个人能力再强，也很难创业成功，因为在平台型组织里，没有人在价值链一体化中是从头管到尾的，要想把端到端流程拉通、实现经营单元的商业成功，与组织内部各个平台之间基于理性流程的协同将是必不可少的。平台型组织中缺少了某位特定的能人也不会出现特别大的问题，所以，平台型组织大大降低了对个别优秀人才的依赖，可以使企业持续稳定发展。

建立平台型组织是一种折中的方案，既要相信理性流程的体系，又不能完全依赖于体系；既要承认特定能人的边际贡献价值，又不能完全依赖于特定的能人。所以，建立平台型组织是对理性流程体系与特定能人两者的折中，是理性的、平衡的、灰度的，不机械、不偏激、不极端。

平安的组织演变

平安是平台型组织结构，但平安也不是从成立伊始就采用这种结构，而是一步步演化而来的。平安组织结构的演变有 3 个过程。

- 块块管理。平安刚刚成立的时候进行块块管理，也就是简单组织结构。块块管理的优势是由一线人员直接做决定，市场反应快、决策快，特别有利于跑马圈地、做大市场。块块管理的劣势是不利于标准化管理。当时的平安还没有集团总部，保险资金由各个分公司直接管理，不利于风险控制。项目的成败取决于各个分公司的领导，经验没有办法传承。

- 条条管理。平安发现块块管理的弊端之后，开始调整组织结构，进入第二阶段——条条管理，也就是职能型组织结构。条条管理的好处是可以标准化管理，风险可以控制，成本效益比较高。但是很多事项要到总部做决策，决策链条拉长了，对市场的敏感性没有原来那么强，而且很容易出现总部“一刀切”的情况，不符合当地市场的需求。
- 矩阵式管理。在经历了前两个阶段后，平安又进行了组织结构的探索，开始实施矩阵式管理，从事业部制往平台型组织结构发展。2003 年成立了平安集团，逐步探索出集团管理的 12 字方针“定战略、控总额、管干部、看结果”，集团有所为，有所不为，在集权和分权之间找到了很好的平衡，使子公司和各个经营单元都能拥有很好的决策权，能够让“前线听得见炮火”的人来做决策。矩阵式管理的劣势是沟通成本很高，需要有开放的企业文化，同时还需要通过科技手段进行支持，如中台提供决策模型，帮助前台降低决策成本。

从平安组织结构的发展历程来看，不同时期的组织结构是不一样的。我们现在提倡生态型组织结构，并不意味着一味否定职能型组织结构，不同的组织结构适合不同的管理需求。企业需要诊断自己处在哪个阶段，然后再针对这个阶段的特点，判断使用哪种组织结构。

有效授权，防止大企业病

数字化时代客户的需求分散且多变，考验企业对客户需求的响应速度。从全球经济发展趋势来看，通常是产业之间不断融合，并沿着产业价值链向下游延伸，形成越来越多的集团化企业。但是，在现代企业发展的实践中，“船大难掉头”“大而不强”似乎成了集团化企业的标识。企业想要适应数字化时代的要求，就必须使自己的运行系统灵活高效，同时具有较强的创新能力，既保持大企业的风范，又保持小企业的心态。灵活，对应市场需求的分散；创新，对应市场需求的多变。

防止企业患上大企业病

马明哲在经营平安的过程中，特别担心平安患上大企业病，他在《平安心语》中写道：“怎么防止企业患上大企业病呢？要从工作流程的设计到组织的授权和监督的考核等方面来考虑。”

大企业病的表现是敷衍、不负责任、工作效率低下、应付了事。防止大企业病可以从两点入手。

- 流程。马明哲强调“将制度建在流程上，将流程建在系统上”，在数字化时代又增加了一项“将系统建在数据上”。他说：“所有的制度，如果写在纸上，那是给人看的。而落实在流程上的制度，才是可靠的。”“只有把流程嵌到系统里面，建在系统上，才更利于执行。”所以，平安一直在梳理业务流程，形成标准作业程序（Standard Operating Procedure，SOP）流程手册，并将流程嵌入到系统中。通过系统数据来建立决策模型，帮助前台更好地进行决策。
- 授权。想要提升工作效率，防止大企业病，另外一项重要的工作就是做好授权。在很多企业内部，高层主管希望将权力集中起来以消除重复工作，而业务经理们想要保持享有的控制权，这样就导致组织内部经常存在集权和分权之间的拉锯战。管理者需要根据组织自身的情况，不断寻找纵向控制与横向合作、集权与分权的最佳组合。

美的与平安的授权原则

美的电器是国内在集权与分权方面做得比较好的标杆企业，提出了“集权有道、分权有序、授权有章、用权有度”的 16 字方针。美的电器以敢于并善于分权著称，提出在非关键路径上放权管理，美的电器的《分权手册》备受业界推崇，并且由专门部门负责“分权手册”的动态管理。

每半年，美的电器的相关部门会推动企业高层将相对成熟的业务决策权下放，要求领导聚焦例外管理事项，并将决策经验规则化、标准化。美的的高管团队具备极强的分权管理意识，会积极地配合管理部门做好“分权手册”修订工作。美的电器采取高度分权管理模式，它的业务流程简捷、快速、高效，管理决策点低，决策点贴近业务一线，支撑了美的电器的快速反应与高效率，进而支撑了美的的快速成长。这种良好的集权与分权形式同时激发了基层一线员工的快速成长。

曾有人问美的电器的集团高管：“一个大学毕业生在美的成长起来需要多久？”他们的回答是半年到一年。背后的原因有相当一部分要归功于美的集团集权与分权适度，分权为员工提供的工作机会、给员工带来的责任与压力，把员工团队激活了。

对于如何授权，平安总结了三个词：守住底线、分类管理、结果管控。

- 守住底线。通过授权把权放出去，但是必须保持底线，这在平安叫作“铁律”，即便授权了也必须坚守这些底线。比如平安员工的直系亲属不能加入同一家子公司；员工可以二次回流到平安，但是第二次出去之后，就不能第三次加入平安。
- 分类管理。平安有 30 多家子公司，每家子公司的业务范围不一样、所处的发展阶段不一样，每家子公司管理者的成熟度也不一样。比如平安的保险业务处在成熟期，而互联网金融业务则处在成长期、创业期，有的新公司甚至还处在孵化期。应该结合每家子公司的发展阶段、决策事项属性、授权对象的成熟度来确定不同等级的授权。

- 结果管控。如果只有授权，而没有结果管控，就很可能出现“一放就乱”的局面。正是由于担心“一放就乱”，很多企业不敢授权，将控制权牢牢地掌握在高管手里，以为这样就安全了，实际上却造成了“不放就死”的局面。

章末总结

企业想要在 VUCA 时代更好地生存，适应数字化时代的要求，就必须使自己的运行系统灵活高效，同时具有较强的创新能力，既保持大企业的风范，又保持小企业的心态。灵活，对应市场需求的分散；创新，对应市场需求的多变。只有这样，企业才能抵御大企业病，减轻“管理双杀效应”，从机械型组织向生态型组织转变，实现基业长青。

第三部分

红绿灯，构建鲜明有力的激励机制

绩效管理，从“要我做”到“我要做”

夕阳下、池塘边，人们撒一把面包屑，小鱼小虾们马上围拢过来，争抢美食，不放过一丝残渣。正是在这种自由竞争的环境下，小鱼小虾们才能长大，最终成就池塘丰富的生态，这就是“竞争、激励、淘汰”的生态法则。绩效管理也需要创造出这种机制，激发每个人的成就感与成就动机，让每个人从“要我做”变成“我要做”，企业也将从机械型组织转向生态型组织。

但是在传统模式下，所有企业都以取胜为目的，为了取胜，采用关键绩效指标（Key Performance Indicator，KPI）考核，企图控制每个月的增长，追求行业第一。但即便做到了行业第一，最后仍会消失，就像柯达。为什么会如此？这是企业管理者在设计管理机制时要考虑的。

绩效管理是三方共赢，不是“猫捉老鼠”的游戏，也不只是“胡萝卜加大棒”。第一，从企业的角度考虑，能够帮助企业实现战略。第二，从主管的角度考虑，为主管提供一套方法，帮助主管和下属一起提升业绩。第三，从员工的角度考虑，给员工提供成长的平台，帮助员工成长。

绩效管理不等于绩效考核，包括绩效目标、绩效辅导、绩效考核和绩效应用四个流程，这是完整的闭环，必须打组合拳，才能真正激发企业的活力，从“要我做”变成“我要做”。

绩效管理的“1234 法则”

拆解一下“绩”“效”二字。“绩”左边是绞丝旁，右边是责任的“责”，就是说每个人尽到每一“丝”责任，方能达到好的结果。“效”是效能、效率，就是要关注过程。绩效管理的目标是成事达人，通过帮助人的成长来实现组织目标的达成。在 VUCA 时代，可以通过游戏化的方式，使绩效管理更活泼有趣；通过绩效文化的打造，让绩效管理更深入人心。企业的绩效管理要遵循“1234 法则”，如图 5-1 所示。

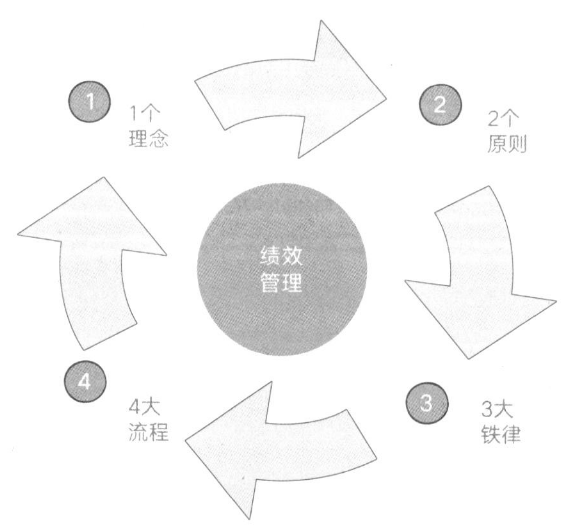

图 5-1　绩效管理的“1234 法则”

绩效管理的“1234 法则”

1 个理念

绩效管理的“1 个理念”是成事达人，企业要实现从机械型组织向生态型组织的转变，不仅要关注事情的达成，更要帮助人的成长。通过帮助人的成长，最终达成事情的结果，这就是成事达人。

2 个原则

绩效管理的“2 个原则”是结果导向、关注过程。“绩”代表结果，“效”代表过程，绩效管理既需要注重结果，又需要关注过程。过程的正确性更能保证结果的正确性。过程对了，结果的发生是顺理成章的；过程不对，结果的发生只能靠运气，正如金蛋砸到头上是小概率事件。

3 大铁律

绩效管理的“3 大铁律”指的是横向排名、比例控制、激励淘汰。

- 横向排名。同一层级的人一起排名。比如一级部门负责人一起排名，二级部门负责人一起排名，员工一起排名。不能把一级部门负责人、二级部门负责人、员工一起排名。
- 比例控制。排名要区分出头部和尾部。如果没有比例的强制分布，很多管理者就会做老好人，无法区分优秀员工和一般员工，资源也无法向优秀员工倾斜，就会造成“劣币驱逐良币”现象的出现。
- 激励淘汰。强制排名的目的是鼓励竞争，但竞争如果不跟激励和淘汰挂钩，就没有办法形成良性循环。所以，对优秀员工要加大激励，对落后员工要予以淘汰，以便给企业带来活力。

4 大流程

绩效管理的 4 大流程指的是绩效目标、绩效辅导、绩效考核和绩效应用，如图 5-2 所示。

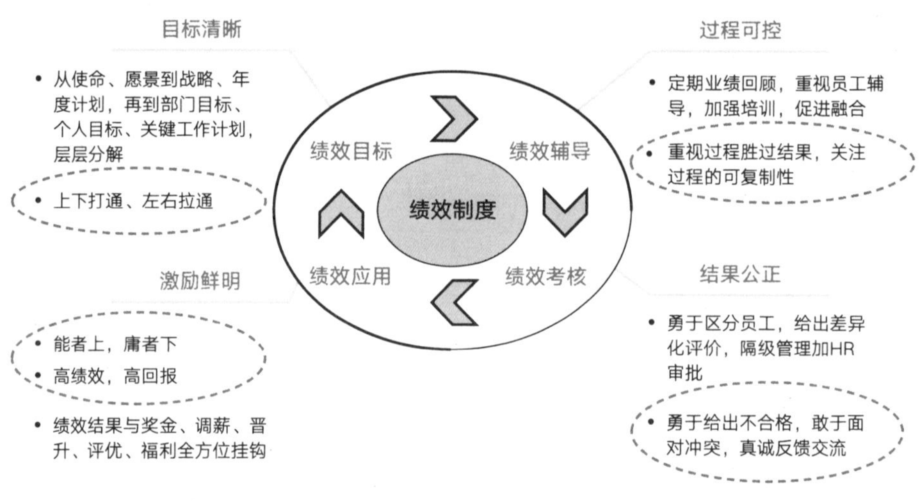

图 5-2　绩效管理的 4 大流程

首先是绩效目标。绩效目标不是领导拍脑袋制定的，而是应该结合企业的使命、愿景和战略进行分解。绩效目标的制定应进行“三比”，即跟市场比、跟对手比、跟自己比。绩效目标的制定需要“上下打通”，即自下而上和自上而下的结合，而不是由上级直接拍板。只有参与了目标的制定，员工才会认为这是“我要做的”，而不是“要我做的”。绩效目标的制定还需要“左右拉通”。绩效目标的完成也不仅是一个部门的工作，还需要多个部门通力合作，手拉手往前走。这就需要“左右拉通”，彼此互相看见，看到其他部门的指标、其他人的指标、懂得互相配合。

要从机械型组织转向生态型组织，以欣赏式探询为基础的团队共创是很重要的方法，共创的本质是给予空间、群智涌现。在战略解码工作坊内，人们不仅关注指标本身，而且关注如何达成，也就是行动路径，最后形成“年度必须打赢的仗”。这就是“上下打通”。在工作坊内，人们不仅关注自己的指标，还关注其他部门、其他人员的指标，大家互相看见，考虑如何互相协调、给予支持。这就是“左右拉通”。当参与了共创之后，大家的智慧被融入公司的战略地图、KPI 之中，大家会发自内心地认同，认为这是自己要做的工作，而不是领导强加给自己的。心情不一样，思想上就不会有阻力，推进起来自然就轻松很多。

在分解绩效指标时，两场战略解码工作坊是必不可少的。第一场工作坊是公司层面的战略解码，公司的高层、中层、核心骨干一起打磨公司的战略地图并制定 KPI。第二场工作坊是部门层面的战略解码，当完成了公司层面的战略解码之后，中层、核心骨干需要将公司的战略在部门内落实。这就需要中层回到部门里，和基层管理者一起打磨部门的战略地图、制定部门的 KPI，并细化到每个人的目标与关键成果（Objectives and Key Results，OKR）或 KPI。当这两场工作坊做完之后，整个企业就实现了“上下打通”和“左右拉通”，形成了从“要我做”到“我要做”的氛围，整个组织也被激活起来。

其次是绩效辅导。绩效管理既要以结果为导向，又要关注过程。所以，绩效辅导的重要性不言而喻。绩效管理不只是秋后算账，到年底看 KPI 的完成情况，完成得好给予奖励，完成得不好给予惩罚，这是靠天吃饭。绩效管理还必须精耕细作，通过过程管理带来效益。

绩效管理跟培养孩子类似。孩子期末考试考得不好，家长被老师请到学校，回去就把孩子批评一顿。但其实需要检讨的是家长自己，平时关注孩子了吗？孩子的学习习惯如何？平时喜不喜欢打游戏？是否认真完成课后作业？平时考试的成绩如何？家长多久跟孩子沟通一次，听他讲讲学校发生的事？家长如果平时多关注孩子的成长，那么孩子点点滴滴的进步都会看在眼里。如果家长平时不关心孩子，那么最后孩子带给家长的可能就是负面的结果。带领下属和教育孩子是一个道理，只是孩子不能被解雇，无论结果如何，都得自己兜底。

绩效辅导包括事前辅导、事中辅导和事后辅导。事前辅导就是在制定 KPI

时要“上下打通、左右拉通”；事中辅导包括每周重点工作跟进、月度经营分析会、每月 / 季度的绩效面谈。事后辅导包括绩效排名、发完奖金后的绩效面谈等。绩效辅导能够帮助下属看到自己的优点和不足、改进方向等，可以成为员工的一面镜子。

再次是绩效考核。绩效考核有两种方式。第一种是“目标制”，即到年底的时候，主管结合 KPI 的完成情况进行打分。无数经验证明，主管给下属的打分大多在 80 ～ 90 分，这是人性使然。一般主管都会觉得，只要下属比较听话，打分低于80分，情面上过不去，以后的工作会很难开展，但打分也不会高于90分，否则下属就会骄傲。正是基于主管的这种心理，大部分人的得分都不低，却也比较接近，拉不开差距。绩效考核的第二种方式是“赛跑制”。赛跑制的基础是目标制，但在目标制的基础上增加了强制排名，区分出头部和尾部。管理是反人性的，赛跑制的目的就是克服人性的弱点，通过制度化的要求，避免主管做好人，让主管勇于对下属进行区分。你好、我好、大家好，实际上最后谁都不会好。分配资源时“撒胡椒面儿”，人人有份，最终会造成“劣币驱逐良币”。

最后是绩效应用。绩效目标、绩效辅导、绩效考核之后，还需要将绩效结果予以应用，才能形成绩效管理的闭环，否则绩效管理就会流于形式。

企业必须将绩效结果应用在员工职业生涯生命周期的全过程，包括调薪和奖金、晋升、调动、福利、评优和培训等方面。平安的绩效排名结果是 2-2-3-2-1，即前 20%，20% ～ 40%，40% ～ 70%，70% ～ 90%，后 10%。平安将绩效结果应用得淋漓尽致，对绩效排名靠前的员工，通过晋升、调薪、发奖金等方式予以激励；而绩效排名靠后的员工，则将面临淘汰，包括降级、降薪或者辞退等。

在奖金与调薪方面。奖金一定要与绩效结果挂钩，组织的奖金总额由组织的绩效成绩决定，而个人奖金的分配则由个人的绩效成绩决定。在平安，排名在前 20% 的人奖金一定是最高的，排名在 40% ～ 70% 的人处于平均水平，排名在 70% ～ 90% 的人则奖金很少，而排名在后 10% 的人是没有奖金的。从总体趋势来看，排名在前 20% 人的奖金可能是排名在 70% ～ 90% 人的 3 ～ 6 倍。这样能有效调动员工的积极性，尤其是充分调动优秀员工的积极性。

调薪的规则也是如此，每年调薪一次，但调薪绝对不是“撒胡椒面儿”。有些公司的调薪其实就是普调，人人有份，这没有意义。如果绩效排名在后面的人调薪跟绩效排名在前面的人一样，那么绩效排名在前面的人为什么还要留在这里？这样就会造成“劣币驱逐良币”。PATH 是绝对不会允许这种事情发生的。调薪向绩效排名在前 20%，20% ～ 40% 的人倾斜，绩效排名在后 10% 的人不但不调薪，而且还会降薪。

在晋升机制方面。企业的职级体系分为三大类：高级、中级和初级。晋升一般有两个方面的要求，一方面是在本岗位的工作年限，另一方面是绩效考核结果。在平安，从中级第三档晋升到高级第一档，需要连续两年绩效排名在前 20%。平安强调的是连续优秀，即在原岗位上要有一定的年限，且一直都表现得不错。员工职级越高，晋升的要求也越高。

在淘汰机制方面。企业不仅要对头部进行激励，还需要对尾部进行淘汰。淘汰分为降级、降薪和解除劳动合同三种。在平安，一年绩效排名在后 10% 的人会被要求降薪，甚至降级。如果连续两年绩效排名处于后 10%，则会被要求解除劳动合同。通过不断地激励和淘汰，在企业内部会产生鲇鱼效应。

游戏化的绩效管理方式

现在职场的主力是“90 后”和“95 后”，也就是所谓的“游牧青年”，他们既要体现个人的价值，又要求有团队的力量。绩效管理也需要考虑“游牧青年”的行为习惯，用游戏化的方式，做好年轻人的绩效。

年轻人爱打游戏，打游戏时很容易进入心流状态，乐此不疲。因此，把游戏理念引入绩效管理，可以激发年轻人的积极性。人们打游戏时，首先追求的是个人的积分，希望积分越来越高。然后是团队一起比赛，整个团队的积分要跟另外一个团队的积分进行对比。最后，所有人的游戏水平都明显提高。

基于这个理念，游戏化的绩效管理模式设置了 3 个阶段，第一阶段是积分体系，跟自己比，体现的是个人成长；第二阶段是段位体系，跟同事比，体现的是团队成长；第三阶段是战役体系，跟团队比，体现的是组织凝聚。

积分体系

积分体系分为基础积分、打赏积分，同时还需要有积分兑换体系。基础积分就是每完成一项任务，可以得到相应的积分。打赏积分就是完成额外项目的积分。腾讯试行了积分制，每人每个月有 6 个金币，可以打赏给自己愿意打赏的人。如果我有个棘手的难题，就可以公开悬赏，谁帮我完成了，我就打赏他。每月公布得到打赏的人员名单，表扬员工，形成正向氛围。这项制度非常受年轻人的欢迎。

有了积分之后，积分兑换体系也需要精心设计。什么样的礼物是年轻人喜欢的，可以进行投票，公选礼物；什么样的礼物是平时花钱买不到的，比如与 CEO 共进午餐等。礼物越有趣，人们的参与度就越高越能得到年轻人的认可。

段位体系

积分体系往上一级就是段位体系。作为一名“骑士”，“游牧青年”对段位体系非常认可，段位是骑士实力的证明。尚品宅配将设计师分为 9 个段位，每个段位对应不同的资源匹配。对低段位的设计师，公司只会分发小的订单，比如单个鞋柜、床头柜；对中等段位的设计师，公司会分发中等质量的订单，比如单个生活空间；对高段位的设计师，公司会优先提供最优质的客户资源，比如全屋定制。所以，八段和九段设计师受到很多刚入行的年轻设计师的追捧，他们能够成为明星设计师，会增加在业内的影响力。段位体系激发了大家的荣誉感，使大家为成为优秀的骑士而拼搏努力。

战役体系

“游牧青年”不仅重视个人荣誉，还重视团队荣誉。打比赛就是很好地激发团队荣誉感的方式。通过战役，打出军魂，打出信心，打出战斗力。平安经常会设计区域和区域之间的比赛，每个季度进行，并角逐出年度总冠军。很多房地产公司也会进行项目销售比赛，还设计对赌机制，每人上交底薪的 10%，公司再配套 10%；得胜的团队将分享这笔对赌奖金。这些企业正是借鉴了游戏化的机制，激发了员工的团队荣誉感，把大家的积极性调动起来了。

绩效文化助力绩效落地

要实现绩效管理的闭环，光有一套完整的制度还不够，必须在全公司形成旗帜鲜明的绩效文化，鼓励什么、反对什么，要十分清楚。比如鼓励用数据说话，以事实作为依据；鼓励目标导向，关注结果和过程；反对罔顾事实、不公平、不公正；反对以和为贵，反对你好、我好、人家好。

因此，需要通过各种文化宣传，尤其是以年轻人喜闻乐见的方式，进行绩效文化的宣传，以推动绩效管理机制。在推动绩效管理的过程中，平安花了大量的时间做宣传。平安每年都会进行绩效调研，收集员工对绩效管理的反馈，以及员工对主管在绩效管理方面的工作反馈。通过绩效调研发现，平安每年的绩效管理得分在逐步提升，说明员工对绩效管理的认可度在加强，员工对主管的绩效管理能力也在逐步认可。

平安坚持推进绩效“号角行动”，每年会有不同的绩效主题，包括绩效管理基本功、绩效管理如何推动业绩增长、绩效管理如何帮助员工成长。平安绩效

“号角行动”的推广，主要有以下形式。

- 绩效短视频。绩效短视频拍摄，是年轻人很喜欢的方式。短视频的主题包括什么是好的绩效面谈、什么是不好的绩效面谈等。绩效短视频剧本由员工结合自己的亲身经历撰写，都是日常绩效管理的经验总结，演员是员工自己，这样的表达方式很容易引起大家的共鸣。
- 绩效下午茶。绩效下午茶就是从日常的绩效管理工作中，提炼一些优秀事迹，编成小故事。每周五下午发一个小故事，进行开放式讨论，很多话题都会引起大家的热议。面对“90 后”“95 后”员工，领导一定要放下身段，千万不能板着脸说话，要跟他们打成一片。
- 种子讲师。绩效管理不是人力资源部的工作，而是所有人的工作，所以人人都应该讲绩效管理。企业需要培养一批绩效管理方面的种子讲师，来面向全员（包括新员工、新主管等）宣讲绩效管理。种子讲师可以是 CEO，也可以是业务主管、优秀员工。种子讲师是星星之火，可以在企业中形成燎原之势。
- 绩效研讨。提炼出绩效的相关主题，组织各种形式的研讨，比如绩效辩论赛、绩效演讲、绩效面对面等。在形式丰富的讨论中，让越来越多的人参与进来，绩效文化自然而然地就会深入每个人的心中，形成种子，生根、发芽、开花、结果。

战略解码，让绩效承接战略

制定绩效目标是绩效管理的起点，但绩效目标不是无源之水、无本之木，必须来自公司的战略。在当今 VUCA 时代，行业形势与竞争环境风云多变，“灰犀牛事件”“黑天鹅事件”层出不穷。

“通过旧地图永远找不到新大陆”，战略地图是企业中高管和核心骨干在前行过程中，不断摸索、共同绘制的航海图，是企业应对 VUCA 时代的一把利器。厘清企业的战略地图，并将战略地图转化为组织及个人的绩效目标，这个过程就是战略解码。

战略解码，从战略地图到 KPI、OKR

我与 100 多位 CEO 进行过访谈，并对他们所在的企业进行了组织诊断。总体结论是，企业的战略都较为清晰，但战略的落实不容乐观，CEO 们常常有“能看到对岸的美好，但就是过不去”的无力感。

企业生命力源泉 = 战略的适时调整 × 组织持续进化，如何将全面的战略与局部的工作流程和组织管理模式相结合，如何将长期的战略落实到日常的行动步骤中，如何跨越从战略设想到组织落地之间的“太平洋”，是 CEO 们最急需解决的问题。战略解码就是那艘战舰，能够帮助企业跨越“太平洋”，到达理想的彼岸。

什么是战略解码

在机械型组织中，战略管理大多采用自上而下的方式进行，企业常常使用“宣贯”二字，即由一把手决定一切，层层下达、逐级贯彻给各级人员。中层和基层员工甚至高层主管很少参加战略讨论和决策，企业的命运完全寄托于一把手个人的“英明决策”。且信息的传递是逐级衰减的，传递到基层员工时可能已经面目全非，根本无法保证战略的实现。

在 VUCA 时代，仅仅靠一把手个人的智慧已经无法保证企业的适应性，必须让“前线听得见炮火的人”决策。因此，企业必须从机械型组织向生态型组织转变，团队成员是否真正参与战略的讨论，是否形成“上下同欲”，是否有权决定“战舰”的走向和“战役”的打法，对企业这艘战舰能否跨越“太平洋”、到达大洋彼岸至关重要。

战略解码的特点是使命驱动、集体共创、群智涌现、上下打通、左右拉通、强调协同、透明公开，战略解码必须清楚界定企业的使命、愿景、行动计划，并将此转化为组织的KPI、个人的OKR或KPI，因此战略解码就需要企业的高层、中层和基层核心骨干共创完成。

为什么很多企业看上去有KPI和OKR，实际上却没有发挥作用？这是因为他们是为了写而写，并没有从战略出发，首先厘清企业的战略地图，然后再将战略地图落实到KPI和OKR，也就是缺少了“战略解码”这个重要的环节。这是很多企业的管理现状，貌似有很多管理措施，但其实都不起作用。企业要把战略地图从“形似”做到“神似”。

我在辅导企业时，很多管理者问我，为什么KPI指标分配不下去，怎样才能将KPI指标分配下去。KPI指标分配不下去无非是大家认为KPI指标太高，且看不到行动路径，缺乏完成的信心。造成这个现象的最主要原因是，缺少共创的过程。KPI指标是领导自己拍脑袋想出来的，没有集体共创出具体的行动路径，硬性摊派肯定是行不通的。

而在华为，对于目标，公司上下都达成了共识。第一，目标肯定是不合理的。因为目标本来就是一种预测，没有人敢说预测是合理的。但目标是公司的战略安排、决心和诉求，是根据公司发展要求确定的，这是不能讨价还价的。第二，公司上下会就如何达成目标，即行动策略与资源需求，进行充分的共创与研讨。如果实现目标的行动合理，那么这个不合理的目标就是可以实现的。这就是“战略解码”的作用。

战略解码的成果

战略解码包含两大项工作。第一，明确企业的使命、愿景和目标，并清晰界定年度必须打赢的仗，也就是企业为了实现使命、愿景和目标，必须遵循的具体行动路径，这就是战略地图。第二，把企业的战略重点转化为每个员工都能理解的语言，转化为员工实实在在的行动，这就是组织的 KPI、个人的 OKR 或 KPI。

战略解码分两步走，第一步是公司级的战略解码。需要厘清公司层面的战略地图，并将指标和行动计划分解到部门，确保公司的战略有相应部门来承接。参与人员有 CEO、高层管理者、部门负责人，甚至还会邀请部分部门的核心骨干。主要成果包括公司战略地图、公司年度 KPI、公司高层管理者的 OKR。第二步是部门级的战略解码。参与人员是部门负责人、部门核心骨干，建议分管该部门的高管也参与。同时，还应邀请关联部门的代表参加，请他们对本部门的发展方向和业务重点提出建议，同时还可以给予相应的支持。部门负责人在参与公司的战略解码后，明确了部门的战略方向和主要行动计划以后，则要在部门内进行战略解码。部门级战略解码的成果包括部门战略地图、部门年度 KPI、部门人员的 OKR。

战略地图是绩效目标的根源

从战略到战略地图

战略由“战”“略”两字构成。“战”指在哪儿竞争，战场在哪里；“略”指如何制胜，怎么打赢这场仗。企业在制定战略的时候，要从两个方面考虑：一方面考虑战场在哪里，另一方面考虑怎么打赢这场仗。“战场在哪里”指的是公司的使命、愿景，“怎么打赢这场仗”指的是公司的价值主张。

愿景来自使命，使命是企业存在的意义，愿景是企业使命的阶段性图景。具体详见第 3 章。价值主张考虑的是在吸引、保留目标客户和深化客户关系方面，怎么去实现跟竞争对手的差异化。一般来说，有产品领先、客户亲密、运营卓越三大价值主张，具体详见第 2 章。

如果用房子来比喻企业的战略地图（见图 5-3）。房顶是使命和愿景，使命就是企业存在的意义，愿景就是企业 10 年后成功的样子；房子的横梁是 3 年核心目标；房间是核心，即年度必须打赢的仗，为了完成使命、愿景和 3 年核心目标，企业在今年必须完成的重点工作，包括具体指标和行动计划。

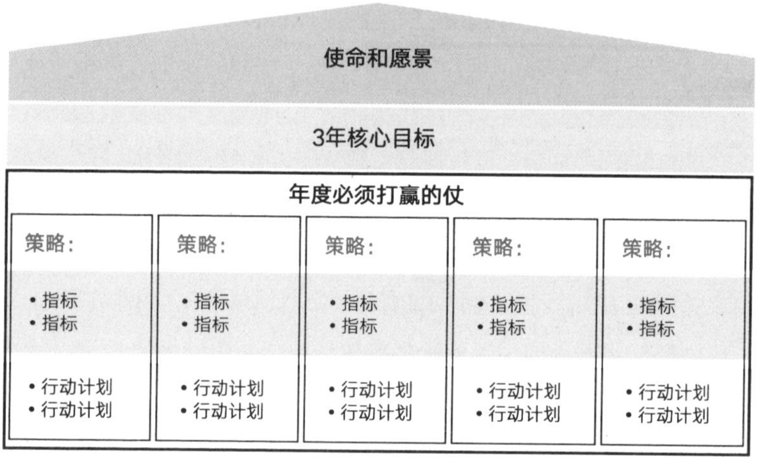

使命和愿景

3年核心目标

年度必须打赢的仗				
策略：	策略：	策略：	策略：	策略：
• 指标 • 指标	• 指标 • 指标	• 指标 • 指标	• 指标 • 指标	• 指标 • 指标
• 行动计划 • 行动计划	• 行动计划 • 行动计划	• 行动计划 • 行动计划	• 行动计划 • 行动计划	• 行动计划 • 行动计划

图 5-3　战略地图

首先，看战略地图房子的房顶，也就是使命和愿景。阿里巴巴的使命是“让天下没有难做的生意”，愿景是“我们不追求大，不追求强，我们追求成为一家活 102 年的好公司；到 2036 年，服务 20 亿消费者，创造 1 亿人的就业机会，帮助 1 000 万家中小企业盈利”。为什么企业的战略地图要先考虑使命和愿景，因为以解决问题为中心容易看到困难，很难找到解决方案；而从未来的愿景出发，容易朝着未来的希望前行，能够帮助企业跳出现有困境，寻找到新的解决思路。

其次，看战略地图房子的横梁，就是企业的 3 年核心目标，包括收益、利润、投资回报率等。核心目标一般只关注 3 年。以前往往会设定 5 年目标，但当今时代变化太快，现在很少有企业设定 5 年目标，基本上都改为 3 年目标了。但如果目标只设定 1 年，又会过于短视。缺乏长期目标，就会过于放大眼前的困难；如果心中有长远的未来，则眼前的困难都只是取经路上的小插曲，总能被解决掉。目标的设定要具有想象力，而且要每年设定滚动 3 年的目标；当第 3 年结束，企业回顾当初设定的目标时会发现，原本以为很难实现的目标已经超额完成。这就是 3 年目标的力量。

最后，看战略地图房子的房间，年度必须打赢的仗，即企业要实现使命、愿景、实现 3 年核心目标所必须采取的策略，包括衡量该策略是否能实现的指标、实现该策略的行动计划。

必须打赢的仗

什么是必须打赢的仗？有两个关键词。一是非赢不可。这一仗如果没打赢，就会影响到企业使命、愿景的实现。二是令人兴奋。这一仗打完了之后，会给企业带来非常巨大的、长期的效益。

如何描述必须打赢的仗？第一，描述必须是具体明确的，不能含混模糊，比如“更多地创新”就可以替换为“创新生产流程”。第二，建议用动宾结构，使描述更有力量，比如“整合枢纽”就是动宾结构。第三，还要有具体可衡量的指标，比如“物流速度提升 20%”。第四，必须有具体的行动计划，比如“调整过站时间，确保有效衔接；改善中转设施和中转流程”。

必须打赢的仗要从哪些维度考虑？可以从外部和内部两个维度考虑。外部指的是客户和市场，考虑的要点可以参考客户、品牌和科特勒的 4P 营销理论，包括产品（Product）、价格（Price）、渠道（Place）、促销（Promotion）。内部指的是运营与组织，比如数字化、流程再造、科技创新、风控、引进资本、组织与团队进化等。必须打赢的仗需要围绕如何制胜，也就是价值主张来考虑。价值主张包括产品领先、客户亲密、运营卓越 3 种类型，不同的价值主张对客户与市场、运营与组织的定位和要求是不一样的。

战略地图举例

战略地图是企业战略落实最关键的一步，但规划好很不容易。首先应依葫芦画瓢，把房子的架构先搭起来。再从形似走向神似，就会做得越来越好。战略地图最重要的部分就是房子里的房间——年度必须打赢的仗。房间不宜过多，5～6间足够，一般不宜超过7间。一家企业一年中如果有太多必须打赢的仗，则很有可能手忙脚乱，没有办法聚焦。

下面来看一下甲餐饮集团的战略地图，如图5-4所示。

使命和愿景

让每一座城市都能吃到我们的家常菜

10年内成为全国中式快餐前十强，5年内做到浙江省第一

3年核心目标

收入：2021年，X1元；2022年，X2元；2023年，X3元

利润：2021年，Y1元；2022年，Y2元；2023年，Y3元

投资回报率：2021年，Z1；2022年，Z2；2023年，Z3

年度必须打赢的仗

拓展线上线下销售渠道	提升产品力	扩大品牌营销	提升客户满意度	拓宽融资渠道	打造高绩效组织
新开店数 线上销售额 线下销售额	月度时令上新款数 爆品销售额 菜品毛利 净菜配送率	抖音粉丝数 视频号粉丝数 会员数	会员销售额 神秘顾客评分 点评五星门店数	融资金额 融资成本	人效投产比 核心岗位到岗率 高绩效人才流失率
• 在省内重点地区开发新店 • 更新老店设备，提升老店最小存货单位（sku） • 拓展售卖场景，提升线上销售额 • 拓展线下售卖形式，提升线下销售额	• 持续研发，不断更新菜品 • 提升爆品的产品质量、销售方式 • 提高净菜占比	• 持续更新短视频内容 • 组织季度活动 • 组织节气活动 • 组织大节拉新活动	• 激活门店私域流量 • 组织评价提升系列活动 • 完善神秘调查客户所提问题的解决方案	• 组织季度招商会，探索招商解决方案	• 落实绩效管理体系 • 制订薪酬激励方案 • 更新落地企业文化 • 梳理招聘解决方案

图5-4　甲餐饮集团的战略地图

第一，使命和愿景。甲餐饮集团的使命和愿景非常清晰。使命是“让每一座城市都能吃到我们的家常菜”。愿景是“10年内成为全国中式快餐前十强，5年内做到浙江省第一”。

第二，3 年核心目标。营业额、利润额、投资回报率。使命、愿景与 3 年核心目标必须在进行战略解码之前提前准备，战略解码的重点不是确定使命和愿景、3 年核心目标，而是年度必须打赢的仗，也就是为了实现使命、愿景和 3 年核心目标必须采取的策略。

第三，年度必须打赢的仗。这是战略解码的重点环节，包括策略、指标和行动计划 3 个部分。甲餐饮集团共有 6 场年度必须打赢的仗，包括拓展线上线下销售渠道、提升产品力、扩大品牌营销、提升客户满意度、拓宽融资渠道、打造高绩效组织。每项必赢之仗均设置了可以衡量的指标、具体的行动计划。必赢之仗的讨论过程应该是群智涌现、互相挑战的，而不是“一言堂”，这样讨论出来的必赢之仗才具有可执行性。

KPI+OKR，结果与过程并重

战略地图厘清之后，企业需要将绩效目标、行动计划落实到相关部门和个人身上，才能确保战略地图的有效落实。

KPI 和 OKR 是大家耳熟能详的战略管理、绩效管理领域常用的工具，都是促进实现组织和个人目标的手段。那么，KPI 和 OKR 到底有什么相同之处，又有哪些不同之处？分别适用于什么场景、哪类人群？如何将这两种工具用好，使绩效能够承接战略，促进业绩提升？

KPI 在国内最为常见，它起源于彼得 · 德鲁克的目标管理理论（Management By Objectiue，MBO），针对目标设定关键绩效指标。“关键”的理念来自经济学原理的“二八法则”，即 80% 的工作任务由 20% 的关键行为完成，考核关键行为的衡量指标可以体现组织 80% 的业绩水平。

OKR 指通过识别出目标和关键结果并频繁更新，提升行动的敏捷性，从而最终提升企业的经营业绩。OKR 强调制定具有激励性的、鼓舞人心的目标（Objectives，O），并为其明确相应的关键结果（Key Results，KR）。

KPI 与 OKR 的比较

从内容上来看，OKR 与 KPI 是相近的；但从管理理念上来看，二者有一定的区别。总体来看，OKR 是目标管理和过程管理工具，而非单纯的绩效考核工具，它联结了组织目标与关键行动。OKR 主要有以下 4 个关键点。

- 制定具有挑战性的目标：OKR 强调制定具有挑战性的目标。衡量目标是否具有挑战性，会对每项 OKR 设定信心指数，取值范围 1 ～ 10，1 为最低，10 为最高。通常，只有信心指数在 7 以下，即只有 70% 以下的把握可以完成的工作任务，才会列入 OKR。如果是常规性的工作，则不需要列入 OKR。
- 目标不与绩效考核挂钩：这可以说是 OKR 与 KPI 最主要的区别。如果 OKR 与绩效考核挂钩，员工就会趋向于制定能够实现的目标，这就背离了制定 OKR 的初衷。因此，OKR 通常仅作为目标管理和过程跟进的工具，更注重加强沟通及目标实现，而不与绩效考核挂钩。
- 保证刷新频率高：当企业处于快速发展或挑战创新阶段时，一年或者最少半年才制定一次的 KPI 显得有些僵化，企业需要根据市场及组织内部情况随时对目标和举措进行调整。OKR 一般以季度为周期刷新，也有以月、双周等为周期刷新的。这就是 OKR 相对于 KPI 的优势。
- 保证公开透明：每个人的 OKR 对所有人都是公开透明的。一方面，这符合制定具有挑战性目标的要求，因为在公开展示和监督下，挑战性不足的目标出现的概率自然就会降低；另一方面，指标的公开透明有助于目标“上下打通、左右拉通”，进行工作协同。

从实施上来看，OKR 作为一个目标管理工具，是有一定实施条件的，主要有以下 4 个条件。

- 战略方向不明：公司外部环境变化快，目前只能看清大概方向，没有办法厘清 3 ～ 5 年的目标值与行动计划。
- 有创新文化：OKR 适用的公司一般依赖于技术或者员工的创造力，并将其转化为商业结果，公司内部有开放、平等、创新的文化氛围。
- 员工素质高：OKR 要求应用的团队主体是知识型员工，员工能够独立思考、独立承担、有创新力，并且要求员工自身在工作上有想法和追求。
- 对应的激励机制：在使用 OKR 的组织中，员工的基本薪酬很高，没有太多绩效或提成奖金；组织对员工进行价值评估，而不是对目标完成进行评估，评估的结果与长期激励结合。

OKR 和 KPI 各有优点，将 KPI 与 OKR 结合使用，既注重结果，又关注过程；既关注事情的达成，又注重人的成长。总体而言，KPI 与 OKR 的对比如表 5-1 所示。

表 5-1　KPI 与 OKR 的对比

不同之处	KPI	OKR
激励导向	外在动机激励	内在动机激励
刷新频率	年度或半年度	季度为主（或更短）
公开程度	部分公开，直线了解	全面公开，高度协调
考核挂钩	强挂钩	弱挂钩
考核方式	直线考核	360 度考核
组织文化	控制型文化	承诺型、内驱型文化
目标导向	注重结果	关注过程
关注角度	事情的达成	人的成长

不同企业、不同人群，适合不同的管理模式

管理模式可以分为3种类型，不同的企业、不同的人群适合不同的管理模式。

第一，自主化管理模式。它适用于创新、创业型的业务模式。制药企业的新药研发，需要经历长达数载甚至数十载的研发周期，而且失败的概率很大，很难制定KPI。还有创业公司，尤其是创新型的创业公司，市场上并没有成熟的可参考案例，也很难制定明确的KPI，只能通过小步快走的方式，边走边试。上述两种类型都适合使用自主化管理模式，自下而上、自驱动制定目标，通过软性沟通的方式进行过程管理，目标与奖惩的关联度不高。因此，在自主化管理模式下，适合使用OKR的管理方式。

第二，体系化管理模式。它适用于知识密集型和成熟的运营管理型组织。在体系化管理模式下，既要注重结果，又要关注过程；既需要自上而下地给出年度目标，又需要自下而上、自驱动地制定过程目标。比如，企业的中后台部门，既需要自上而下地明确部门总体KPI，又需要员工脑洞大开、探索完成KPI的路径，形成行动计划。这就是"上下打通、左右拉通"，通过软硬结合的方式进行管理。因此，在体系化管理模式下，适合使用KPI+OKR并行的方式。

第三，标准化的管理模式。它适用于劳动密集型的生产线、高度标准型的操作员。流程动作都是规范化、流程化和标准化的，较少需要员工的创造，主要以执行为主。标准化管理模式以计件制为主，以自上而下管理为主，以标准化流程制度管理为主。因此，在标准化管理模式下，适合使用KPI的方式。

KPI与OKR齐头并进

在了解了KPI与OKR的差异之后，企业要决定使用哪种管理模式，就需要清晰自身画像，对企业自身进行诊断；谨慎评估之后，再判断企业适用KPI还

是 OKR，哪些人适合用 KPI，哪些人适合用 OKR，从而大大降低“一地鸡毛”的概率。

结合我在企业多年实践的经验和国内大多数企业的管理现状，我提倡 KPI 与 OKR 齐头并进，即 KPI+OKR 结果与过程并重。既要关注 KPI，又不能只关注 KPI，一定要有行动举措做支撑。脱离行动的 KPI 是“空头支票”，有切实可行的措施予以支撑的 KPI 才是“硬通货”。KPI 关注事情的达成，OKR 关注人的成长。绩效管理既要成事又要达人，通过 OKR 实现员工自驱动成长，最终实现 KPI 结果的达成。

但是，管理工具并不是越多越好，而是够用就好。过度使用管理工具，会让员工把过多的精力浪费在文字工作上，并不能真正转化为生产力。同时，员工会产生大量的抱怨，应付了事，敷衍交差，反而会适得其反，管理工具并不能真正发挥作用。

总体而言，KPI 和 OKR 的应用有以下两大原则。每家企业应结合自身的实际情况，对 KPI 和 OKR 的应用范围进行分类，不能对所有人员“一刀切”。

- 组织层面：应用 KPI，确保结果。各级不同的组织都制定明确的 KPI，企业总体、每个部门都需要有明确的年度目标牵引，引导成员关注结果的实现。
- 个人层面：人群分类、分别应用。

针对企业管理者、以知识型工作为主的员工：应用 OKR，关注过程。OKR 最开始是为小型创新团队设计的，有利于增加员工的参与感和自主性，可以较大地促进创新创意孵化。OKR 引入国内后，在一些需要进行业务探索和快速迭代的互联网公司取得了较好的效果。因此，对企业管理者、以知识型工作为主的员工来说，使用 OKR 是很合适的。他们应结合组织 KPI，自主设定有挑战性的 OKR，助力 KPI 的完成，甚至超越 KPI 既定目标。

针对以结果驱动、以体力劳动为主的员工：应用 KPI，注重结果。例如，银行柜台人员的工作职责非常明确，业务流程非常明晰，关键结果也很清晰，从上到下有效执行，很大程度上就能确保业务达成，如果强制他们使用 OKR，反倒会增加许多管理成本。再举一个极端的例子，酒店的保洁员、厨师可以忍受十几个小时的体力劳动，但未必能忍受频繁的信息填报和反思总结。传统的 KPI 完全可以勾勒出优秀的标准。

从互联网金融企业度小满、垂直电商龙头企业唯品会实施 OKR 的经验来看，首先进行战略解码，落实公司和部门的战略地图，然后将战略地图的内容落实到每个人的 OKR 中，确实起到了上下打通、左右拉通的效果。人们理解了自己在组织中的定位、彼此之间的工作衔接，目标感就会更强，沟通也会更为顺畅。

详解 KPI

绩效 KPI 的形式有多种，但基本内容大同小异，表 5-2 是甲餐饮集团的 KPI，包括指标名称、权重、考核周期、指标值（底线值、目标值、挑战值）4 项内容。

表 5-2　甲餐饮集团的 KPI

指标名称	权重	考核周期	2021 年实际值	2022 年指标值			2023 年挑战值	2024 年挑战值
				60 分（底线值）	80 分（目标值）	100 分（挑战值）		
利润额（万元）	30%	月度						
线上销售额（万元）	20%	月度						
净菜配送率	10%	月度						
爆品销售额（万元）	10%	月度						
神秘顾客评分	10%	月度						
高绩效人才流失率	10%	季度						
品牌总粉丝数	10%	月度						

- 指标名称。指标可以分为结果型、驱动型两类。结果型指标包括收入、利润、投资回报率等。驱动型指标就是过程行为、帮助结果的达成，比如客户数、产品数、坏账率等。结果型指标一般占总权重的 50% ～ 70%，驱动型指标一般占总权重的 30% ～ 50%。
- 权重。整体权重为 100%。单项指标的权重不低于 10%，不超过 30%。总体指标数量建议不超过 7 项，要把注意力集中在关键指标上，如果指标过于分散，就会顾此失彼。
- 考核周期。考核周期往往是月度、季度和年度，绝大部分指标都需要在月度进行跟踪。比如会员增长量，甚至还要进行每周、每日对比，这样才能发现问题，及时调整策略。有些指标是按年度考核的，比如品牌影响力一般就是每年度调查一次。
- 指标值。指标的设定应遵循“跳一跳、够得着”的原则，太低了会形成“躺赢”的局面，长此以往，团队会丧失斗志；太高了员工怎么跳也够不着，同样会导致员工直接躺下不干了。指标值往往要看 3 年。

指标值的设定建议要进行三比，即跟市场比、跟对手比、跟自己比。平安每年在设定指标值时都会请麦肯锡等咨询公司对行业市场、竞争对手进行分析，制订超越行业增长速度、超越竞争对手增长速度的目标。比如，平安车险与人保车险在第一、第二的位置上轮流坐庄，市场上流传一段关于两家互相赶超的段子。平安为了超越人保，制订了“超人计划”，而人保为了超越平安，则制订了“踏平计划”。除了跟市场比、跟对手比，平安还要求跟自己比，即每年的增幅不低于 15%；对于平安集团内快速成长的公司，则要求每年不低于 30% 的增幅。平安陆金所在 2015 年、2016 年，增幅均超过 50%。

指标值一般分为 3 档。第一档底线值（60 分），指的是在付出正常努力的情况下能够实现的指标；低于底线值，则该项指标得分为 0。有些企业把上一年的实际值设定为底线值，有些企业则把上一年的目标值设定为底线值。第二档目标值（100 分），指的是要付出努力并为之奋斗的目标；有些企业会将上一年的目标值加上一定的增长比例，如 15%，作为目标值。第三档挑战值（120 分），指的是要跳几跳才够得着的目标，是企业希望大家竭尽全力来达到的目标。当实际值超过挑战值时，指标的得分可以超过 120 分。

目标值要看 3 年。当管理者心中有了长期规划，落实到具体的行动上就不会短视，不会寅吃卯粮、杀鸡取卵；当管理者心中有了长期规划，眼前的困难都只是取经路上的小插曲，不会成为大的障碍；起初制定 3 年目标时，很多人可能会望而生畏；但每年编制滚动 3 年预算，每年都能竭尽全力完成当年的指标，到第 3 年回顾时会发现，已经远远超越当初制定的 3 年目标。这就是“复利”带来的神奇力量！

除此之外，企业还应该制定 KPI 指标说明，对表 5-2 的内容进行详细解释，以便所有人对指标理解具有一致性，包括指标含义、指标类型、计算方法、评分方法、数据来源 5 个部分。同时，还应将年度指标分解到月度，以便每月进行跟踪，发现问题，并提出改进建议。

OKR 的构成

OKR 的更新频率，有些公司以季度为单位，有些公司则以双月或月度为单位。本书中提倡 KPI 与 OKR 并重，KPI 以月度为单位进行跟踪，OKR 以季度为周期进行回顾。

OKR 包括目标（O）、关键结果（KR）、信心指数、行动计划（KA）。OKR 需要聚焦，数量不宜过多，“O”一般不超过 5 项，每个“O”下面的“KR”一般不超过 4 项。

表 5-3 是甲餐饮集团运营总监的 OKR 举例。

O 指企业或者部门需要达成的工作目标。首先，O 的设定需具有挑战性，不是指日常的常规性工作，而是重要举措，比如梳理标准化流程等。其次，句式结构为动宾结构，如提升客户忠诚度。最后，O 来源于战略地图，是对必赢之仗的承接。

表 5-3　甲餐饮集团运营总监的 OKR

O	KR	信心指数	KA
增加线上销售额	根据当季特色，每季推出 3 个特色线上产品活动，每个单品目标销售 10 万份	6	1 季度推出线上特色产品活动：春日下午茶系列、下饭菜系列、减肥低脂系列
			2 季度特色活动……3 季度特色活动……4 季度特色活动……
	拓展销售场景，额外提升线上销售额，目标销售 5 000 份，3、4 季度分别是 2 000 份、3 000 份	4	从 2 季度起，打磨以下线上产品：快手菜半成品、秋日时蔬
增加线下销售额	根据当季情况，每季推出 3 个特色线下产品活动，每个单品目标销售 50 万份	7	1 季度推出线下特色产品活动：春日时蔬系列、下饭菜系列、减肥低脂系列
			2 季度特色活动……3 季度特色活动……4 季度特色活动……
	推动爆品销售，年度爆品销售 1 亿元，每季 2 500 万元	6	调整爆品动线、VI 及销售方式
			1、2 季度爆品：酸菜鱼，3、4 季度爆品：铁板牛肉
	开拓团餐业务，年度销售 3 000 万元，3 季度、4 季度分别是 1 000 万元、2 000 万元	4	从 2 季度起，开拓团餐业务；进行团餐市场调查、团餐企业定位、团餐价格定位、品类定位

KR 是对 O 的详细界定，用于衡量是否达到目标。KR 的描述需要从以下几方面着手。

一方面，KR 应包含考核标准和时间节点，如需要做什么，需要做到什么程度，需要什么时间完成。另一方面，描述应简洁明了，能量化尽量量化，不能量化尽量细化，不能细化尽量流程化。

信心指数是每项 OKR 完成的把握。要为每项 OKR 设定信心指数，数值为

1～10，数值越高表明越有信心完成。1代表有10%的把握达成目标，说明目标设定太高了，起不到激励作用；6代表有60%的把握达成目标，要努力挑战自己；10代表很容易实现，说明目标设定太低了，实力没有充分发挥。只有信心指数在7以下的工作，即只有70%以下的把握可以完成的工作任务，才会列入OKR。

KA是对OKR的详细拆解，一般建议以月或周为单位进行制订。只有将KA聚焦到OKR上，才能确保OKR的达成。可以理解为，季度OKR是对年度KPI的支撑，而行动计划则是对季度OKR的有力支撑。KA不能写成流水账，所写的内容需要能够推动结果的达成，不能为了做动作而做动作。

绩效考核，有效激发组织活力

绩效考核的目标制与赛跑制

绩效考核有两种方法，一种是很多企业用的目标制，另一种是PATH都在使用的，也是我比较推荐的赛跑制。目标制和赛跑制的区别如图5-5所示。

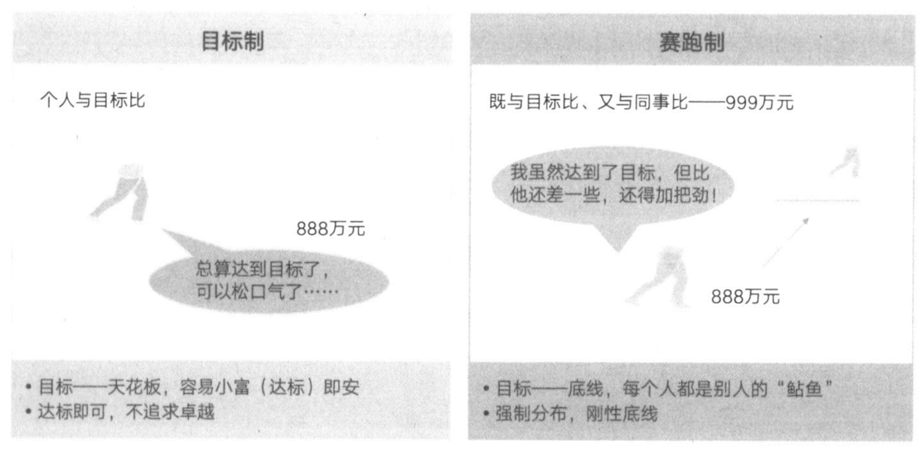

图5-5　绩效考核的目标制与赛跑制

目标制是给每个人定个目标，比如，今年的销售目标是 888 万元，实际销售额达到了 888 万元就完成目标了，员工可以休息了。所以，目标制人为设置了天花板，小富即安，达标之后不需要再去追求更多。

美国心理学家唐纳德·诺曼（Donald Norman）研究发现，自行车骑手在相互竞赛时的速度要快于计时比赛时的速度，一个儿童组完成任务的表现要好于单个儿童完成任务的表现。这就是赛跑制的魅力。

如果实行赛跑制，两个人同时赛跑，这个人达到了 888 万元的目标，但是另一个人达到了 999 万元的目标。达到 888 万元目标的这个人看到对手已经达到 999 万元的目标了，那么他肯定会更加快速地往前跑，而不是完成目标后就休息。

赛跑制以目标制作为基础。比如，每个参加上海马拉松比赛的人员首先要确定一个目标，是参加 10 千米、半马还是全马，并且要在最低要求时间内完成相应的跑步目标。其次，要在此基础上比谁跑得快，决出冠、亚、季军。所以说赛跑制以目标制为基础，但是又超越了目标制，不仅仅要完成目标，还要比谁跑得快。除此之外，赛跑还得遵守相应的规则，必须文明参赛。如果在跑步的过程中，给其他人员故意制造障碍，就有可能被罚下场。这就是说，要在规定的原则内进行比赛，并且有价值观的约束。

赛跑制起源于通用电气公司（GE，General Electric Company）的活力曲线（见图 5-6），将员工区分出绩效排名靠前 20%、靠后 10%。对于绩效排名靠前 20% 的人要加薪、加心、加信。加薪就是不断给员工增加激励和薪酬。加心、加信就是要跟员工交心，给员工增加信心，提供更多的工作机会等。对于绩效排名靠后 10% 的人要降职、降薪，甚至让他离开。处在居中 70% 的这部分人，则希望他们上进、上进、再上进，鼓励他们要更加努力。国内优秀的企业基本都在应用这套方法，比如 PATH 的四家企业平安、阿里巴巴、腾讯、华为。

赛跑制有一定的负面作用，比如，有可能会造成员工之间的内耗等。当企业发展到生态型组织时，则完全不需要再使用赛跑制，因为每个人都是自驱的，不需要靠外在的推动力来刺激成长。但现在大部分企业都还处在从机械型组织向生态型组织发展的过程中，完全放弃赛跑制并不可行。我们要思考的是，在发挥赛跑制激活人员的作用时，如何降低其带来的副作用。

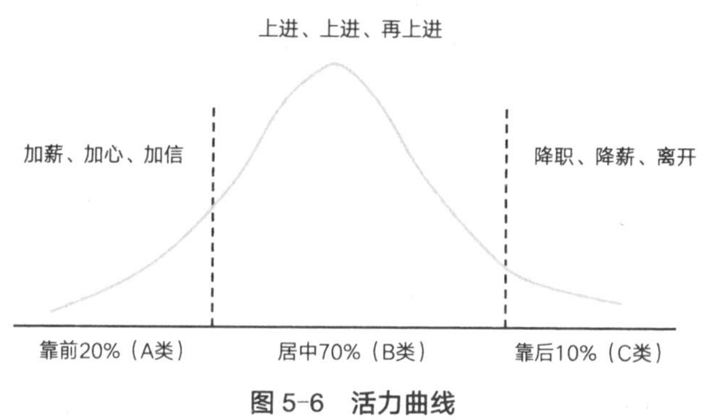

图 5-6　活力曲线

让排名结果更为公正

绩效排名组的设置

绩效排名就像拳击比赛，必须是同一重量级别的人一起比赛，结果才是公正的。如果让 50 公斤级的选手与 80 公斤级的选手比赛，50 公斤级的选手很有可能一下子就被击败了，这对 50 公斤级的选手是不公平的。

绩效排名也是如此。很多企业在进行绩效排名的时候，把部门经理和部门员工放在一起，那要怎么排呢？部门经理认为自己承担的责任更大，排在前面是应该的；员工会认为，他是部门经理，绝对价值的贡献大是应该的，但从相对贡献上来看，他未必比我强啊！凭什么他要排在我前面！可最后的结果基本上是主管排在前面，员工排在后面，因为部门经理只有一个，得保住！这就造成了一些优秀员工不服气，选择离开。我在很多企业都见过这种现象，这不是排名带来的不公正，而是排名组设置不合理带来的不公正。

所以，在设置绩效排名组时，原则是横向排名，50 公斤级的选手跟 50 公斤级的选手比赛。也就是把同一级别的员工分到一个排名组，这样才能让绩效排名发挥应有的作用。排名组的设置一般遵循以下原则。

第一个原则是同一层级的人进行排名。部门负责人放在一个排名组，部门内的小组长放在一个排名组，员工放在一个排名组。

第二个原则是同一职能内部进行排名。进行排名的时候，要将同一职能内部的人放在一个排名组，跨职能的工作差异程度大，难以横向比较。

第三个原则是排名组不宜过小或过大。建议每个排名组人数不低于 7 人，不超过 20 人。排名组少于 7 人时，样本量太小，排名不具有代表性，实际操作也很困难；多于 20 人的话，排名工作会变得非常复杂。

第四个原则是人数过少的排名组需合并。当排名组的人数低于 7 人时，应该进行合并排名，合并时需遵循以下原则：

- 相近职能进行合并。为了便于比较，一般会将相近职能进行合并排名。比如将同属于前台的岗位合并排名，或者同属于中台的岗位合并排名，同属于后台的岗位合并排名。很少会将前台和后台的岗位进行合并排名。
- 被排名人的隔代上级为同一人。为了便于操作，在合并排名组的时候，一般会将同属于一个隔代上级的员工放在同一个排名组，从而保证排名的相对准确性。
- 不建议跨职级合并。跨职级合并会产生 80 公斤级的选手与 50 公斤级的选手进行竞争的问题，但当一个职级的人数过少，难以形成排名组时，则另当别论，需按个案处理。

排名组设定好之后，需要设定每个排名组的绩效分档比例。每家公司的分档比例略有差异，但基本上大同小异。比如，平安分为 5 档，分别是前 20%、20% ～ 40%、40% ～ 70%、70% ～ 90%、后 10%。阿里巴巴分为 3 档，原来是前 20%、20% ～ 90%、后 10%；后来调整为前 30%、30% ～ 90%、后 10%。有的公司将每个排名组的绩效分档比例与组织绩效挂钩，组织绩效好的部门，可以适当增加第一档的比例，减少最后一档的比例。每家企业应结合自身的实际情况，加以灵活应用。

绩效排名的依据

任何一项比赛，都有相应的规则。就像马拉松比赛，首先得跑完相应的千米数，其次是比谁的速度快，最后是不能出现违反道德的行为，比如故意给其他选手制造障碍等。那么，企业在用赛跑制进行排名的时候，又要依据什么排名呢？KPI 的结果是一定要看的，就像跑步时要看时长一样。除此之外，还需要看什么呢？是不是以 KPI 作为唯一的依据？我的看法是，KPI 不是绩效排名的唯一依据，应该结合绩效和健康度两个方面来进行综合评定。

首先，绩效如何评估呢？

- KPI。企业不是慈善机构，每年都要有绩效增长，一般企业会要求 15% 的增长。企业有目标要求，那么企业的员工也必须有明确的目标。否则就会“做一天和尚撞一天钟”。
- OKR。正如本章第二节所讲，并不是所有员工都会有明确的 KPI，如研发人员、中后台职能人员。这类员工以 OKR 为主，以自驱动的过程管理为主。所以，不应该对他们考核 KPI，而应以 OKR 作为排名的依据。

其次，健康度又如何评估呢？

第一，看价值观。马拉松比赛时，如果有人故意给其他选手制造障碍，那么主办方会视情节轻重做出相应的处理。同样，企业文化是公司做人做事的标准，如果不加以考核，就难以形成企业统一的文化。为什么很多公司的指标分不下去，员工总是与公司讨价还价，而华为却不会出现这种情况，这就是企业文化价值观的差异。

如果考核时只看 KPI 而不看文化，那么在初期分指标时认领指标多的人就会吃亏。而华为提出的是“不让雷锋吃亏”。如果考核时只看 KPI 而不看价值观，那么员工之间就会互相拆台，形不成凝聚力，因为只要关注自身指标的完成即可。前面提到赛跑制排名有一定的副作用，比如员工不团结、背后互相拆台，但把对价值观的考核加入进去，就会在很大程度上减缓赛跑制的副作用。

价值观的考核可以采取按比例的方法，即占总考核权重的一定比例，比如 20%；也可以采用底线的方法，即低于底线则扣分，否则就不扣分。

第二，看管理成果。随着企业的发展，企业的核心能力已经从老板、精英所有转为团队所有。而有没有合格的团队，重点在于管理者有没有团队管理能力。因此，要将团队管理能力纳入对管理者的考核，基于管理层级的不同，可以占其考核权重的 10% ～ 30%。团队管理主要看两个指标，一是其下属团队中绩优人员的离职率，二是后备梯队的建设。留住优秀的人才，同时又有足够的梯队人才，企业的发展就有了源源不断的动力。这两项工作都需要靠管理者来完成。

综上所述，建议把“绩效 + 健康度”作为排名的依据。不同的企业可以结合自身的实际情况灵活运用。管理既是科学又是艺术，如何把二者很好地结合起来，还需要管理智慧，要靠管理者的能力并把握分寸。

最后，绩效评价有哪些误区呢？

关于绩效的衡量方法，在很多企业中存在误区。有些人认为考核指标一定要量化，否则就没有办法做出客观的判断。事实上，量化只是呈现的方式，与公正本身不能画等号，主观也不代表不公正。评价结果公平与否，关键取决于评价者是否公正，如果没有公正的评价者，即使所采用的数据、方法、工具再客观，也无法保证结果的公正。也就是说，公正人的主观评价比不公正人的客观评价更公正。

量化可以让结果一目了然、方便对比，如果能够用量化标准衡量员工业绩，固然是最好的。但我们需要认识到，对人的评价，有些是不易量化的，我们需要接受不可量化的常态，不应为了量化而扭曲考核的模式与结果，陷入过度考评绩效的误区。

让排名过程更为客观

绩效排名有两种常见的方法。

直接排名法

当一个排名组的被排名人属于同一个上级时，就可以使用直接排名法。具体的方法是，该排名组的排名人（直接上级）结合所有被排名人的考核项得分及考核权重，计算得出所有人的排名。考核项包括 KPI、OKR、价值观等。为了保证排名的客观公正，直接上级还需向隔代上级、人力资源部门阐述排名的理由，如隔代上级、人力资源部门有不同意见，则需进行讨论、调整，最终形成一致结果。

为增加对被排名人的了解，可以在排名之前要求员工进行述职，隔代上级和人力资源部门同时参加。一般情况下，基层管理者常常与基层员工并肩战斗，如果对员工的了解程度比较高，可以选择不述职。但为了鼓励员工之间加深了解，增加工作的透明度，在时间允许的情况下，建议在排名前举办述职会。

直接排名法是最简便的方法，一般适用于基层员工。能使用直接排名法的企业应尽量选择使用，以便降低排名的复杂程度。

合并排名法

当一个上级的下属人数不足 7 人时，建议与相近职能的部门进行合并排名。比如人力资源部 5 个人、财务部 5 个人，两个部门合并成一个排名组。排名人就变成分管人力资源部和财务部的副总。人力资源部和财务部的工作职责并不相同，放在一起应该如何排名？以下 3 种方法可以较好地应用于合并排名，企业可以结合自身的文化，选择不同的方法。

第一，讨论法。由排名组的几个上级（“爸爸”）和上级的上级（“爷爷”）及人力资源部门一起，逐一讨论被排名人的情况，两两比较得出排名结果。为了增加排名的透明度和公平性，建议先由被考核人述职，再进行相应排名。需要特别注意的是，讨论法适用于氛围相对民主的团队，如果团队中有个别人特别强势，无法进行充分讨论，则不适合使用讨论法进行排名。但是，特别建议有条件的企业使用讨论法进行排名，讨论的过程就是一次极好的人才盘点过程，可以对企业内的人才进行一次充分的讨论并达成共识。

第二，拍板法。由“爸爸”和“爷爷”一起听被考核人述职，“爸爸”提交对排名组内所有人员的预排名建议，供“爷爷”排名时参考，最后由“爷爷”拍板得出最终排名。拍板法是很多公司现在采用的排名方法，特点是效率高，由“爷爷”统一拍板决定。但明显不足的是，排名是“爷爷”的一言堂，会有较强的主观性。为了弥补拍板法的不足，建议“爷爷”在确定排名之前，先组织“爸爸”和人力资源部门进行讨论，充分了解被排名人的情况。

第三，权重法。由“爸爸”和“爷爷”一起听被考核人做述职，“爸爸”和

“爷爷”提交对排名组内所有人员的预排名建议。然后，再结合“爸爸”和“爷爷”的排名权重，计算得出最终排名。权重法的好处是避免了“爷爷”一言堂，让“爸爸”参与到对下属的排名中。因此，确定“爷爷”和“爸爸”们的排名权重就很重要，如“爷爷”的权重是30%、各自“爸爸”的权重是50%，其余各位叔叔伯伯的合计权重是20%。为了增加对被排名人的了解，仍然建议组织“爷爷”“爸爸”们和人力资源部门一起，对被排名人的情况进行充分沟通和交流。

绩效排名方法的应用

关于排名，这里有3点建议：

首先，被排名人述职。无论是直接排名还是合并排名，在排名之前建议先组织被排名人进行述职。每半年一次，让企业的干部、核心骨干有机会系统地梳理自己的工作，“是骡子是马拉出来遛遛”，给大家思考和集体展示的机会。常常有人问我：“如果这样的话，岂不是会表达的人很占优势？”我会反问：“作为一个管理者，会表达不应该是基本功吗？”管理者就应该通过他的感染力来“使众人行”，这是领导力的体现。

其次，加入同侪评价。除了“爷爷”“爸爸”们参与排名之外，建议“同辈”也参与互相打分。我们的目标是打造生态型组织，因此需要互相看见、真诚反馈。加入同侪评价，对形成彼此之间的合力有很大帮助。但不建议同侪评价占比过高，否则很有可能最后评选出来的优秀典型是“老好人”。一般来说，同侪评价的权重应不超过20%。

最后，“爷爷”“爸爸”们和人力资源部门沟通交流。在进行合并排名时，建议先组织“爷爷”“爸爸”们和人力资源部门一起，对所有被排名人的情况进行充分沟通和交流。这样做能使排名更加客观公正，也是一次对企业核心骨干的盘点，便于更好地对人才进行调配。

另外，排名结果出来之后，并不是所有的人都认同绩效结果。在平安的绩效调研中发现，排名在前 40% 的人会反馈：“我为什么不能排到前 20% 呢？”排名在 40% ～ 70% 的人会认为：“我没有排进前 40%，太不可思议了？”而排名在后 10% 的人会说：“我怎么可能会排在后 10% 呢？领导太不公正了。”

总体来看，大部分人要么是对绩效结果不满意，要么是觉得排名结果还可以更好。为什么会这样呢？有两个原因。

- 员工的自我认知偏差。自己对自己的评价，往往会高于别人对自己的评价，这是导致员工对绩效结果不满意的主要原因。很多人觉得自己很好，认为自己是优秀的，而没有看到自己的问题。
- 主管的绩效认知偏差。主管会有“近亲效应”“晕轮效应”等，会把近期业绩不错的员工、与自己平常沟通较多的员工排到前面。要解决这个问题，就得在排名时，选择正确的逻辑，建立明确的标准，应用恰当的方法。

当有了逻辑、标准和方法之后，就会减少很多过于主观的成分。虽然，排名肯定会有很多主观的因素，因为凡是涉及对人的评价，就没有完全客观的，但是有了清晰的逻辑、明确的标准、恰当的方法，就能在很大程度上降低主观因素的影响。

更重要的是，要让员工充分了解并接受排名规则。如前文分享过的“黑色贝多芬事件”，当经过充分的讨论并形成共识之后，种族歧视就很少再发生了。因此，绩效考核的有效实施，还在于企业要加强绩效文化的宣传，养成良好的绩效文化。平安连续 5 年进行了形式多样的“号角行动”，目的就是让全员充分了解并接受公司的绩效文化，让绩效文化深入人心。

绩效辅导，加速员工的成长

绩效管理的目的是成事和达人，达人主要通过绩效辅导来实现，通过事前沟通、事中辅导、事后反馈，帮助员工成长，促进绩效结果的达成。很多企业将绩效管理等同于绩效考核，而在员工看来，绩效管理就是扣钱，容易产生抗拒和抵触心理。绩效辅导是绩效管理中很重要的环节，如果不能很好地推动绩效管理，就无法起到成事达人的效果。

事前、事中、事后的绩效辅导

绩效辅导分为事前沟通、事中辅导和事后反馈 3 个部分，如图 5-7 所示。

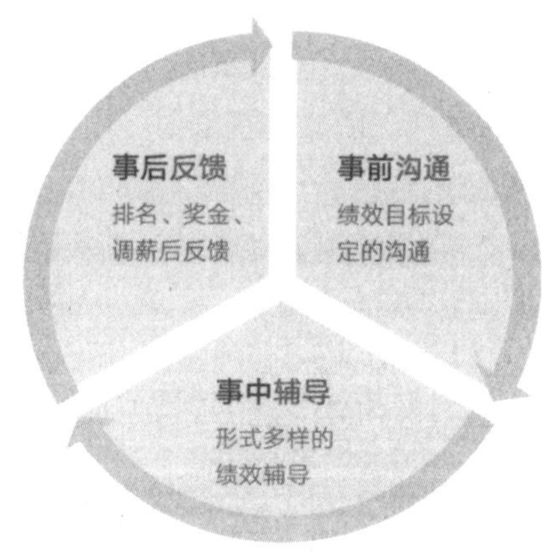

图 5-7　绩效辅导

事前沟通

在制定绩效目标时，需要“上下打通”和“左右拉通”（见图 5-8）。绩效目标不是老板直接给员工下达，而是需要与员工共创，达成一致意见。员工思想上的问题解决了，行动上就没有问题了。企业有两场共创会必须召开，一场是公司级战略解码会，高管和部门中层一起确定公司的战略地图，并有效分解到各个部门；一场是部门级战略解码会，部门负责人和核心骨干一起确定部门的战略地图，并有效分解到各个岗位。

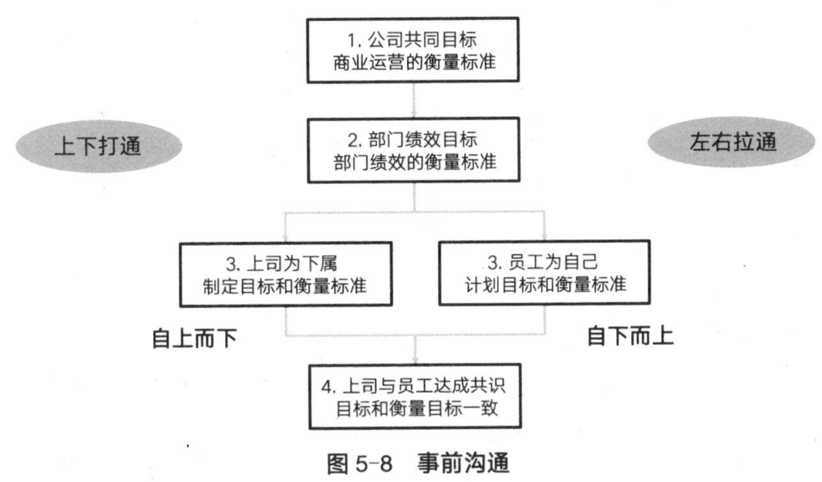

图 5-8　事前沟通

在共创会中，不仅实现了“上下打通”，还做到了“左右拉通”。各个部门为了公司的总体目标互相配合、手拉手往前走；部门内各岗位之间也打通了，形成互相协作的氛围，彻底改变了原来互相推诿、山头林立的局面。事前沟通的过程，就是战略解码的过程，已在本章第二节进行详细阐述。

事中辅导

在工作过程中不仅要看结果，还要看过程，没有过程的管理是无效管理，我们应该在工作过程中帮助员工成长、实现目标。过程的正确性才是保证结果正确性的关键。事中辅导，能够帮助被辅导对象专注于核心目标，及时调整策略，推动工作进展。如果一项工作任务已经到达尾声才发现完成情况不佳，就像风向早就发生了变化，而帆船却从未调整过帆的角度一样，最后的结果就只能是差之毫厘，谬以千里。

事后反馈

在完成排名、发完奖金、做好调薪之后，有没有跟员工进行过反馈呢？比如去年发了 1 万元奖金，今年发了 8 000 元，员工觉得今年奖金发少了，但实际上去年的平均奖金是 1.2 万元，今年的平均奖金是 6 000 元。如果不跟员工沟通，他们就不会知道背后的故事，好事反而变成坏事，所以事后的反馈也非常重要。事后反馈是对于绩效的阶段性总结，在每一个工作阶段结束时，上司要给予下属客观、准确的反馈，同时制订下一阶段的提升计划。

事中辅导，及时调整方向

平安的绩效调研报告显示，员工希望主管以更加灵活的方式，更及时地对下属进行反馈指导。在该报告中，有 39.2% 的人员希望主管能够随时进行反馈；29.5% 的人希望一个月至少反馈一次；就工作技能方面，有 53.9% 的人员希望每月能够得到一次主管的专门指导。

事中辅导有很多不同类别的项目，一般包括晨夕会、周例会、经营分析会、项目复盘会等。以项目为节点，通常会召开项目复盘会。项目复盘会的落脚点是对 SOP 流程进行优化。以日常管理过程为节点，通常会开展例会等定期活动，驱动管理行为，帮助员工梳理目标主次、提前发现问题、突破协作的困境等。另外还可以事件为节点对员工进行辅导，管理者希望能够加强或者消除员工的某种行为，就需要根据事件或者员工的具体行为，对其进行即时辅导。

晨夕会

晨夕会是使用频率最高的例行管理工具，也是基层管理者非常趁手的管理工具。基层管理者管理的主要是基层员工，对基层员工的辅导重点是培养有计划、会总结的行为习惯。晨夕会就是非常好的实现每日计划与总结的工具。每天早上把员工聚在一起，每人花 15 分钟讲述今天的重点工作，团队其他成员进行信息补充与鼓励；每天下班前 5 分钟，每位员工花 5 分钟自述当天重点工作的完成情况、遇到的阻碍，其他员工进行点评与建议。下属通过晨夕会的形式，可以形成每天做工作计划、概述重点任务的习惯，了解团队其他员工的工作情况，分享经验。上级可以通过晨夕会了解团队员工每天的工作进展情况，保证重要工作持续推进。

周例会

周例会是以周为单位进行的会议管理，也是公司各个级别都需要进行的会议。上下级坐在一起，花两个小时的时间检视本周的任务，针对以下 3 点做讨论。

- 与工作计划相比，工作进展情况如何。
- 有什么难点，未完成项目的改进措施有哪些。
- 是否需要帮助。部门其他成员给予点赞、鼓励与建议。通过每周的任务检视，可以同步检视工作任务、工作任务完成情况、未完成项目及其改进措施、下周工作计划，使上下级既可以从任务的视角检视当前进度是否滞后，又能够审视完成工作任务的策略是否需要调整。

项目复盘会

项目复盘会是以项目为节点进行的事中辅导。在日常的工作中，很多是以项目为单位、按照固定流程推进的活动，每一个项目自始至终，细究过程总会或多或少地出现计划之外的突发状况，项目复盘会就是针对整个项目的绝佳反思机会。参与项目的成员可以详细罗列本次项目中的得失，深入思考，寻找现有处理程序中的盲点，并加以修正。

对成长型企业来说，靠老板的能力打赢一两场仗或者取得一些阶段性成果完全是有可能的，但是要想持续打胜仗，组织必须有复盘的能力。要能通过成功实施的项目，把老板的能力以及关键员工的能力及时提炼出来并通过组织放大，这样才能保证组织持续成功。

华为轮值董事长徐直军阐述了项目复盘的作用。复盘是每一个项目在关键里程碑或项目结束时的总结活动，每打一仗就复盘一次，不断总结经验，提升作战能力。在复盘中识别和记录“战斗过程”中大家公认的“战地英雄”及“英雄事迹”，为以后准确地论功授奖和干部人才管理提供有效输入，避免后期的“包装”和“呈现”。

每个项目都应设置“战地观察员”的角色，通过他，可以准确地把公司优秀的做法进行提炼并迅速推广。“战地观察员”应观察记录那些在作战过程中涌现出来的“战地英雄”，及时客观地记录“英雄事迹”，即项目中的突出贡献者及关键贡献。“战地观察员”要与项目经理做好协同，结合项目的类别、重要性与专业能力提升规划来制定战地复盘规划，分层分级地切实开展战地复盘。

好的项目复盘会有以下两个关键要点。

- 言之有物。很多团队都会有这样的情况：在项目复盘会上，如果项目做成了，就对每个人都夸赞；如果项目没做成，就推卸责任。我们要的不是浮于表面的夸奖或者批评，而是要明确我们哪件事做对了，哪件事做错了，这样才能在未来的项目中进行修正。
- 掷地有声。复盘会的大忌就是进行复盘的时候大家很兴奋，罗列了一大堆需要改善的点，但是无人持续跟进，也无人修改后续项目的SOP，这样的项目复盘会不仅无效，还会让大家对组织产生“提了问题也不会改”的不良印象。项目复盘会要找到“小切口、能落地”，具体而言就是找到一件应该开始做的事、应该停止做的事、应该继续做的事，大家讨论汇总，达成共识，马上行动。

经营分析会

绩效管理不要做成一次性工程，不仅要做好结果管理，还要做好过程管理。经营分析会就是一个非常理想的过程管理工具。月度经营会相当于把一整年的目标化整为零，拆分成 12 个月，帮助企业在一个较短的周期内及时发现问题、关注问题并解决问题。

一般而言，企业的经营分析会以半年或者季度为周期，部门的经营分析会以月度为周期。经营分析会由业绩负责人主讲，其他与会人员主要是支持部门负责人，包括财务、人力和市场等参与讨论。会议时长一般控制在 2 小时。企业如果将经营分析会坚持下来，就会让所有人都养成习惯，集中力量办大事，及时解决问题和调整方向，以及各部门之间协同作战。经营分析会一般包含以下流程，如图 5-9 所示。

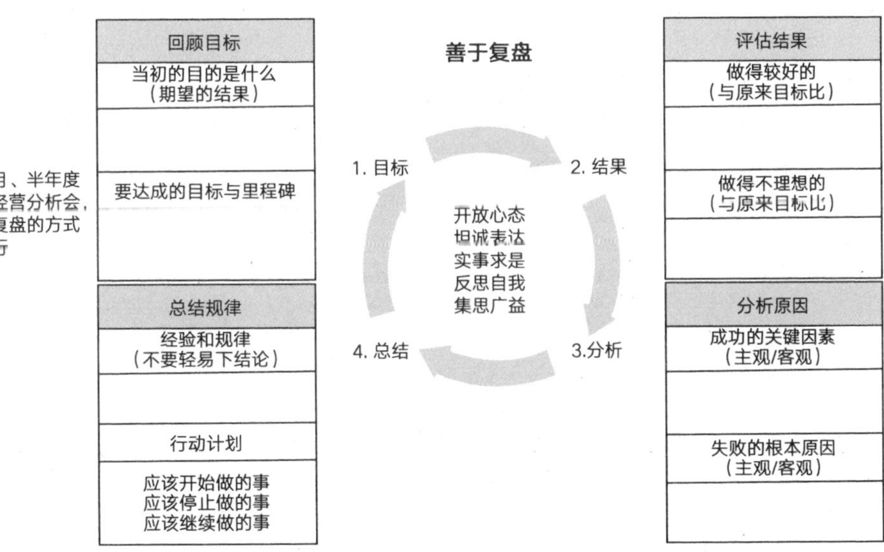

图 5-9　经营分析会流程

- 回顾目标。首先回顾上个周期制定的目标是什么。有时结果完成得不好，很有可能是当初制定的目标不完善，或者当初根本就没有目标。

- 评估结果。结果完成得怎么样，与当初制定的目标相比，有哪些做得好，有哪些做得尚有差距，哪些是主要的差距。
- 分析原因。成功的关键因素是什么，差距形成的原因是什么，有哪些主观的原因，有哪些客观的原因。
- 总结规律。基于原因分析，总结出下一阶段的行动计划。哪些要继续做，哪些要停止做，哪些要开始做。

经营分析会的目的是要建立起一种“直面差距、追根到底、找到方法、找到机会、执行计划、反复跟踪、解决问题、拿到结果”的组织绩效文化。经营分析会应该从目标开始，再到结果、差距分析，最后还要总结出规律，对下一步的工作才会有指导意义。

有效的会议要做到“事事有回应，件件有着落”。经营会上做好会议纪要是关键，会后将纪要发给所有参与人，并列出后续的跟进事项，包括完成时间和责任人。通常一周由专人来跟进这些事项是否落实，要求会议结果务必形成闭环。

事后反馈，提升绩效结果

有的管理者反馈，业务都忙不过来，哪儿还有时间做员工辅导。业绩是人做出来的，把人的思路理顺了，往后的工作就顺了。按马斯洛需求层次理论而言，员工已经满足生理和安全的需要，逐步迭代到满足尊重和自我实现的需要。员工需要被尊重，需要主管跟他交心、反馈和交流，帮助他成长。当主管把员工的思想工作做好了，主管就“达人”了，就帮助员工成长了，业绩自然会更容易达成。所以，绩效辅导不是无用之功，而是帮助员工产生业绩、降低员工流失率的利器，绩效辅导应该成为管理者的日常工作之一。

那么，需要多久跟员工反馈、沟通和交流一次呢？建议至少每季度都要与员工进行一对一的深度沟通和交流，帮助员工看到自己的得与失，有哪些需要改进和提高的地方。在每次考核、调薪、发奖金、晋升等工作节点之后，主管也应该跟员工进行相应的反馈和交流。

不同员工，不同辅导方式

按照业绩和态度两个维度，可以将员工分为明星、野狗、白兔和死水 4 种类型。对于不同类型的员工，需要不同的辅导方式，不能“一刀切”。

业绩好、态度又好的员工，是“明星员工”。这样的员工是企业最宝贵的财富，应真诚相待。要让他们看到企业的未来、他们在企业的发展机会，给予他们激励和肯定。“明星员工”更关注的是在企业里有什么发展机会，如果有新的岗位出现，应该第一时间考虑“明星员工”。即使没有新的岗位也要创造新的机会，在一个岗位上做久了，“明星员工”会出现倦怠，很有可能选择离开，给企业带来损失。因此，在没有新岗位的情况下，可以创造一些项目型工作机会，让“明星员工”来领导。

业绩很好，但态度比较差，价值观跟公司不一致的员工，就是“野狗员工”。对“野狗员工”要怎么处理？有的人说直接打出去！有的人说如果打出去，就没有人干活了，我已经被拿捏了！还有的人说可以把“野狗”驯化成“家狗”。如果“野狗员工”的价值观真的跟公司相差很大，具有很大的破坏性，则不宜久留。对于价值观偏离得不是那么严重的“野狗员工”，要跟他们建立信任，通过教练式的方式让他们看到自己的不足，能够不断改进并融入团队中。

企业需要深度反思的是，为什么会出现“野狗员工”？说到底，还是招聘时没有严格把关。招聘时不能只看业绩，对价值观的把关也至关重要。为什么会被“野狗员工”绑架？那是因为企业没有人才梯队，“野狗员工”走了，企业业绩会掉一大截，企业就只能强忍着留住“野狗员工”，自然会被“野狗员工”拿捏。

态度很好，但业绩不行的员工，是“白兔员工”。白兔们很听话，态度积极，因此很多领导喜欢身边有一些“白兔员工”。“白兔员工”最常说的是没有功劳也有苦劳。如果企业中人人都只有苦劳而没有功劳，这家企业还怎么在市场立足？而且，“白兔员工”的繁殖能力特别强，“小白兔”长成了“大白兔”，“大白兔”又孵化了一堆“小白兔”。整个企业的员工都变成了“白兔”，最后就被“狼”吃掉了。如此看来，“白兔员工”的危害性还不大吗？

对于“白兔员工”，一定要制订严格的绩效改进计划，让他们把计划落实到每周甚至每一天，并及时跟进他们有没有完成。如果没有完成，只能让他们走人。如果完成了，就会形成良性循环，越来越好。另外，在奖金分配机制上，不能因为“白兔员工”的人缘好而向他们倾斜；否则，企业会形成“白兔文化”，造成“劣币驱逐良币”的现象发生。

业绩很差、态度又不好的员工，是“死水员工”。对于这样的员工，应该向他们旗帜鲜明地表态，该处理的就处理，留着他们会对企业造成负面效应。处理的方式是“心慈刀快”，尽快处理。但在“出手”时，要符合法律的规定，在条件许可的情况下，还可以在法律规定的基础上增加一些补偿金。但很多老板一想到要支付赔偿金就不愿意处理了，认为留着这样的员工还能干点活。其实给这样的员工支付的工资会远远超过给他们支付的离职补偿金，更重要的是浪费了时间，增加了机会成本。

成功面谈有方法

在平安工作时，为了帮助业务主管提升绩效辅导的能力，我会现场观摩主管对员工的绩效面谈。我发现，主管在面谈时，普遍存在以下两个问题。

第一，主管特别喜欢表达。绩效面谈中，大部分时间都是主管在讲话，员工在埋头记笔记，偶尔还会点点头表示认同。但实际上，员工好不容易才有机会跟主管深聊，他最想要的是主管能够听一听他的心声。如果主管花了大量的时间讲话，而没有听到员工的心声，那么这种绩效面谈就是无效的。

第二，主管特别喜欢给建议。主管非常有经验，能敏锐地观察到员工应提升的能力，于是对员工提出各种建议。比如主管发现员工缺乏对时事的了解与洞察，于是他提议：“以后你在上班坐地铁的途中，可以打开 App 听课，或者你开车的时候，就可以打开收音机来听时事评论……”但很多时候这只是主管的一厢情愿，员工真正听进去的、能够落实的很少。

绩效面谈时间一般控制在一小时左右。如果时间过短，交流会不充分，会让员工觉得自己不被重视；而如果时间过长，会导致员工疲惫和不耐烦。主管在与员工沟通时，坦诚是关键，极致的坦诚可以与员工更好地建立信任，降低沟通障碍，帮助员工成长。主管在绩效面谈时，可以采用 AEC 方法。

A 是 Appreciation，即欣赏、认可。主管在跟员工进行绩效沟通时，需要营造良好的绩效氛围。主管可以与员工一起回顾绩效目标，对员工过去工作的突出表现和闪光点给予认可。营造了轻松的氛围，双方才能够很好地沟通和交流。如果主管一上来就指责员工，那么双方就失去了交谈的基础。表扬员工的时候不能只说“你很好”，这是敷衍。对员工的欣赏和认可必须是发自内心的，并且要有事例作为印证。

用我表扬女儿的事为例，有一次，女儿跟我反馈：“妈妈，你以后不要表扬我了。”我不理解，就问她原因。她说：“你每次表扬我时就一句话：‘茜茜，你做得挺好的！’我好在哪里呢？我觉得你的表扬挺虚假的。”童言无忌，这是孩子面对家长表扬时的真实反馈。

这件事给了我很大启发，我们在表扬别人的时候，不能泛泛而谈，一定要针对具体的事情进行表扬。比如，我最近看到她笔记做得很认真，马上就提出表扬：“茜茜，你最近进步很大，做事认真多了，从你的上课笔记中就能看出来。字迹很工整，版面很清爽，而且使用了思维导图，方便阅读。”这次她开心地接受了我的表扬。

E 是 Evaluation，即评估。主管在绩效面谈中要对员工过往的绩效能力、价值观进行评估。在评估过程中，双方要达成一致，哪些是做得好的，哪些是做得不足的。主管应学会倾听，并对员工的问题进行有效反馈。

C 是 Coaching，即教练。主管需要倾听员工对自己未来的发展建议，与员工讨论出最佳方案，并就未来的行动计划达成共识。做教练应善于发问、倾听，并通过讨论的方式对员工给出建议。倾听、发问和给予建议的时间比例分别是：50%、30%、20%。

对于爱给员工建议的主管，可以尝试着询问员工："你觉得怎样才能提升你对时事的了解与洞察呢？"这时，员工会积极思考，跟他一起讨论，最后达成共识。这种教练式的辅导方式，跟单向灌输有很大的差别。这是员工自己想出来的办法，是员工对主管和自己的承诺，他会主动想办法去实施。而如果是主管给的建议，员工可能就会"一只耳朵进，一只耳朵出"，效果甚微。

章末总结

组织能力的提升需要刚柔并济、软硬兼施，绩效管理是组织罗盘硬性要素的重要组成部分之一，从绩效目标的设定，实现上下打通、左右拉通；到绩效辅导，帮助员工成长，关注过程以确保结果；再到绩效考核，勇于识别出头部优秀人才，避免出现"劣币驱逐良币"的现象发生；最后到绩效应用，能者上庸者下，这样组织就能真正实现从"要我做"到"我要做"，从而激发出组织的活力与动力。

第 6 章

投产薪酬，如何科学有效地分钱

企业家有成本总量的压力，所以要控制成本，但是员工都想提升薪酬水平。因此，控制成本总量和提升员工薪酬原本就矛盾。有没有一些简单的规则，既能够充分调动员工的积极性，又能够很好地控制成本？

345 薪酬激励，即 3 个人干 5 个人的活儿，拿 4 个人的工资。这是很多企业家梦寐以求的薪酬管理境界，也是实现员工和企业共赢的薪酬模式。345 薪酬激励是标杆企业的常用方法，被许多优秀企业，甚至世界 500 强企业所运用。

在 345 薪酬激励模式下，企业用高于市场水平的薪酬激励合适的人，及时淘汰不合适的人，同时不断引进合适的人，保持较高的人才竞争力、提升人均效能，从而推动企业实现高盈利；高盈利又进一步保障了企业持续保持高于市场水平的薪酬竞争力，最终使得企业的发展进入良性循环。

然而，大量企业深陷于 543 的低薪苦循环模式，即 5 个人拿 4 个人的工资，干

3 个人的活儿。这些企业薪酬水平低，很难招到或留住优秀人才，也就不敢淘汰不合格的人。这导致他们的竞争力低于同行，企业的人均效能很低。员工非常努力，但是企业经营越来越困难，这就是低薪苦循环模式对企业长期发展造成的损害。

345 薪酬激励，做好投入产出经营预算

一方面，企业面临成本总额持续优化的压力。第一，企业追求可持续发展，需要维持或提升盈利水平，必须控制成本；第二，市场竞争日趋激烈、盈利水平下降，为提升企业的市场竞争力，必须控制成本。另一方面，企业总成本一直在不断上升。第一，业务线始终觉得人手不够，要增加编制；第二，为提高薪酬市场竞争力，吸引和保留优秀人才，员工的薪酬在不断上涨。那么，要怎样做才能实现成本总额下降与员工薪酬增加之间的统一呢？

大账没算好，小账算不好

很多企业在设计薪酬激励机制时，首先想到的是员工薪酬的激励性；但实际上，作为企业的管理者，在设计薪酬激励机制时，必须先算大账，再算小账，这样才能实现成本总额下降与员工薪酬增加的统一。大账指的是企业总体的投入产出比，小账指的是个体的薪酬激励机制；大账能保证企业长期持续稳定经营，小账能保证个体薪酬具有市场竞争力。

从我辅导过的企业来看，薪酬激励机制主要存在 8 个大的问题，具体如下。

工资发得不少，但抱怨的人还是很多

工资发少了，员工会有各种抱怨。但有些企业工资发得不少，依然有很多抱怨的声音。这主要有两方面的原因。一方面，没有明确的规则，员工不知道为什

么这么发工资，总觉得自己拿少了。很多人问我，薪酬到底要不要保密？每个人的薪酬数字要保密，但是薪酬规则一定要透明、公开。也就是说，企业要让每个人知道薪酬政策、奖金政策，知道如何做得多拿得多。这样，才能减少员工的猜测，提高员工的积极性。

另一方面，很有可能是员工“吃大锅饭”，那么优秀的员工肯定不满意。因为这种机制拉不开个人差距，没有体现多劳多得，优秀的员工必然会不满，长此以往，优秀的员工会选择“用脚投票”，造成“劣币驱逐良币”的现象。很多老板说，他们花了很多钱，但是钱没有花在刀刃上，没有对员工起到真正的激励作用。

中后台人员不支持前台业务

这是因为中后台“分灶吃饭”，前台管前台的，中后台管中后台的，中后台的奖金跟前台的业绩没有关系，主要看上级主管的打分，上级领导打高分，奖金就高，反之则奖金很低。中后台的奖金跟前台不挂钩，而是由上级领导决定，所以他们会把工作重点对准谁？一定是对准上级，而不是前台，他们不会去支持前台的业绩。那么，怎样做才能让中后台支持前台人员？中后台一定要跟前台在同一个锅里吃饭，中后台的奖金一定要跟前台的业绩、企业的总体业绩挂钩。

企业业绩不好，员工照样发奖金，成本失控

我之前辅导过一家企业，中后台人员的奖金是不跟企业的业绩挂钩的。在企业业绩比较稳定的情况下，矛盾不明显。2019 年暴发了新型冠状病毒肺炎疫情，企业业绩显著下滑，但中后台人员的奖金依然要发。这就造成了两个后果，一是企业总成本失控，奖金变成了刚性成本，失去了激励作用；二是由于前台人员的奖金是跟业绩挂钩的，疫情防控期间前台人员薪酬大幅减少，但中后台不受影响，因此前台极为不满。所以，企业必须将奖金改为弹性制，要使奖金跟业绩有效挂钩。

目标分不下去，员工和公司博弈

很多企业在制定目标时，常常出现员工讨价还价、业务目标分不下去的情况。最主要的原因是，员工的奖金跟业务目标完成比例挂钩，年初领的指标越高，年末完成的可能性越小，所以会出现员工在年初领业务目标时讨价还价、业务目标分不下去的情况。这时需要调整奖金机制，让奖金跟增量业绩挂钩，做得多拿得多，每个员工就会打开自己的天花板，释放潜能，努力往上冲。

新老员工薪酬倒挂，老员工不满

新员工的薪酬是跟市场挂钩的，但是老员工的薪酬没有及时跟上，就会造成新老员工薪酬倒挂，引起老员工的不满。如果只是简单加薪的话，企业的成本就会大幅上涨，企业能承担那么高的成本吗？而且简单加薪，也容易使新员工与老员工之间产生新的矛盾。第一，可以通过发奖金将老员工的薪酬与新员工拉齐。也就是在业绩相同的情况下，老员工可以多拿一些奖金来减少固薪的差异；第二，通过小步快走的方法，让部分优秀员工的薪酬跟新员工拉齐，解决新老员工薪酬倒挂的问题。

团队内部不配合，窝里斗

团队内部窝里斗，除了企业文化的原因之外，还有奖金机制设置不合理的原因。奖金直接分给个人，没有跟部门的总体业绩挂钩，团队内的个人就会产生争抢资源，甚至互相踩踏的现象。而在当今社会，靠单打独斗很难成气候，必须依靠团队合作才能做大做强。所以，奖金必须先按照部门的贡献分给部门，鼓励团队内部合作，然后再按照个人的贡献分给个人。

每个月考核，跟绩效工资挂钩，费时费力

有些 CEO 很自豪地跟我说：“我们的考核做得可好了，每个月对员工考核，

并且跟当月的奖金挂钩。”我就问他：“月度绩效奖金差异有多大？”他说：“100 多元。”每个月花费这么多精力做考核，从收集数据到打分，花费了大量的人力物力，到最后员工绩效奖金的差异只有 100 多元。这个考核其实就是形式主义，根本起不到激励作用。建议把考核频率调整成季度或者半年度，加大奖励力度，多花时间进行员工辅导，实现绩效管理的目标——成事达人。

优秀的销售不愿意带团队

很多销售人员自己的工作做得很好，但不愿意带团队，不愿意把自己的成功经验传授给别人，这就导致团队做不大。企业需要从激励机制上进行引导，奖金方案要向组织利益倾斜。也就是要设计出有效的裂变机制，让带团队的人比单打独斗的人拿得更多，避免出现“带出徒弟饿死师父”的现象，才能实现“家大业大”的目标。

总体而言，薪酬激励机制主要存在总额可控性、薪酬激励性、内部公平性、外部竞争性 4 个方面的问题。具体如表 6-1 所示。

表 6-1　常见的薪酬激励机制问题

问题类型	现象
总额可控性	• 薪酬总成本没有与企业业绩建立联系 • 未建立动态的薪酬管理机制
薪酬激励性	• 没有与绩效体系有效对接，干好干坏一个样 • 薪酬结构基本一致，不同类型的员工激励效果未能体现 • 薪酬未向关键人员倾斜，造成人才动力不足 • 不清楚企业按什么规则付薪
内部公平性	• 新老员工之间的薪酬矛盾 • 薪酬大锅饭降低员工积极性 • 严格等级工资制缺乏弹性
外部竞争性	• 薪酬市场竞争力较弱，招聘困难 • 缺乏同行业薪酬数据的参考，盲目攀比 • 关键岗位的薪酬明显低于行业水平，造成人才流失

什么是345薪酬激励

在阿里巴巴业务扩大的过程中，大家提出，业务扩大了，员工数量也要跟着上涨，根据比例来算要增加到1万人。当时公司的掌门人说："不行！作为一位优秀的管理者，是要去想办法，能不能少加人或者不加人，也能做到业绩翻番。"贝佐斯规定亚马逊经营的第十条原则是节俭，"用更少的人实现更多的成果。克制可以带来智慧、自给和发明。不增加不必要的员工编制、预算规模或固定支出"。阿里巴巴和亚马逊的做法都体现了345薪酬激励，少加人甚至不加人，也能做到业绩的增加，这会让组织和员工都受益。

345薪酬激励中"3个人干5个人的活，拿4个人的工资"指的是什么呢？可以用组织罗盘的总体概念来解释（见图6-1）："5个人的活"要界定的是公司有多少活，这需要通过战略解码来明确公司的战略目标和行动路径。"4个人的工资"要界定的是公司可以支付多少成本，这需要通过投产预算来明确公司的成本预算、可以提供的资源。"3个人"要界定的是怎么将4个人的工资有效分配给3个人，这需要通过"薪酬激励"来实现科学的分配机制。

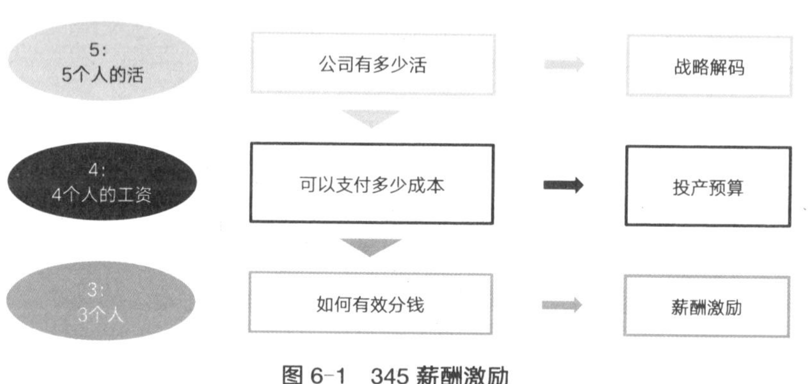

图6-1　345薪酬激励

345薪酬激励实现的前提是增量思维。当企业发展了，很多问题就能解决。发展才是硬道理，如果企业不发展，只能在存量里实施345薪酬激励，就会捉襟见肘，很有可能变成"拆东墙补西墙"，实施起来非常难。但是如果企业发展了，业务增加了，这时来实施 345 薪酬激励，就可以通过业务的增量消化人力的存量，减少人员冗余对组织的危害。企业生命力源泉 = 战略的适时调整 × 组织持续进化，战略和组织必须打通才能形成正向循环，即战略做到了，业务增长了，组织的飞轮才能转起来。

如何实现 345 薪酬激励

实现 345 薪酬激励有三步法，如图 6-2 所示。

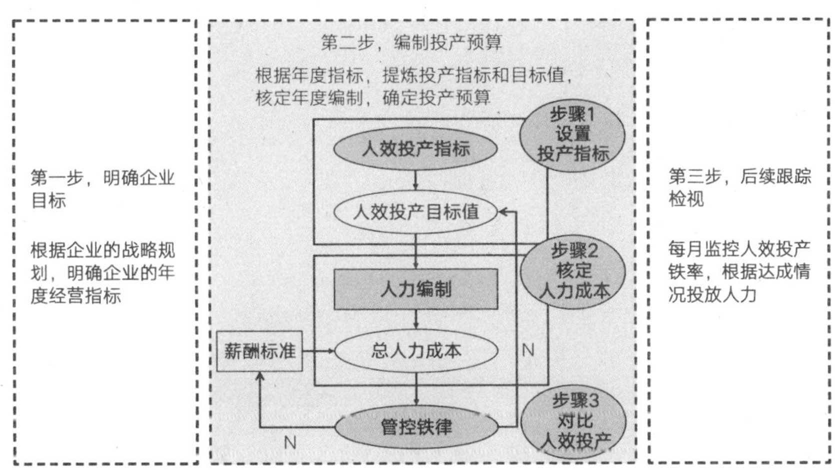

图 6-2　三步法实现 345 薪酬激励

第一步是要明确企业目标。如果企业目标不清晰，投产预算就没有了方向。如何制定目标已经在第 4 章中涉及，这里不再赘述。

第二步是要在企业目标的基础上，编制投产预算。

首先，设置投产指标。投产指标包括驱动指标和结果指标，驱动指标包括人均交易量、人均营收、人均服务人数等；结果指标包括人均利润、人力成本占营收比、每元人力成本带来的营收等。在选取驱动指标时，尽量只选取一个指标，并且要选取比较容易衡量的。比如前台用人均营收，中台用人均交易量，后台用人均服务人数等。结果指标用于验证人力成本预算是否符合预期，以及进行月度跟踪时验证其合理性。

其次，核定人力成本。企业在确定好投产指标后，要结合业务目标来核定人员编制，并结合企业的薪酬标准，计算出总体的人力成本。

再次，对比人效投产。用人效投产铁律进行对比。345 薪酬激励的人效投产铁律如图 6-3 所示，利润增速＞营收增速＞人力成本增速，因此人均利润增速＞人均营收增速＞人均人力成本增速。

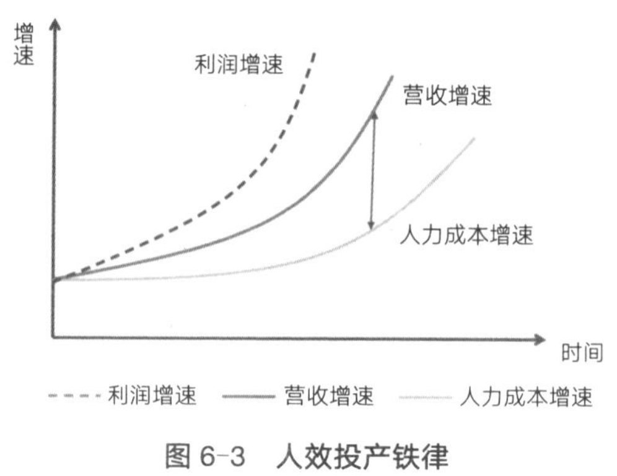

图 6-3　人效投产铁律

如果符合人效投产铁律，人力成本预算就是合理的；如果不符合，则需进行相应调整，直到符合人效投产铁律。调整的方式有三种，第一种方法，降低人员薪酬，但薪酬是刚性的，降低薪酬很可能导致核心骨干离失，最终得不偿失。这是最不可行的方式。第二种方法，减少人力编制。减少新增编制、少招人，同时逐步淘汰不合适的人员，把资源集中给予绩效排名在前 40% 的人。这是比较可行的方式。第三种方法，也是最重要的，看有没有可能增加业务目标，就是增量思维，把饼做大，发展才是硬道理。

很多企业在编制完人力预算后，就以为大功告成了，其实还远远不够，企业还需要每月跟踪人效投产完成的情况，给予红灯、黄灯、绿灯。对 1 个月没达到人效投产目标的业务部门，亮黄灯，进行预警；对 3 个月没达到人效投产目标的业务部门，亮红灯，把原来的编制先暂停下来，等业务有起色后再重新启动人员招聘；如果该业务部门 6 个月还是没达到人效投产目标，那么就要对它进行检视，视情况决定是否需要重新定位，甚至是取消。

如果不进行月度跟踪检视，制定了投产预算也没有意义。企业通过月度的跟踪检视，发现问题、解决问题，才能实现人力资源经营和组织经营的目标。能否做到第三步的跟踪检视，是对企业组织能力的真正考验。

上述人效投产的铁律并不是所有情况都适用，要分析企业所处的阶段，不同的阶段要采取不同的管理策略。企业在以下 3 个不同的阶段，人效投产管理的模式是不一样的，如图 6-4 所示。

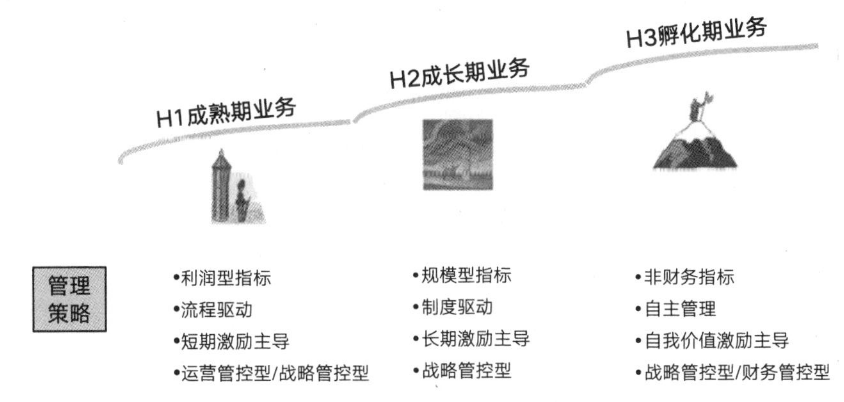

图 6-4　不同发展阶段不同管理策略

第一阶段，成熟期。对于处在 H1 成熟期的业务而言，最有效的投产方式是“以产定投”，如果员工想要薪酬增长，必须拿业绩说话。这一时期企业关注的是利润型指标，这时企业人效投产铁律就是合适的。要用流程驱动、短期激励来主导。此时企业的管理方式大多为运营管控型，或者战略管控型。如果企业只有一项业务，使用运营管控型没问题；如果企业有多项业务，建议使用战略管控型。就像平安有三十几家子公司，其中有十几家子公司经营的都是成熟期的业务，运营管控型不能兼管，还是要用战略管控型。

第二阶段，成长期。对于处在 H2 成长期的业务而言，最有效的投产方式是“以投促产”。在成长期，如果企业不舍得投入资源，就不会有相应的产出。这时，主要不是看利润，而是看营收。要有各种资源的投入，最终才能带来利润。人效投产铁律就需要调整为收入增长＞人力成本增长＞利润增长，或者收入增长＞利润增长＞人力成本增长。这一阶段企业需要使用战略管控型，通过制度驱动，以长期激励为主。比如平安陆金所在 2013—2015 年处于成长期，给员工发放了大量的期权，就是这个道理。

第三阶段，孵化期。对于处在 H3 孵化期的业务而言，最有效的投产方式是“不计投产”。孵化新项目失败的可能性很大，平安虽然成功孵化出了四大“独角兽”，但实际上同时期孵化的项目有十多个，除了四大“独角兽”之外，其他项目都已销声匿迹。所以，处在孵化期的企业没有办法测算投产，而且需要“广撒鱼饵”。对 H3 孵化期的业务，根本不能指望其盈利，甚至短期内获取营收都很难。此时企业要关注的是非财务指标，要去看某一个时间节点有没有做对该做的事。对于从事这类业务的人员，非常适合用 OKR 进行自主管理、自我激励，因为他们的薪酬基本上是以固定工资为主。管控模式以财务管控型或者战略管控型为主。

固定薪酬，将岗位能力与薪酬紧密挂钩

全面激励体系既包括薪酬激励，也包括其他激励。薪酬激励包括固定薪酬、福利补贴、中短奖金、长期激励 4 大部分。其他激励是指除了物质激励之外的其他激励形式，包括晋升、表彰、轮岗等。薪酬激励与其他激励合在一起，统称为全面激励。

确定合适的薪酬策略

有效的薪酬体系具有以下特点：第一，对外有竞争力，即与竞争对手相比，有一定的竞争力，并且与企业的战略相匹配；第二，对内有公平性，即企业内部的岗位与岗位之间、员工与员工之间应该公平；第三，对员工有激励，即能够引导员工完成企业的战略任务；第四，员工易于理解，即方案简单易懂，员工对自己的工资状况十分清楚。

每家企业都需要有自身的薪酬哲学，即以什么样的态度、原则去进行价值分配。科学的付薪理念应从以下 4P 来考虑。首先，应依据市场价格（Price）为相应的技能、知识及经验支付薪酬；其次，应依据职位（Position）对组织的价值及影响支付薪酬；再次，应依据员工的个人能力（Person）支付薪酬；最后，应依据员工的业绩（Performance）高低来支付薪酬。

华为建立了“以奋斗者为本”的激励体系，如图 6-5 所示，将员工分为卓有成效的奋斗者、一般奋斗者、普通劳动者三类，分别从发展机会、工资、奖金和股票上给予员工不同的激励措施，将资源向奋斗者倾斜。

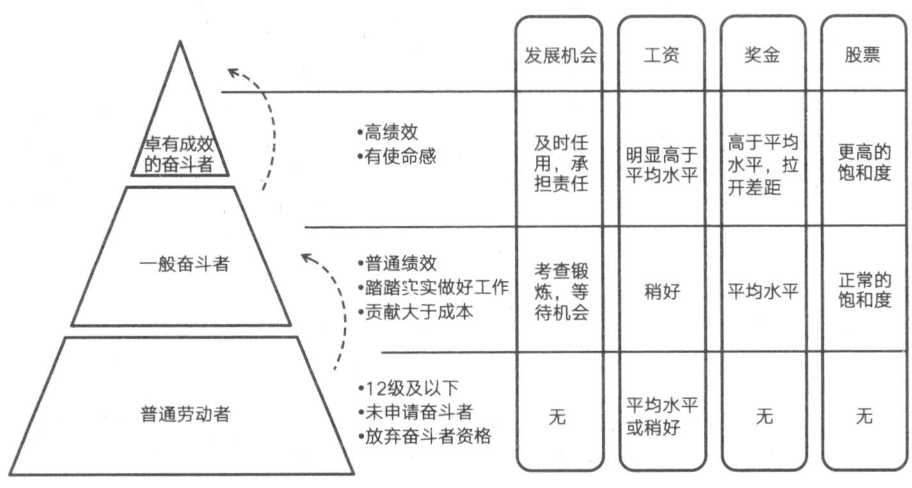

图 6-5　华为“以奋斗者为本”的激励体系

设计薪酬结构

首先，薪酬结构要长短结合，科学搭配。

如前面所述，薪酬激励包括固定薪酬、福利补贴、中短奖金、长期激励 4 个部分，每个部分所起的作用不同。企业在设计薪酬激励体系时，要注意长短结合，将 4 个组成部分进行科学搭配，才能起到更好的激励作用。

第一部分，固定薪酬，和岗位能力、业绩挂钩。固定薪酬指固定发放的工资。在员工入职时，确定每个人所在的岗位、职级，根据个人能力，在相应的薪酬区间内确定每个人的薪酬。每年调薪时，要结合员工个人所在的岗位、能力、上一年度的业绩对员工进行综合评价，确定调薪额度。固定薪酬的保障效果比较强，激励效果比较弱。

第二部分，福利补贴，为员工创造幸福生活。固定薪酬与福利补贴都属于固定收入，福利补贴包括法定福利和非法定福利。法定福利指五险一金等，非法定福利包括商业保险、住房补贴和汽车贷款补贴等。但是，不能将福利补贴过度福利化。将福利与员工的业绩挂钩，也可以起到激励作用。

第三部分，向员工发放中短奖金，激发企业员工活力。中短奖金与员工短期和中期的业绩挂钩，包括年终奖、季度奖、月度奖等。中短奖金分为前台奖金和中后台奖金两大类，前台奖金主要考虑的是如何激发员工做大增量，实现销售团队的裂变；中后台奖金主要考虑的是如何促进中后台支持前台业务的发展。中短奖金的保障效果比较弱，激励效果比较强。

第四部分，长期激励，携手员工共同富裕。长期激励包括股票、期权和分红等多种形式，与长期业绩挂钩。长期激励构筑了企业的“人才护城河”，能够保留优秀人才，使他们与企业共同发展，同时也能助他们与企业走向共同富裕。长期激励要避免资历老的员工“躺赢”，要通过合理的机制激励真正优秀的员工而非资历老的员工。

其次，要优化结构，设置合理的固浮比。

薪酬要设置合理的固浮比，发挥薪酬激励 4 个组成部分的作用。薪酬结构可以从前台和中后台、高层中层和基层两个维度考虑。总体而言，前台浮动薪酬的比例较高，中后台固定部分的比例较高；高层浮动部分的比例较高，尤其是长期激励的比例相对较高；越往基层，固定部分的比例相对越高。

确定薪酬水平

企业要明确自己的薪酬定位。

市场薪酬对比的数据一般有 P90、P75、P50、P25、P10，其中 P90 的意思是薪酬超过了市场上 90% 的人，处于市场的高位水平。相应地，P75、P50、P25、P10 分别代表薪酬处于市场的中高位、中位、中低位、低位水平。

企业需要确定自己的薪酬定位。薪酬定位包括领先型、跟随型、滞后型、混合型 4 种类型。领先型指的是薪酬水平在 P75，甚至 P90 的薪酬定位。如果企业的薪酬定位是领先型，那么对招聘和保留人才非常有利，但薪酬成本的负担也会很高，一般只有头部企业才有可能做到。大部分企业的薪酬定位都是跟随型，薪酬定位是 P50，处在市场的中位水平。这时，企业是成本导向，薪酬成本的负担不会太高，投入产出比处于中等水平，在吸引和保留人才的效果上也是中等水平。

滞后型的薪酬定位指的是企业的薪酬定位在 P25 及以下分位，处于市场的中低水平，比市场上大部分企业的薪酬都低，这会导致招聘和保留优秀人才都非常困难。此时，企业将进入低薪苦循环体系，而不是 345 薪酬激励体系，因此不建议企业使用。

从 PATH 的薪酬定位实践来看，这些企业基本上采取的都是混合型薪酬定位。混合型有两种形式，一种是按人群混合，一种是按薪酬构成混合。按人群混合是指将重要岗位定位在 P75，甚至 P90，一般岗位定位在 P50，而不重要的岗位定位在 P25。这样就能把资源花在刀刃上，花在最有产出的地方。按薪酬构成混合是指将固定薪酬定位在 P50，固定薪酬加中短奖金定位在 P75，固定薪酬加中短奖金加长期激励定位在 P90。这样就会使奖金的占比较高，员工会积极进取，争取更高的绩效奖金，形成正向循环。

企业制定薪酬体系时，还要兼顾内部公平与外部公平。

中国有句古话是“不患寡而患不均”，用在薪酬的内部公平上非常恰当。薪酬内部公平的“均”，不是指人人一样，而是要按照每个人的岗位、能力、业绩来支付薪酬。第一，为岗位付薪。就是不同岗位的薪资是不一样的。比如人力资源经理和人力资源副总，两个岗位的价值不同，他们的薪资就不一样。第二，为能力付薪。同一个岗位上的两个人，其能力、资历，阅历不一样，就应该给予不同的薪资。比如同样是人力资源主管，但两个人的能力不同，就要给予不同的薪资，不能因为是同样的岗位就给予同样的薪资。第三，为业绩付薪。两个人的岗位相同、能力相当，但由于他们对工作的投入程度不同而给公司带来了不同的业绩，就应该给他们支付不同的薪资。

外部公平就是跟市场和竞争对手比，看本企业的薪酬和市场及竞争对手相比，竞争力如何。如果企业的薪酬竞争力太低，则很难招聘并保留优秀人才；如果企业的薪酬竞争力过高，不但企业成本过高，而且会造成人员流动率太低，员工过于安逸。所以，企业必须有合适的薪酬定位，并在不同的发展阶段适时调整。

员工薪酬和岗位、能力、业绩挂钩

固定薪酬和员工的岗位、能力、业绩挂钩，新员工入职时要结合岗位、能力确定薪酬（定薪）；以后每年要结合该员工的岗位、能力的变化以及业绩情况来调整薪酬（调薪）。定薪和调薪的基础是薪酬区间，而薪酬区间的基础是岗位与职级。

相较传统的薪酬方式，宽带薪酬更具灵活性。由于不同岗位的重要性不同，每个岗位上人员的能力强弱也有所不同，所以固定薪酬需要根据岗位的重要性来决定薪酬区间的不同。根据岗位职级来设置宽带的数量，从而将具有不同能力的人员明确到不同的岗位和职级下，做好排兵布阵，同时员工岗位的不同、职级的高低也决定了薪酬水平的高低。

在薪酬宽带内，企业为员工所提供的薪酬变动范围增大，员工更加注重培养企业所需要的技术和能力，而且在本职岗位上不断提高绩效，也可以获得较高的薪酬。这样随着员工职位层级的上升，带宽逐渐增加，员工的级别越高，由能力差异带来的贡献价值差异也就越大。

确定岗位职级

确定企业的岗位序列和职级，员工的岗位和职级变化了，薪酬也要相应变化。

岗位序列是定薪的基础，一般包括管理序列、职能序列、技术序列、研发序列、营销序列、操作序列。确定岗位序列后，再确定每个岗位序列的职级。每个岗位的职级数量需根据公司规模大小、岗位特性进行设置。比如管理序列的岗位没有低职级，而操作序列的岗位一般没有高职级。

设计宽带薪酬

结合市场薪酬水平和企业的薪酬定位，确定每个岗位、职级的薪酬区间。

薪酬水平要与行业特点挂钩，不同行业类似岗位的薪酬也会存在很大差异。要基于行业特性，确定本企业的薪酬定位，薪酬定位一般采取混合模式，重要岗位有较高的薪酬定位。薪酬定位确定后，便可以设计薪酬区间。先确定薪酬区间的中位值，再根据薪酬区间的带宽设定薪酬区间的最大值（上限）和最小值（下限）。合理的薪酬区间应当能覆盖至少 60% 人员的现有薪酬。

确定员工薪酬

按照每个人的岗位、能力和业绩来确定薪酬，每年进行动态调整。

依据薪酬区间的最高值、中位值、最低值，可以将薪酬分为四个区间，具体如图 6-6 所示。第一区间适合刚定级到该岗位职级的员工，员工在该岗位职级内有很大的提升空间；第二区间适合能力与业绩符合岗位职级要求的员工；第三区间适合能力与业绩较好的高绩效员工；第四区间适合能力与业绩优异、可以很快晋升的员工。薪酬区间是否合理，要看它能否覆盖至少 60% 人员的现有薪酬。

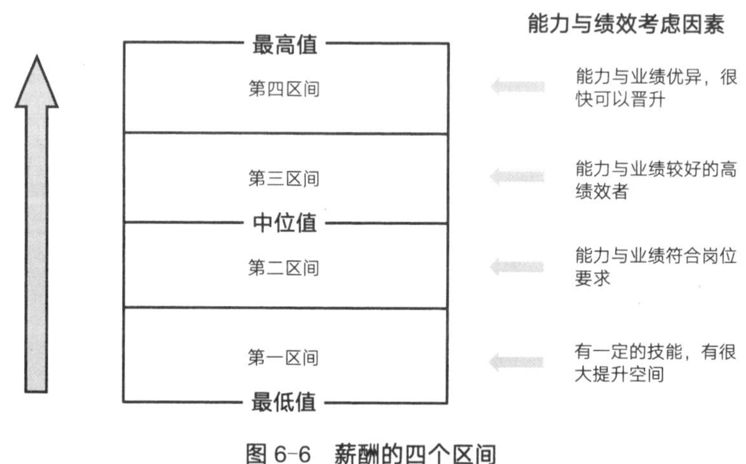

图 6-6　薪酬的四个区间

每年动态调整

企业除了在员工入职时确定薪酬之外，还需要结合员工的岗位变化、能力发展、业绩情况，每年进行薪酬动态调整。调薪时，需要结合员工的绩效结果、薪酬分位值两个因素来综合考虑调薪额度，设置相应的调薪矩阵，具体如表 6-2 所示。总体而言，绩效结果越好、薪酬分位值越低，调薪比例越高。

表 6-2　调薪矩阵

绩效结果	薪酬分位值					
	低于下限	第一区间	第二区间	第三区间	第四区间	高于上限
A	25%	20%	15%	10%	5%	不调薪或按特殊情况实施个性化的薪酬调整
B	20%	15%	10%	5%	3%	
C	10%	8%	5%	0	0	
D	5%	3%	0	0	0	
E	0	0	0	0	0	

薪酬调薪一般会有四种情况，包括绩效调薪、晋升调薪、特殊调薪和普惠调薪。每一次调薪都要有理有据。企业在调薪时，首先要考虑总体人力预算，有多少钱可以用于调薪。其次要看市场调薪的情况，以确保本企业的薪酬竞争力。最后要测算出每一部分调薪额度的占比。企业应以绩效调薪为主，实现高绩效、高回报。

- 绩效调薪。绩效调薪需要从员工的薪酬分位值（薪酬所处的区间）、员工的绩效两个维度来决定员工的调薪比例。原则上，薪酬分位值低且绩效好的员工，调薪比例最高；薪酬分位值虽然不高，但绩效不好的员工，基本不会调薪；薪酬分位值高，且绩效不好的员工，不但不调薪，而且应该降薪；薪酬分位值较高，但绩效好的员工，可以适当调薪。
- 晋升调薪。当员工的能力得到提升后，应给他晋升调薪。应结合员工所在的新岗位职级的薪酬区间进行判断，确定他晋升调薪的幅度。

- 特殊调薪。对一些业绩好，但薪酬分位值比较低的员工，应给予特殊调薪，保留住优秀人才，不让“雷锋”吃亏。
- 普惠调薪。在物价上涨较快时，为了保证员工的生活质量，企业会适度进行薪酬普调。一般情况下，企业很少进行普调。普调会加大企业的成本，且起不到对员工的激励作用。

福利补贴，为员工创造幸福生活

很多企业的福利是全员的保障，有节日福利、补充公积金、医疗保险、年金计划等。福利可以为员工创造幸福生活，让员工真正受益的福利，才是好的福利。给予员工的福利并不是越多越好，福利也是成本。不要过度福利化，要让福利尽量对员工起到激励作用。

福利补贴，提供基本生活保障

总体而言，福利可以分为 3 类。

- 法定福利，包括养老保险、医疗保险、工伤保险、失业保险、生育保险、住房公积金等。
- 补充福利，包括定期体检、节日礼品、员工俱乐部、加班工资、出差补贴、补充商业险等。
- 特色福利，结合企业的特殊情况予以设置，比如华为的驻外补助、战争补助、艰苦补助，鼓励员工到国外艰苦地区工作；比如海底捞的父母津贴，让父母支持员工在海底捞工作。

华为的薪酬体系相对比较简单，除了月薪、年终奖和股票，还有一些福利和补助。华为的福利不算太多，这是因为任正非一方面注意通过薪酬制度确保员工的工作动力；另一方面又非常警惕，不让华为成为一家养老机构，不染上“福利病”。据说曾经有员工建议公司建造华为大厦，让大家免费居住，允许员工免费在食堂吃饭，但任正非坚决反对，认为这反映了员工的“太平”意识，这种意识最终会导致企业走向没落。

即便是并不丰富的福利，华为也主要以货币形式支付。华为每个月会根据工作地域的不同，给员工的工卡中打一笔钱，员工可以用这笔钱购买班车票、在公司食堂就餐以及在公司小卖部购物，但不得取现。若每年年底员工工卡中的钱高于一定数额或离职，可以一次性取现，但要扣 20% 的税。

福利补贴，不能过度福利化

平安的激励思路与华为很接近，强调福利补贴也要起到激励作用，将部分福利与绩效结果挂钩。以年金为例，平安的年金缴费由基础缴费、绩效缴费两部分构成。基础缴费取决于员工的工资水平与司龄，以员工工资为缴费基数，以员工“平安司龄”确定缴费比例，平安与个人共同按月缴费，缴费比例为 1∶1。绩效缴费取决于个人业绩，按上一年度绩效考核结果与基础缴费基数计算，完全由平安缴费。上一年度考核结果为 A，绩效缴费为基础缴费的 100%；考核结果为 B，绩效缴费为基础缴费的 75%；考核结果为 C，绩效缴费为基础缴费的 50%；如果考核结果为 D、E，则绩效缴费为 0。

让员工受益的福利，才是好的福利

互联网企业为了保持对新型人才的吸引力，在员工福利方面有诸多创新和个性化设计。其中，腾讯的福利体系是很多企业研究的对象。

腾讯非常关注员工对福利的需求。腾讯内部专门的福利网站上，将福利归类为 3 大类——财富、健康和生活，分别由不同的小组负责。每项福利都由员工从论坛等内部渠道发起，员工是用户，可以发表言论；负责福利的团队就像互联网产品经理，要听取员工的反馈并及时改进。每位腾讯员工都会领到一副福利扑克牌，每张牌代表一种福利，王牌是“10 亿安居计划”。除此之外，腾讯还有家属开放日、30 天全薪病假、15 天半薪事假、中医问诊、各种保险、腾讯圣诞晚会、各种节日礼包、各种协会等。

垂直电商龙头企业唯品会给员工设置了丰富多样的福利项目，包括运动场所、休息室、图书馆、全员免费早餐午餐和晚餐，甚至连外包商也可以享受福利。由于我是唯品会的长期顾问，也很荣幸地享受到了这一福利。而且，唯品会并不限制员工带领外包商就餐的人数，也没有烦琐的手续，体现了企业对员工的信任。

变动薪酬，用奖优罚劣有效激活员工

很多企业的中后台官僚化，不关心企业业绩，不支持前台业务发展，只是照章办事。怎样才能培养中后台面向市场、服务一线的意识？除了企业文化的塑造之外，激励机制也会起到很大作用。如果中后台的奖金由领导打分决定，则中后台的服务对象只是各自的领导，他们就很少会去关心公司业绩，支持前台业务发展。

变动薪酬的设计很有艺术性，既要设计得简单，又要有业绩导向。变动薪酬分中短奖金和长期激励两大类。中短奖金跟企业的中期和短期业绩挂钩，包括月奖、季奖、年奖。越往前台，奖金的发放频率越高，需要即时激励；越往后台，奖金的发放频率越低，一般以长期激励为主，包括年终奖金、股权期权等。

中短奖金，激发企业员工活力

设计奖金方案时需要思考 3 个问题：

第一，钱从哪儿来。对于大部分企业来说，企业有收入或利润才能发奖金。此时，奖金应该跟营收、毛利或净利润挂钩，尤其是跟营收、毛利或净利润的增量挂钩，鼓励做大增量。如果是孵化期的项目，没有收入来源，或者收入很少，公司的经营费用来源是股东的投入，则奖金与项目的进展挂钩。

第二，钱够不够。厘清企业给员工发多少奖金合适，发多了企业成本无法承担，发少了无法起到激励作用。因此，要结合企业的经营情况、市场薪酬水平、过往的奖金机制来设定奖金机制。如在企业正常经营的情况下，奖金占营收的多少比例是合适的？跟同行相比，本企业的奖金及全部薪酬在市场中居于多少分位，对人才是否具有吸引力？与过往 3 年的奖金水平相比，如今的奖金方案竞争力如何？

第三，钱怎么分。即如何将奖金总额科学合理地分配到个人，确保将资源分配给优秀员工，避免员工吃大锅饭，形成“劣币驱逐良币”的现象；同时，又能够确保内部合作，而不是窝里斗；另外，还能让中后台人员有效支持前台业务的发展。因此，对于前台人员的奖金，建议跟团队或者个人业绩挂钩，尤其是跟业绩的增量挂钩；而对于中后台，则应该跟企业的总体业绩，或者中后台所服务部门的业绩挂钩。同时，结合每个部门、个人的绩效考核结果，将奖金从企业分到部门，再从部门分到个人。

总体而言，奖金方案分成前台和中后台两大类。对于前台人员，建议“包干到户”，奖金分配到前台或者个人，避免前台人员“吃大锅饭”，提高他们的工作积极性。1978 年冬，安徽省凤阳县小岗村 18 户农民，以“敢为天下先”的精神，在一纸分田到户的“秘密契约”上按下鲜红的手印，实行农业“大包干”，催生了家庭联产承包责任制，解放了农村生产力，使我国农业发展越过长期短缺状态，解决了农民的温饱问题。对企业的前台人员也一样，一定要调动前台或者个体的积极性，解放生产力。

而中后台人员的奖金方案与前台的逻辑不太一样，中后台人员很难量化个人的贡献，且对业绩没有明确的直接贡献。因此，中后台人员的奖金方案需要跟企业总体业绩，或者中后台所服务部门的业绩挂钩，从而确保中后台人员有效支持前台达成业绩。在讲究协同效应、团队作战的时代，个人英雄主义在中后台不起作用。为强化中后台内部的协作，中后台的奖金需要按照部门的贡献分配到部门，然后再结合个人的业绩表现分配到个人。企业的总体业绩越好，中后台的奖金就随之水涨船高；中后台部门的绩效越好，部门奖金就越高；中后台员工个人的业绩越好，个人的奖金就越高。这样，中后台员工的整体积极性就能被调动起来。

奖金分配有两种方法，一是目标法，二是提成法。

从图 6-7 可以看出，使用目标法时，实际奖金 = 奖金基数 ×KPI 提奖系数，KPI 提奖系数与 KPI 完成比例挂钩。当员工的 KPI 得分低于 60 分时，就没有奖金；当员工的 KPI 得分达到 60 分时，提奖系数为 60%；当员工的 KPI 得分达到 100 分时，提奖系数为 100%；当员工的 KPI 得分超出 100 分时，既可以采用等权重法，也可以采用加速法或者减缓法。一般企业都会采用加速法，当员工的 KPI 得分达到 120 分，提奖系数最高为 130%，此时企业员工就有兴趣挑战更高目标。

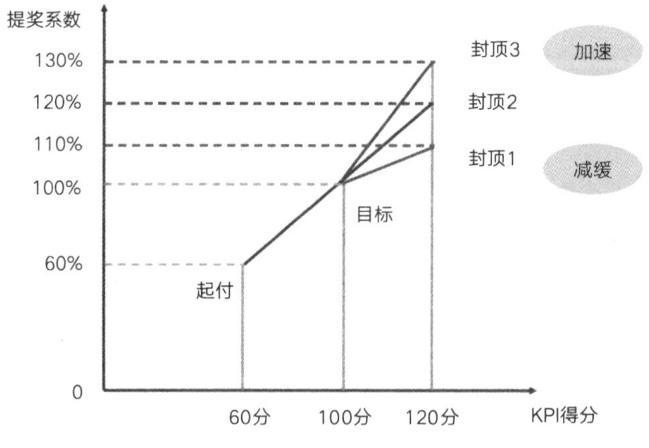

图 6-7　奖金分配的目标法

目标法最大的缺点是，在制定目标时员工会讨价还价，因为目标定得越低、越容易完成，就可以拿到更高的奖金。所以，对于销售人员和处在成熟期的企业的奖金分配一般不建议采用目标法，而建议采用提成法。目标法适用于处在孵化期或者是创业期的企业。企业处在孵化期时，没有明确的业绩收入，无法使用提成法，只能使用目标法确定目标奖金，再结合相应时间节点的工作 KPI 得分来计算奖金。

从图 6-8 可以看出，提成法鼓励做大增量，员工的实际奖金 = 存量业绩 × 提成比例 1+ 增量业绩 × 提成比例 2。业绩可以是收入，也可以是毛利。存量业绩的提成比例相对较低，而增量业绩的提成比例很高。当业绩比上一年略高，也就是处在中间点位时，奖金与上一年持平。只要有足够的增量，奖金就会远超上一年。这就有利于鼓励员工不要守着过往业绩，而是要突破自己的天花板，不断做大增量，实现员工与企业的双赢。

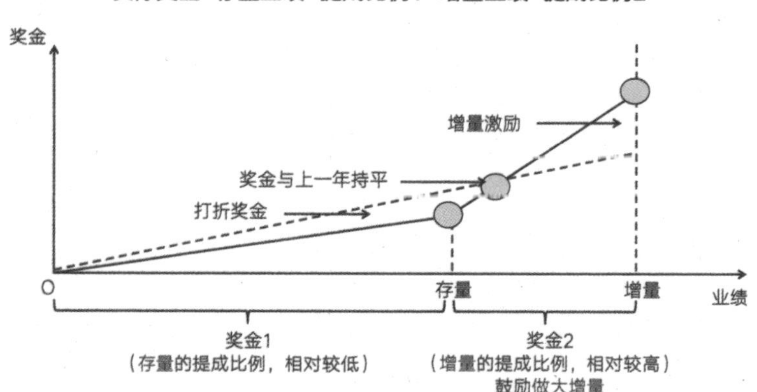

图 6-8　奖金分配的提成法

前台奖金，做大增量和团队裂变

在设计前台人员的奖金时，需要回答三个问题。把这三个问题回答好了，前台人员的奖金方案就能够激励员工实施自驱，从“要我做”变成“我要做”。第一，如何激励销售人员做大增量，而不是守着原来的“一亩三分地”，靠存量吃饭；这要靠提成法来解决，存量提成的比例较低，增量提成的比例较高，激励销售人员做大增量。第二，如何激励优秀的销售人员转为销售经理，从靠个人吃饭到带团队发展，靠组织利益吃饭；这就必须使销售经理依靠团队的提成大于依靠个人力量的提成，这样就能激励优秀的销售人员向团队管理者转变，推广自己的销售经验，多培养优秀下属。第三，如何激励销售主管实现团队裂变，从带一个团队到带多个团队，迅速做大业务。这就必须使销售总监的奖金与培养出来的团队数挂钩，培养的合格团队越多，奖金就越高。

前台人员的薪酬结构可以分成三个部分：第一是基本工资，即固定发放的部分，每年结合每个人的职级变化进行相应调整。第二是绩效奖金，根据上个周期（一般以季度、半年度为单位）的绩效来决定本周期的绩效奖金。企业对前台人员的导向是什么，绩效奖金就与什么挂钩。比如，鼓励销售人员新增客户，则绩效奖金与上一周期的新增客户数挂钩。第三是业绩提成，业绩提成建议采用提成法，而不是目标法。应按照每月、每季度或者每年的营收和毛利设置提成比例，存量和增量部分各定一个比例，增量的提成比例高于存量的提成比例。

前台人员的薪酬导向本质上是要鼓励裂变，做大市场。海底捞的做法就是很好的薪酬裂变案例（见图 6-9）。海底捞专门成立了咨询公司，向其他餐饮企业输出优秀的管理经验。在海底捞，如果一位店长只管一家店，没有裂变团队，店长对该店的利润分成是 2.8%；如果裂变出徒弟和徒孙，则店长对自己店的提成比例为 0.4%，对徒弟的店的提成比例为 3.1%，对徒孙的店的提成比例为 1.5%。这种滚雪球式的裂变机制效果非常惊人，鼓励店长靠组织利益来增加收入。

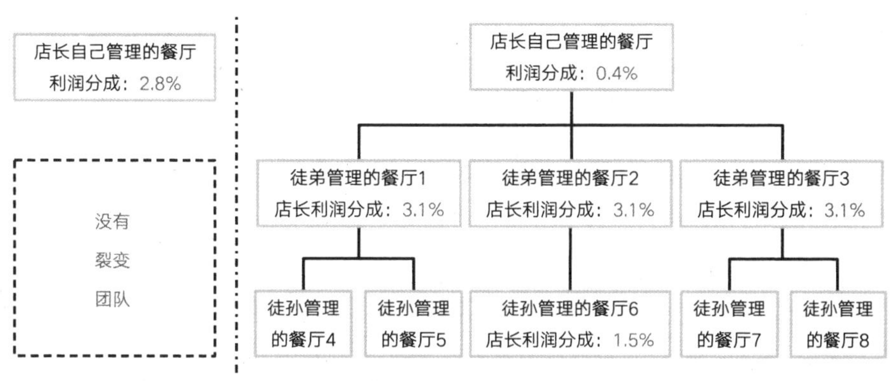

图 6-9　海底捞的薪酬裂变

中后台奖金，支持前台和团队合作

中后台人员的奖金设计得好，可以有效解决两大问题。

第一，确保中后台支持前台。很多企业中后台人员比较官僚、照章办事，不顾前台人员的需求。再从奖金机制上深入去看，中后台人员的奖金由直接上级打分决定，跟企业的业绩没有任何关系。长此以往，必然会造成中后台人员只关注上级的要求，不关注前台人员的需求。同时，由于不跟企业的经营状况挂钩，中后台人员的奖金从弹性变成刚性，大大增加了企业的成本。

第二，确保中后台内部形成合力。相比前台，中后台更强调团队作战，如果中后台的奖金直接分配到个人，则很难体现团队合力。所以，中后台人员的奖金需要先结合企业总体的业绩确定奖金包，再按照部门的贡献分配到部门，然后结合个人的业绩表现分配到个人。

中后台人员的奖金分配三步走。

第一步，计算公司总奖金包。中后台人员的总奖金包，既可以采用目标法，也可以采用提成法。对处在成熟期的企业而言，建议采用提成法，与公司的业绩，尤其是增量业绩挂钩。目标法是以人数及其固定薪酬作为奖金基数，而提成法以企业的业绩作为奖金基数。所以，提成法很好地体现了 345 薪酬激励，在完成同样业绩的情况下，人数越少，人均奖金越高，真正实现了“3 个人干 5 个人的活，拿 4 个人的工资”。

第二步，从公司分配到部门。主要考虑每个部门的 KPI 得分、部门工资基数。部门的 KPI 得分决定了部门的奖金，KPI 得分越高，奖金越多。当部门绩效得分高于 80 分时，部门奖金系数为 1.2；当部门绩效得分在 80 分到 60 分之间时，部门奖金系数为 1；当部门绩效得分低于 60 分时，部门奖金系数为 0.8。

部门奖金基数可以采用年末部门实际在编人员的月薪，也可以采用年初部门预算编制人员的月薪。建议采用“年末部门实际在编人员的月薪”作为部门奖金基数，但用这种方式，部门就不会有 345 薪酬激励的意识，有可能会一直觉得人手不够，要不断加人。使用动态监控投产指标的方法，可以有效规避这个弊端。也就是说，每个部门并不是有空缺就可以招人，而是只有在投产指标达标的情况下才能继续招人。

第三步，从部门分配到个人。主要考虑每个人的工资基数和绩效排名。个人的绩效排名决定了个人的奖金系数。奖金系数建议采用区间制，比如绩效排名在 A 区间，奖金系数为 1.5 ～ 2；绩效排名在 B 区间，奖金系数为 1.2 ～ 1.7；绩效排名在 C 区间，奖金系数为 0.8 ～ 1.2；绩效排名在 D 区间，奖金系数为 0.5 ～ 0.8；绩效排名在 E（后 10%），奖金系数为 0 ～ 0.3。

个人奖金的发放，一要拉大差距，将资源向绩效优秀的人员倾斜，鼓励优秀人才脱颖而出；二要给予部门负责人自由裁量权，所以将奖金系数设定为区间值，可以由部门负责人结合员工的固定薪酬、绩效表现，在规则范围内进行调整。一定要把用人权下放给一线主管，这样他们才能更好地带兵打仗。越不放权，企业就会被管得越死，员工就越没有积极性。

CEO 特别奖

企业还可以设立一些特别的奖项，比如 CEO 特别奖。这一点可以参考华为和平安特别奖的设计。

平安对特别奖的评价提出了明确的价值导向："以集团和各专业公司绩效及价值的增长为明确导向，前线表彰应当有利于促进业务发展平台的改进和拓展，后方表彰应有利于促进管理及运营支持平台的搭建和完善。"基于此，平安设计了"一、二、三级勋章""十大杰出经理人"等奖项。

华为的特别奖体现了华为的特色。比如"家属奖"，任正非亲自颁奖并指出："我们奋斗的目的，主观上是为了自己和家人幸福，客观上是为了国家和社会。最应该获奖的，应该是我们员工背后的几十万家人。其实他们才真正非常伟大。他们忍受了多少痛苦，才成就了华为，没有他们就不可能有华为的今天。"再比如"从零起飞奖"，任正非亲自参与奖牌设计，选定"航母起航"图案，并把奖牌命名为"英雄万岁"，用于奖励那些经历奋勇拼搏，虽然取得重大突破，但结果并不尽如人意，践行"不达底线目标，团队负责人零奖金"承诺的团队，预示他们将来有更大的起飞，他们的这种行为就是英雄行为。

长期激励，携手员工共同富裕

长期激励能够长期留住人才，且能够让优秀人员实现共同富裕。从 PATH 的发展历程中可以发现，长期激励机制起到了非常重要的作用。长期激励机制主要包括股权、期权、分红权三种形式。

平安的长期激励机制分为 3 个阶段。第一阶段，合股基金。1992 年，平安增资引入的股东“平安职工合股基金”获得法人地位。超过三分之一的员工参与到平安的员工受益所有权计划中。第二阶段，期权计划。自 2012 年起，平安对其第二曲线的一系列互联网金融公司实施了长期激励计划。已经上市的几大“独角兽”，如平安好医生、平安陆金所、平安金融科技等企业的员工，均参与了期权计划。第三阶段，员工持股计划。自 2014 年起，平安承诺从二级市场回购股票 100 亿元，用于激励核心骨干。

华为的长期激励机制分为 3 个阶段。第一阶段，员工持股。从 1990 年起，华为的员工开始按照每股 1 元的价格认购公司股权，这一阶段，华为实施的是传统的员工持股制度，这是最简单的一种办法，让人力资本分享公司产权。第二阶段，虚拟股票期权。2001 年，华为股东会通过股票期权计划，推出了《华为技术有限公司虚拟股票期权计划暂行管理办法》。第三阶段，时间单位计划（Time Unit Plan，TUP）。华为根据部门绩效、个人绩效及配股饱和度每年分配 TUP。

企业在推行长期激励机制的时候，需要考虑两个要素。第一，企业是否打算上市。如果打算上市且商业模式能够得到市场的认可，就有很高的溢价空间，实施期权计划对员工就会很有吸引力。反之，则使用股权、分红权比较合适。第二，企业推行长期激励机制时，要考虑是否给予员工投票权。如果企业不希望稀释投票权，建议使用 AB 股或者直接使用分红权。而且，列入工商注册名单的股权机制在退出时非常麻烦，一旦有员工不配合，将会给企业带来很大的操作成本。

确定了长期激励机制的形式后，还要设计好长期激励机制的具体方案，包括分给谁、分配条件、分配总额和个体金额、如何退出等。下面介绍华为的 TUP、平安的期权计划。

TUP

华为从 2013 年起针对外籍员工推出 TUP，使外籍员工也可以分享利润；从 2014 年起对国内员工推出 TUP。TUP 不需要员工花钱购买，除了分配额度上参照分红和股本增值确定之外，其他方面与涉及所有权性质的股票没有任何关系，增发也不受股权结构限制。

华为对一批以应届生身份加入华为、在华为工作 3 年的员工实施了 TUP，效果非常好。实施的背景是，这批应届生加入华为后，经过华为 3 年高强度的锻炼培养，成为卓有成效的奋斗者，个人价值得到了市场的高度认可，甚至纷纷被挖角，尤其是被同在深圳的腾讯挖角，腾讯给出的薪酬对这批年轻人很有吸引力。

员工入职 2 年内属于投入期，之后才是投资回报期。这批卓有成效的奋斗者正是战斗力最强的时候，精力旺盛，认同公司价值观，具有创新精神，未进入职业倦怠期，是华为最应保留的人员，被挖角很可惜。于是，华为推出了 TUP。应届生在公司工作满 3 年之后，只要绩效优秀就可以得到一笔 TUP，享受分红收益和增值收益。这就大大提升了他们离职的机会成本，于是很多人会选择继续在华为干下去。但 TUP 会在 5 年后清零，员工只能通过不断努力工作以换取更多的奖励期权，这就避免了老员工在拥有大量股票后坐享收益、不思进取。

TUP 类似于递延奖金，华为先给员工一项获取收益的权利，但收益需要在未来几年中逐步兑现。假定 2014 年华为给员工 A 授予 90 万份 TUP，有效期为 5 年，享有分红收益和增值收益。员工工作满 5 年才享有增值收益，未满 5 年的不计算增值收益；期末股票价值为第 5 年的股票价值，期初股票价值为行权当年的股票价值。

个人分红收益 = 当年分红总份数 × 当年分红价格

增值收益 = 当年行权 TUP 份数 ×（期末股票价值 − 期初股票价值）

员工可以获得的每年收益和 5 年收益合计，如表 6-3 所示。这项收益对工作满 3 年的员工还是很有吸引力的，因此，如果这批员工想离职，就可以起到挽留他们的作用。当这批员工在华为工作满 5 年之后，对华为而言，他们的价值已经达到最大。

表 6-3　华为的 TUP

年份	当年行权 TUP 份数（万份）	当年分红总份数（万份）	当年分红价格（元）	分红收益（万元）	当期股票价值（元）	增值收益（万元）	当年收益（万元）
第一年	无	无	1.7	0	5.26	无	0
第二年	20	20	1.85	20×1.85=37	5.45	无	37
第三年	20	40	1.62	40×1.62=64.8	5.73	无	64.8
第四年	20	60	1.06	60×1.06=63.6	6.38	无	63.6
第五年	无	60	1.18	60×1.18=70.8	7.27	20×（7.27-5.45） +20×（7.27-5.73） +20×（7.27-6.38） =85	70.8+85=155.8
五年收益合计（万元）				236.2		85	321.2

注：1. 员工满 5 年才享有增值收益，未满 5 年的不计算增值收益；2. 期末股票价值为第 5 年股票价值；3. 期初股票价值为行权当年的股票价值。

期权计划

平安成功孵化出互联网金融“独角兽”平安陆金所之后，一夜之间市场上就冒出了 200 多家“某金所”。这些“某金所”要发展，首先想到的就是从平安陆金所挖角。只要在平安陆金所工作过的员工，哪怕工龄不到 1 年，都是外界挖角的对象。我开玩笑说：“就像过水的阳澄湖大闸蟹，不一定是真的在阳澄湖里面长大的，有可能只是在阳澄湖里浸泡了几天，就能卖到阳澄湖大闸蟹的价钱。”

面对这种大面积的挖角，平安陆金所应如何应对？加薪肯定不是好办法，长期激励才是更好的举措。于是，平安陆金所就设计了期权制度。

期权制度有三个时间节点，第一是授予，第二是生效，第三是行权，如图 6-10 所示。

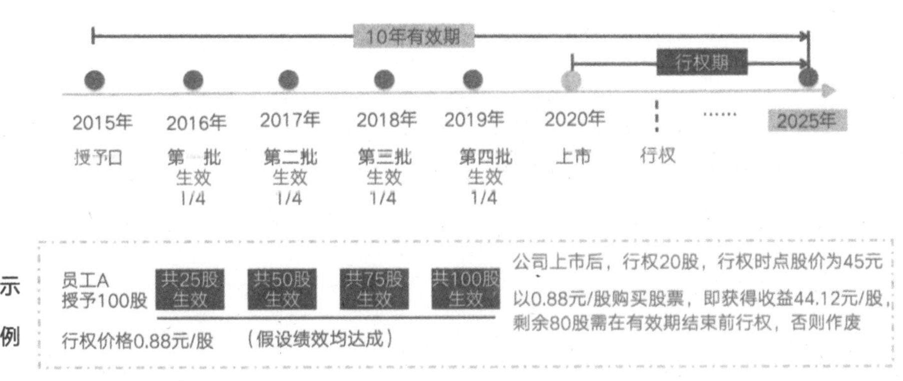

图 6-10　期权制度时间轴

注：可行权时点为生效时点与上市时点两者之晚声。

2015 年平安陆金所某员工被授予了 100 股期权，当年的价格是每股 0.5 元，也就是原始股价（1 元）的一半。这是企业为了吸引员工加入而采取的给员工让利的措施。创业企业没有品牌，也付不起太高的现金报酬，招人的时候很难，于是采取期权打折的方式吸引优秀人才加入。也有一些企业会平价授予或者溢价授予期权，这与企业所处的发展阶段和企业的话语权是相关的。

除了招人时授予期权外，企业每年还可以根据员工的绩效授予期权，只有绩效优秀的员工才能获得。比如平安陆金所的期权制度规定，关键岗位绩效排名在前 70%、一般岗位绩效排名在前 40% 的员工才能被授予期权。总体而言，企业会预留 15% 的额度给员工授予期权，授予对象以高层、中层管理者和技术骨干为主。

期权授予之后要设置期权生效时间，有的企业分4年生效，有的分3年生效。有的企业是每年等比例生效，比如平安陆金所的员工在 2015 年被授予 100 股期权，将分别在 2016 年、2017 年、2018 年、2019 年等比例生效 25 股。有的企业期权生效比例是前少后多，比如之后几年的生效比例分别是 10%、20%、30%、40%；还有的企业的期权生效比例是 0、30%、30%、40%，目的是鼓励员工在企业至少工作满 2 年。

员工的期权能否生效应与其当年的绩效表现挂钩，从而避免员工“躺赢”。员工期权生效当年的绩效排名处于后 10%，则其当年的 25 股期权将不能生效。这就要求员工持续努力，而不是躺在功劳簿上“睡大觉”。

最后一步是行权，行权的前提条件一般是企业上市或者被并购。期权方案还应设置合理的退出机制，如果员工在企业上市或被并购之前离开公司，则员工尚未生效的期权就会失效。已经生效的期权是否予以保留，不同企业有不同的规定。在市场实践中，大部分企业都会允许员工在离职时保留已生效但未行权的期权，待企业上市或被并购后行权。但已授予的期权只能员工自行持有，严禁进行内部交易。退出机制的设置，使拥有期权的都是“拉车”的，而不是“坐车”的。坐车的多，拉车的少，则企业很难发展。

章末总结

企业在实际经营时，需要先算大账，再算小账。算大账指的是，确定企业的营收、利润目标，以及与之相对应的人力、物力的投入。算大账时需要区分业务所处的阶段，确定投产测算的铁律，是“利润的增长 > 营收的增长 > 人力成本的增长”，抑或其他？算小账指的是，企业确定资源投入后，还需要确定薪酬策略，设计好薪酬定位、薪酬结构、中短期奖金方案和长期激励机制，确保将资源投给优秀人才，实现 345 薪酬激励机制，在企业内部形成正向循环。

第四部分

加油站，为人才持续高效地赋能

第 7 章

招聘保留，人才管理的 5B 模型

用三句话来描述组织能力强的三个表征，第一句话是“个体不弱”，个体即组织的最小元素，这句话说明组织有能人；第二句话是“整体不低”，整体即组织均值，这句话说明组织不依赖于特定的能人；第三句话是“差异不大”，差异即组织中员工的绩效方差，这句话说明组织有强大的复制能力，通过将个体的能力复制到组织，促进更多商业的成功，持续实现更大的价值创造。

人才配置的 5B 模型能够从人才数量和人才质量两方面，对人才进行配置，帮助企业实现“个体不弱、整体不低、差异不大”。5B 模型分别是招聘（Buy）、借用（Borrow）、培养（Build）、保留（Bind）和淘汰（Bounce）。

当企业人才数量不足时，需要通过对外招聘来解决；在共享经济的今天，还可以通过人才借用的方式，实现“使用”而不“拥有”优秀人才。当企业发现人才质量亟待提升时，需要在企业内大力培养优秀人才，尤其是具有潜力的人才；企业对优秀人才要有足够的激励措施，以留住他们；对于不合格人员，则应“心要慈、刀要快”，形成淘汰机制，加速人才的流动和循环机制，避免劣币驱逐良币。借用优秀的人才，如外部的专家顾问，通过他们来带动企业内部人员的成长，也有利于提升企业人才质量。

把好招聘关，严进才不会频出

为什么 PATH 能成为行业翘楚，重要原因之一就是它们有足够多的优秀人才。平安号称金融行业的“黄埔军校”，既为公司内部培养了大量的优秀人才，又为行业输送了大量人才。阿里巴巴是互联网行业的“黄埔军校”，就连滴滴出行的 CEO 程维等人都来自阿里巴巴。

而选择优秀人才，比培养优秀人才更重要，丑小鸭能够变成白天鹅终归是因为它具有天鹅的基因。企业的招聘应从“找到人才”走向“找到杰出人才”，慧眼识英才，能够从一群“鸭子”中识别出“丑小鸭”，并加以精心培养，企业才能拥有一群美丽的“白天鹅”。

企业招聘时的误区

企业在招聘的时候，常常会有一些误区，具体如下。

“小庙”找不来“大和尚”

企业在规模较小的时候，对人才的吸引力确实不够强，但此时也不应降低对人才的要求。刘备请诸葛亮出山的时候，身边也仅有关羽、张飞而已。比起曹操、孙权、袁绍和袁术等，刘备实乃“小庙”。但刘备从未放弃对优秀人才的渴求，从徐庶到庞统、诸葛亮，都是顶级“大和尚”。刘备靠什么请动诸葛亮？一靠求贤若渴的诚意，二靠推销自己的志向，三靠充分信任，他给诸葛亮提供了施展才华的舞台。

总想着招精英，忽略人才递级差

对“大和尚”的渴求是 CEO 应该要坚持的，但“大和尚”毕竟是少数，而且，像徐庶这样的“大和尚”还很容易被挖角。如果能找到类似赵云的种子选手，加以精心培养，则对企业有百利而无一害，因为这种人不但能力强，而且对企业忠心耿耿，不管企业碰到什么困难都不离不弃。优秀的应届生就如同赵云，企业应善于挖掘优秀的种子选手，形成人才梯队。

过多关注业务技能，忽略核心能力

业务主管在面试时，往往比较关注候选人的专业能力，比如在招聘销售人员时，常常关注他的销售资源、能否有效沟通等。这些当然应该关注，但除此之外，还应关注候选人的核心能力，即其价值观是否与企业相匹配。候选人的价值观与企业格格不入时，就是“野狗”员工。到时，想处理他很难，不处理又很纠结。所以，企业应设置“闻味官”，不仅仅要关注员工的专业能力，还应关注其核心能力，即价值观。

轻易下放招人的权力

一位员工昨天刚刚报到，如果今天就让他去面试候选人，那么他通过面试选拔出来的人，身上必然带着他上一家公司的文化特征。如何确保招聘进来的人符合企业价值观？如何防止二流人才聘用三流人才，实现一流人才聘用一流人才？正确的做法是 CEO 和高管应亲自参加面试，而不是做甩手掌柜。阿里巴巴规模在 500 人以内时，所有应聘人员都是经过公司掌门人亲自面试的。雷军在创业初期，把 80% 的时间都用在各种人员的招聘面试上，从谷歌、微软、金山挖来一批优秀人才，组建了豪华创业团队。

明确的用人标准与面试方法

在 VUCA 时代，如何显著提高招聘命中率，使企业少走弯路，投入的成本更低，发展的速度更快？如何确保招聘的人才既能在工作中有持续出色的表现，又能在公司工作的时间较长？有哪些方法能够让企业从一群“鸭子”里面，快速识别出“丑小鸭”？

他是你要嫁的人吗

我给企业上课时，常常先问课堂上的女同学一个问题：你考查男朋友并决定是否要嫁给他时，以下哪几条能够告诉你，他是一个好丈夫？

- 英雄救美，打走流氓一次。
- 一次送给心爱的女人 999 朵玫瑰。
- 经常跟同事喝酒，半夜才回家。
- 照顾长期生病（6 个月以上）的女友。
- 辅修法律专业，有助于将来的事业发展。
- 经常参加集体活动，嗓音动人。
- 给女同胞解压。
- 连续两年每天坐公交车 3 个小时，送女友上下班。

女同学答题非常踊跃，多数人回答如下：

- 英雄救美，打走流氓一次：价值观很正，但太冒险了。
- 一次送给心爱的女人 999 朵玫瑰：很浪漫，但太浪费钱了。
- 经常跟同事喝酒，半夜才回家：不顾及家庭，不靠谱。
- 女友生病 6 个月还在照顾：很忠诚，值得信赖。
- 辅修法律专业，有助于将来的事业发展：有很强的事业心。
- 经常参加集体活动，嗓音动人：容易出问题。

- 给女同胞解压：不喜欢。
- 连续两年每天坐公交车 3 个小时，送女友上下班：不如努力工作，买辆车接送女朋友，更经济实惠。

这群女同学以企业的中高管为主，以上回答完全反映了她们的价值观。她们对丈夫的选择有三个标准：一是有事业心，二是对爱情忠诚，三是顾及家庭。同时，这个问题是用男朋友过去的行为判断其是否是合格的丈夫，而不是让男朋友来回答“你觉得你是合格的丈夫吗”。

从上面的问题可以看出：第一，选人要有清晰的标准；第二，应通过过去的行为来预测未来。这也是企业在招聘时要关注的两个重要事项，一是建立明确的用人标准，二是正确的面试方法。

建立明确的用人标准

企业在招聘时应建立明确的用人标准，包括核心能力、专业能力和领导力 3 大标准，具体详见第 8 章。

- 核心能力。即全员应该具备的能力、企业希望员工具备的品行特征，它反映了企业独有的价值观和文化。
- 专业能力。即履行岗位所必须具备的产品、服务、流程和技术应用等专业知识，不同的岗位对专业能力的要求不一样，它与工作任务及业绩密切相关。
- 领导力。即各层管理人员需要的领导力素质，它反映了企业战略挑战下的领导力要求、企业优秀管理人员的特质。

细节之下没有面霸

如上述“合格丈夫”的案例，行为事件访谈法 STAR 是很好的面试方法。通过 STAR 面试方法，能有效筛除“面霸”，让其无处藏身。

- S：情景（Situation），这件事情发生的时间、地点、人物等背景介绍。
- T：任务（Task），这件事发生在什么样的场景下，你要完成什么任务，面对什么抉择或者两难的境地。
- A：行动（Action），你采取了什么措施，在这件事中扮演什么角色。
- R：结果（Result），事情的结果如何，你收到了什么反馈。

行为事件面谈成功的秘诀就是对细节的深挖，像放电影一样还原当时最真实的场景，让候选人描述过去的事实，通过进一步的交叉提问，挖掘真实的信息。这样面试官就可以判断候选人提供的信息是否属实，是否具备要考查的能力，从而判断候选人是不是符合企业的用人标准。

比如上述“合格丈夫”的案例，主要是让对方描述过去发生的事情，而不是问“你爱我吗”。如果这么问，他必然会说“爱，当然爱，非常爱”。这时，可以转而提问：“你是怎么对待你前任女朋友的，怎么体现你对她的爱？”他说“我非常爱她，愿意为她上天揽月、下海捉鳖”。那么你就要继续提问“当时发生了什么（情景，S）”“为什么要下海捉鳖，有没有其他的替代方案（任务，T）”“去哪里捉的鳖，有哪些人参加，你在其中发挥了什么作用（行动，A）”“捉到了多大的鳖，收到了什么反馈（结果，R）”。通过这一系列的追问，便可以清晰了解其是真去捉鳖了，还是只是一个未付诸实践的想法。

不同性格，适合不同岗位

让一个喜欢与别人沟通交流的人去从事财务测算岗位，他会痛苦万分，做出的财务报告估计也好不到哪里去。同样，让一个喜欢做数字测算的人去从事销售工作，他也一定不会轻松，销售业绩也可想而知。这说明，具有不同性格特点的人适合做不同的事情、担任不同的岗位。作为主管，为了把人配置到正确的岗位上，就必须掌握一些与性格相关的知识。

“性格色彩”是比较生动形象的描述性格的一种工具（见图 7-1），分为红、黄、蓝、绿 4 种性格。红色代表浪漫主义，看重的是人生体验。黄色代表现实主义，注重的是成功。蓝色代表古典主义，会小心合理地判定自己的梦想。绿色代表稳定主义，不冒风险，安于现状。

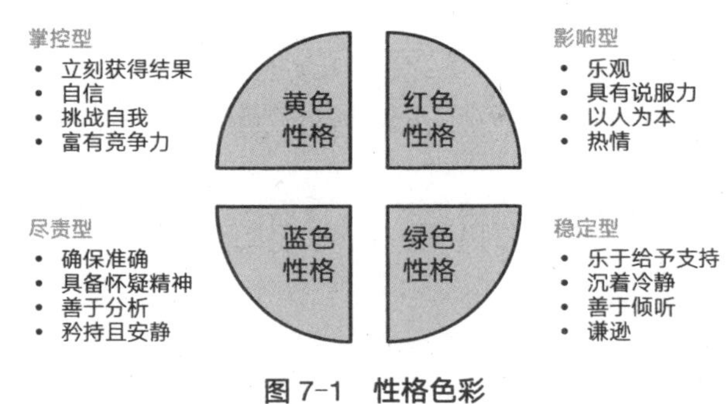

图 7-1　性格色彩

红色性格的人：心态阳光、喜欢交友、乐于助人、善于表达、乐在变化。

红色性格的人以喜悦之心看待每一件事情，能在每件事情中看到美好的一面。他们具备“生命的激情”，情感上高度丰富，看重的是人生体验。红色性格的人喜欢交朋友，把幸福与快乐视为人生的目标，他们是令人愉快的伙伴。他们的活力与热情具有感染力，能够辐射到周围，和他们相处时，总是会令人感到乐趣而且容易被他们活泼的精神所感染。红色性格的人还是天生的激励者，其他人常常在他们的鼓励下实现较高的目标。此外，红色性格的人喜欢新主意、新思想、新事物，他们在变化和创造的过程中能够得到无限的乐趣。

黄色性格的人：以目标为导向、求胜欲望强、敢说敢做、抗压力强、敢冒风险。

坚定和执着是黄色性格的人的特点，他们以目标和结果为导向，不达目的，誓不罢休。只要有任何新想法，黄色性格的人就会立刻付诸行动，追求进步和成功使他们成为成功路上的王者。黄色性格的人似乎很少有知足的时候，他们总是给自己定下一个又一个的目标。欲成大事的黄色性格的人，不能容忍平淡无奇的生活状态，他们的日程表总是排得满满的，是最有工作狂倾向的人。他们希望战胜别人，成为生活的强者。同时，他们也尊重强者，认为与强者相处可以让自己变得更强。一旦他们的想法遭到反对，就会加倍激发他们的挑战欲，而且他们会越挫越勇。

蓝色性格的人：成熟稳重、情感细腻、注重规则、考虑全面、善于分析。

蓝色性格的人高度注重承诺，甘愿用生命维护其承诺，因此他们得以成为四种性格中最值得信任的人。“要么不做，要做就做到最好”“做任何事情首先制订好计划，然后严格按照计划执行”，是蓝色性格的人行事的两大准则。蓝色性格的人是完美主义者，他们努力工作，并且喜欢做高质量的工作，即使这意味着要花更长的时间，即使需要付出艰巨的努力，他们也在所不惜。对他们而言，任何松懈和降低标准都会让他们觉得是一种奇耻大辱。

绿色性格的人：崇尚中庸之道、与世无争、天性宽容、处事不惊、冷面幽默。

如果说红色性格的人对生活充满激情和快乐，蓝色性格的人给人稳重和值得信任的印象，黄色性格的人给人充满勇气和坚定的印象，那么当我们和绿色性格的人相处的时候，感受到的则是轻松、自然、没有压力。黄色性格的人有着活跃的推动力，然而由于他们的强势，树敌不少。绿色性格的人却永远不会面临这种情况，因为他们是很好的倾听者。而且，绿色性格的人具备选择性倾听的能力，他们通常选择只听让自己心情舒畅的话。绿色性格的人没有远大的理想和目标，喜欢顺其自然。

总而言之，红色性格的人不喜欢被规则束缚，偶尔不按规则出牌会觉得新鲜有趣；黄色性格的人喜欢打破规则，他们更希望由自己来制定规则而不是遵守规则；蓝色性格的人是最遵守规则的，并且竭尽全力在规则内做到最好；绿色性格的人害怕违反规则，但他们可能因为懒散而无法达到规则的要求。最后，用“猫捉老鼠”来区分这四种性格。

- 黄色性格：用什么猫捉不重要，捉到老鼠最重要。
- 蓝色性格：捉到老鼠很重要，用什么猫捉和怎样捉同样重要。
- 红色性格：捉老鼠并不重要，捉老鼠好不好玩最重要。
- 绿色性格：你们烦不烦啊，老鼠在那里不也挺好的吗，干吗要去管它？

作为面试官，应该了解“性格色彩”，并把它用到招人和识人的过程中，把正确的人合理配置到正确的岗位上。

平安对中层以上管理干部的性格分析报告显示，绝大部分的管理者都是黄色性格。蓝色性格的人特别适合做研究分析，比如投资研究、财务分析、会计等。客服岗位上的人应具备绿色性格，当面对客户的各种挑战时，能较好地消化负面情绪。销售人员以红色性格为主，他们上手较快，因为他们更有感染力、善于交际。但真正能成长为优秀销售的人，必须具备黄色性格，也就是让业务成交的能力。优秀的人力资源部门人员应该具备“红色 + 黄色”性格，既要有很强的感染力，让员工相信企业的愿景，上下同欲，勠力前行，又要有很强的执行力，推动组织的变革和进化，让愿景变为事实。

从找到人，到找到优秀的人

面试时长

整个面试流程包括开场白、主要背景回顾、行为事件回顾、附加信息咨询、请对方提问、结束面试 6 个部分，具体流程如图 7-2 所示。建议面试总时长控制在 20 ～ 60 分钟。对于想要录用的人，面试时长至少为 40 分钟。面试时应付了事，不是一位成熟的管理者应有的行为。对于不想录用的候选人也应至少面试 20 分钟，一是出于对候选人的尊重，二是避免误伤。有人信誓旦旦地说他 5 分钟就能决定一个候选人是否合适，这是在看相、算命，不是面试。有些候选人是慢热型的，需要一段时间的预热才能进入状态，5 分钟的快速决断会错过一大批这类人才。

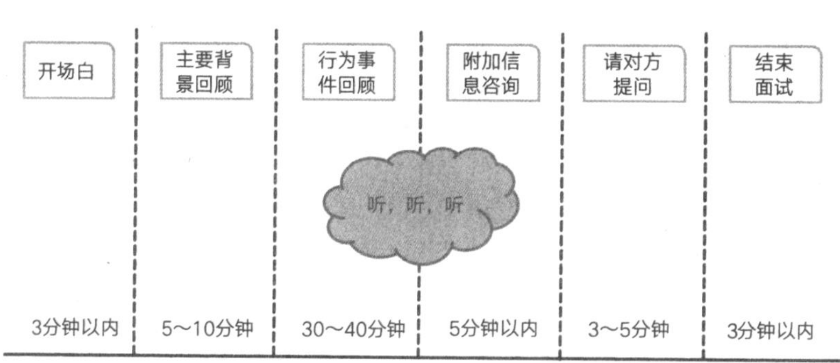

图 7-2 行为面试流程

如果企业招聘的是核心岗位，至少需要三轮面试，CEO 和高管都应参与到这类岗位的面试中，从多个角度对候选人进行考查。事实上，面试的成功概率并不高，通用电气原总裁杰克 · 韦尔奇是资深管理人员，他表示面试成功的概率只有 50%。这就如同扔硬币碰运气一样。所以对核心岗位而言，面试并不是唯一的方法，最好是任用一起扛过枪、打过仗的人，也就是任用一起共事过的人。双方知根知底，才能提高找对人的概率。如果没有共事过，哪怕跟他一起参加过一次工作坊、一个训练营，也比一场面试的观察来得更全面、准确。

鼓励员工内荐是加强招聘的好方法，既可以扩大候选人的来源，又可以提升候选人的质量。员工愿意推荐人加入企业，说明其对企业是认可的，这样可以对候选人形成示范效应。优秀的人只会推荐优秀的人，而且他们一起共事过，彼此了解，可以提高识人的准确性。

我的面试“套路”

我结合多年面试经验，总结出一套既简单又好用的方法。面试官顺着这些问题对候选人提问，便能清晰了解候选人的全貌，从而判断其是否符合岗位要求。

第一，考查专业能力。考查候选人专业能力的问题是，请他描述一下现在的工作。从这个问题开始，请他描述工作内容，通过面试官的追问，去核实工作内容的真实性、难易程度、创新性以及他表述的逻辑性。后续追问是非常重要的环节，这是面试官重要的技能。无论是考查候选人的专业能力，还是核心能力，都需要进行有效追问。当追问到第 10 个问题时，便能够还原事情的真相。

第二，了解核心能力。就几种重要的核心能力，用 STAR 的方法，请候选人进行相应说明。比如想考查候选人的抗压能力，可以请其描述曾经经历过的一个很有挑战性的项目。当时是什么情景，需要解决什么问题，哪些人参加，分别做了什么，候选人在其中所发挥的作用，为什么这件事对他很有挑战性，解决的结果如何，候选人有什么收获，追问可以围绕着 5W1H 进行。在互动的过程中，面试官就能识别出候选人所经历的项目是不是确实具有挑战性，他是否具有很强的抗压能力。

第三，了解个性特征。一是要请候选人评价自己的优缺点，二是要请候选人列出其最感谢的人。越是简单的问题越有力量，通过这两个简单的问题，可以看清候选人的个性特征。当面试官问候选人的优缺点时，有的人会很真诚地面对自己，阐述自己的优缺点；而有的人则会把优点包装成所谓的缺点，面对这种人在录用时应谨慎。在提及最感谢的人时，有的候选人会很诚恳地感谢父母，或者是曾经帮助过自己的人；而有的候选人则敷衍了事，或者认为没有可感谢的人，今天所有的一切都是他应得的，对于这样的候选人，在录用时也应谨慎。

第四，了解求职动机。询问候选人为什么要加入求职的公司，他对工作内容是否了解。一个真正想要加入公司的人，一定会事前做足功课，进行相关的调研工作，对企业的背景和岗位的要求都有充分了解，这样的候选人做事是非常认真的。

第五，询问候选人还有什么问题。让候选人提问题，能够看出候选人的格局、关注的方向。有的候选人会提出很有洞察力的问题，比如行业的发展方向、企业的发展规划、产品的规划、企业的文化、个人的发展机会等。而有的候选人提的问题是，企业提供的薪酬是多少，福利待遇有哪些，是否需要加班。开放式问题看似很简单，却非常有力量。

面试官认证

人才决策是领导者最重要的决策，能否为自己的团队物色到合适的人才，直接决定了领导者工作的成败。各级管理者的面试质量直接决定了企业的人才质量，如果面试官没有经过严格的训练，就无法保证甄选质量。因此，必须采取严格的培训、认证和考核手段，确保面试官的质量管理。

谷歌有一个“可信赖面试官”计划，挑选擅长面试的员工进行培训，根据员工参与面试的次数、可靠性、反馈质量和及时性等进行绩效评分，并接受监督质疑。每位面试官都有关于其对候选人的面试评分和候选人是否被录用的历史记录，他人通过评分的准确率，可判断该面试官的可靠性。

平安对各级管理者进行了面试官认证，并进行初、中、高级别的面试官评定。只有高级别的面试官才能面试高级别岗位。但是，要成为面试官，他们需要接受培训，开始面试时会由有经验的面试官在现场观察并辅导，直到其可以独立面试，面试合格后才会授予他们面试官资格。经过一定时间的面试历练后，初级别的面试官如果能通过上一级别的面试官认证，就可以晋级中级别的面试官。

激活组织，让人才持续流动

在移动互联网时代，“精兵强将决定企业前途”。企业一方面要获取顶尖优秀人才，建立“造血”机制；另一方面还要加强对人才的保护，让企业不要“失血”！优秀人才可选择的机会比较多，留还是不留，本身是个两难的选择。功夫在平时，需要打造“多管齐下的留才组合拳”。

企业中的招人和减人需要处于动态平衡，只有让人才在企业内外部正常地流动起来，才能保持企业的活力。一般而言，企业的人才流动率在 10% ～ 15% 是正常的，过低的人才离职率表明团队太过稳定，容易滋生安逸的氛围，需要启动末位淘汰机制，从而激活整个组织。

多管齐下的留才组合拳

员工离开的原因

员工想要离开的原因有很多，可以从A、B、C、D四个角度来分析，如图7-3所示。

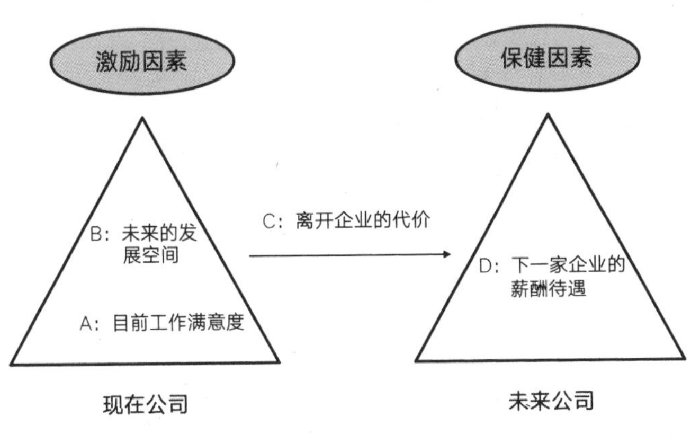

图 7-3　员工离开的原因

A 是指员工的目前工作满意度，员工在当前的岗位上每天感受如何，是否满意，目前的工作能否激励其全力以赴。统计发现，员工选择加入一家企业的主要原因是觉得企业有影响力、有前景、自己可以得到成长。员工选择离开的最主要原因是对主管的管理方式不满意。

B 是指企业未来的发展空间，员工所在的企业和从事的行业发展前景如何，值不值得其继续在这里多干几年。企业要让员工看到未来的发展空间，清晰了解企业的使命愿景和战略规划。员工如果看不到发展空间，一旦有外部机会的吸引，就容易选择离开。

C 是指员工离开企业的代价，员工如果选择离开，需要付出什么代价，有没有“金手铐”让员工走不开。如果对员工有长期激励，比如华为推行的 TUP、平安推行的期权计划等，当员工想要离开时就会衡量自己的损失。

D 是指下一家企业的薪酬待遇，下一家企业提供的薪酬待遇是否足够吸引员工。ABC 是本企业可以改变和实施的，但 D 是本企业无法改变的。企业唯有练好内功，做好上述的 ABC，才能更好地留住人才。

苦练“内功”，留住人才

低层次需求带来满意，高层次需求产生忠诚。曹操给予关羽的物质待遇是刘备无法比拟的，但一听到刘备的消息，关羽还是一路过关斩将，回到刘备身边。关羽之于曹操，就是“满意的叛徒”，待遇很满意但依然留不住。而魏征之于唐太宗，就是“叛逆的忠臣”，虽然魏征对唐太宗提过各种意见，但他一直忠心耿耿。

满意不等于忠诚，企业想要留住人才，必须区分激励因素与保健因素。尤其是在现在物质已经较为丰富的基础上，企业更要思考什么才是真正的激励因素。企业要想留住人才，必须练好内功，做好以下工作。

首先，企业要提高员工的工作满意度。对优秀人才来说，他们关注的是工作的成就感、上司的信任和授权、工作的挑战性、良好的工作氛围、公平竞争的晋升机会等。尤其重要的是，直接上司对员工的影响很大。很多研究表明，员工离开公司的主要原因之一在于他们的直接上司。因此，各级主管在留才上，“要有自己的一招”。

留才要从员工的需求入手，员工的需求不仅仅是薪酬，还有自我实现、尊重和爱。从马斯洛需求层次理论（见图 7-4）来看，当缺钱时，员工对薪酬的渴望很高；但是当员工解决了温饱问题以后，就会去寻求尊重和自我实现。因此反过来看，哪怕企业给员工的薪酬再多，但如果不尊重他们、不给他们实现自我的机会，那么员工一样会离开。因为，对员工而言，薪酬已经不是唯一的需求，他们还需要自我实现和得到更多的尊重。

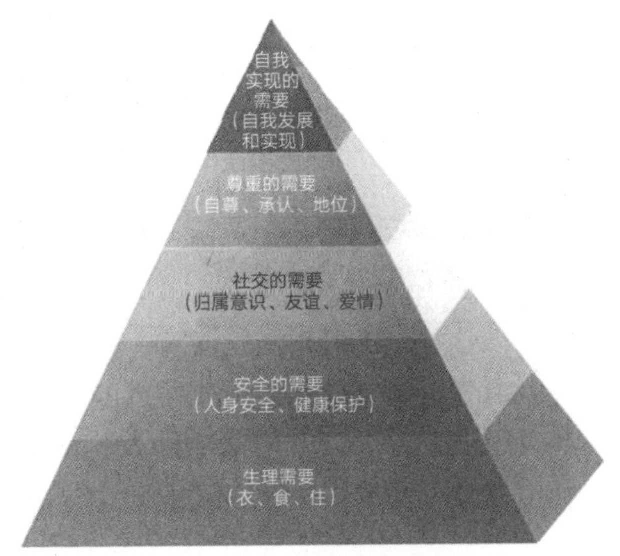

图 7-4　马斯洛需求层次理论

其次，企业要扩大员工的发展空间。优秀人才一般不会待在一家不能成长的企业。一方面，他们会考虑行业和企业的发展势头，是蒸蒸日上还是快速下滑；另外一方面，他们也会关注个人在企业的发展空间。员工能升到多高的职位，晋升是否有天花板，要等多久才能晋升，当员工觉得企业内的晋升空间有限，或者晋升难度越来越大时，他们很容易考虑跳槽。

领导者需要十分关注和员工的沟通，要让员工对公司未来的发展前景充满信心，还需要梳通员工的职业发展通道，让员工可以依靠绩效和能力不断往上发展。这些制度应当让员工觉得公平和透明。

在这方面，可以像腾讯和阿里巴巴等互联网企业一样，建立鼓励内部人才流动的机制，让优秀人才可以在企业内部寻找更好的项目或职位，而不需要往外发展。只要在企业工作满 2 年，且绩效排名不在后 30%，就可以在企业内部选择任何自己感兴趣的岗位进行调动，前提是该岗位有编制空缺且其能力得到该岗位主管的认可。只要是符合此条件的调动，不需要原岗位主管的审批同意。互联网金融企业度小满实施了上述制度之后，有效降低了绩优人员的流失率。

再次，企业可采用以下几种方式适当增加员工的离职成本。

- 期权。授予员工用事先规定的价格在未来购买公司股票的权利。如果员工相信公司的成长性，这会对员工起到非常好的保留效果。
- 限制性股票。授予员工公司股票，但是需要满足服务年限条件，员工才能出售股票并从中获益。
- 递延奖金。将员工的年终奖金分为几年发放。
- 与年资相关的福利。比如企业提供的补充养老金，可以规定员工的最低服务年限，只有满足了相应的服务年限，才能在跳槽时带走。
- 保留奖金。通常规定服务年限，再一次性支付员工一笔奖金。

在移动互联网时代，由于优秀人才与一般人才的身价差异巨大，企业为了保留优秀人才，需要在薪酬待遇方面真正做到以绩效为导向，不拘泥于内部政策，按照市场价值提供薪酬待遇来激励优秀人才，而不是像过去的家庭式文化一样，强调和谐与内部平衡。这些工具和服务年限挂钩的目的都是为了提高员工离开公司的代价，让员工离开公司之前三思而行，起到“金手铐”的作用。

最后，企业与员工之间应从雇佣关系发展为联盟关系。提高员工的工作满意度、扩大员工的发展空间、增加员工的离职成本能够帮助企业建立壁垒，降低员工离职率。但是，由于颠覆创新的机会增多，企业仅依靠这些还不足以留住明星员工。明星员工突破这个壁垒比其他人容易得多，自己创业、到竞争对手公司连升三级的比比皆是。当企业的明星员工做出创业的决定时，企业还可以通过投资和合作的方式，和明星员工结成联盟关系。比如设立合伙人制度，让员工成为企业的合伙人；鼓励员工内部创业，开创企业第二曲线；与离职员工进行商业合作，实现人才“借用”等。

减人要当机立断、心慈手快

企业经营一段时间后，企业管理者会发现，不是所有人都能跟上企业的发展，若不进行优化，就会拖慢企业发展的速度。更重要的是，这些不合适的员工不会选择主动离开。另外，企业招聘的精准度不可能是 100%，如果招聘到一个不合适的人，还不让他离开，不仅会耽误岗位工作的开展，而且对其职业的发展不负责。但很多企业的管理者由于情感因素或者面子问题，不愿淘汰人。如果企业的人才不能发展，那么企业自身又如何发展呢？对于需淘汰的人员，企业在处理时应“心慈手快”，尽快处理，该出手时就出手，时间拖久了，彼此都会很累。

对企业而言，不合适的员工不但有巨大的显性成本，还具有巨大的隐性成本。企业一旦发现有不合适的员工时，需要当机立断、及时止损。如果不淘汰这些员工，会带来哪些成本呢？为什么企业明知某些员工不合适，却还是不淘汰他们呢？如何才能妥善安排好这些“老人”呢？

不淘汰的成本

首先是薪酬成本。不淘汰不合适的员工就要继续给他们发工资，这是最直接的成本。除了工资之外，发奖金时他还会说："领导，我没有功劳，也有苦劳啊！"领导一心软，发了一笔奖金，这又是一笔成本。

其次是管理成本。留着不合适的员工，他们的工资一分不少，而且还要给他们发奖金。这会让那些认真工作的人怎么想？这是明显的内部不公平，劣币驱逐良币就是这么来的。

最后是时间成本。这是隐性成本，也是最致命的。企业由于任用了不合适的人，错失良机，耽误了业务的发展；又没有壮士断腕的决心，企业就会长期萎靡，最终会被市场淘汰。

为什么不淘汰

没有淘汰过员工的主管，是不合格的主管。作为企业的管理者，只有跨过这个心理门槛，让自己成长为合格的主管，才能激活企业的活力。各级主管可以对照检视一下，对以下场景是否特别熟悉，类似场景是否曾经发生在自己或者其他同事身边。

- 感情包袱。这个人是自己招进来的，人也不坏，虽然能力稍弱，但大家已经相处得像朋友、家人一样了。要让朋友、家人离开太难了，不如将就着用，实在不行再向人力资源部门申请增加一个编制。
- 不敢面对。一跟下属提离职的事，下属要么一哭二闹，要么横眉冷对，这太麻烦了，还是让人力资源部门去谈，如果不行就先留着吧。
- 没有备选。让他离开了，他现在负责的工作谁来干呢？万一招来的人还不如他，怎么办？招一个新人还要从头教，太麻烦了，不合适的员工虽然工作效率低点，但已经用熟了，就先用着吧。

- 不想赔偿。让不合适的员工离职还得支付赔偿，尤其是老员工，赔偿金还不少，而且也不知道能不能找到更好的，就凑合着用吧。

如何解决“老人”问题

企业经营久了，一定会有人跟不上企业发展的节奏，成为“老人”。平安董事长马明哲经常说:“今天的马明哲领导不了明天的平安。”他时刻以此告诫自己，如果不学习，就跟不上时代发展，也就不配再掌舵平安。这对员工也同样是一种警醒。要跟上企业的发展，否则就可能被淘汰。所以，平安从上到下每个毛孔里都渗透着危机意识，企业管理者和员工都明白“不进则退”的道理，这才成就了今天万亿规模的平安。

“老人”需要不断打破自己的认知界限，向年轻人学习，向不断生成的未来学习。“老人”不能只守着自己原来的一亩三分地，而应该不断地学习新的技能，找到自己新的定位，在新的岗位上重新发光发热。如果做不到，那么企业就需要将“老人”妥善安置，既对得起其过去的贡献，又能让其心甘情愿地让出位置，给优秀的年轻人更多机会，从而也给企业带来生机和活力。结合平安和华为的做法，我总结了以下 4 点措施。

- 内部顾问。价值观正的“老人”可以担任企业的内部顾问，帮助企业培养新人，尤其是应届毕业生。这些“老人”身上有很多闪光点，只是由于年纪的原因不再适合拼搏，以老带新，有利于企业人才的培养。而且，在带徒弟的过程中，年轻人的激情又能激活“老人”，使“老人”重新焕发光彩。
- 内部创业。有些“老人”本身具有“英雄的心”，只是可能被生活的琐碎所掩埋，从而失去了激情。企业可以让他们另组一支队伍去创业，从而使他们再次找回自己年轻时的精气神，重新找回自己的天地。

- 辅业分流。辅业一般是企业内比较成熟的业务，对创新的要求没有那么高，而对运营的要求比较高，这恰恰是“老人”的强项。
- 光荣退休。如果上述措施都解决不了“老人”的需求，那只能让他们“退休”。“人员能进能出、干部能上能下、薪酬能高能低”是平安和华为的用人准则，只有这样才能最大限度地发挥每个人的能力，真正激活组织。

不求为我所有，但求为我所用

有些优秀人才太贵了，企业负担不起招聘的成本，但可以使用其部分时间；有些优秀人才短期内无法雇用，但不妨碍借用；有些行业专家适合做研究，虽然不适合在甲方实际运营，但是可以合作。平安董事长马明哲曾经说过：“摸着石头过河是对的，但如果河上有桥，为什么不能付点过桥费，快速过桥呢？”所以，并不是签了劳动合同的员工才能为企业所用，还可以采用各种方法使员工为企业所用，“不求为我所有，但求为我所用”。

付过桥费就是邀请有经验的人一起搭桥，帮助企业迅速过河。比如平安在成立初期就引进了国际咨询公司麦肯锡进行管理咨询，帮助平安建立战略和组织管理体系，使平安借鉴了国际先进经验，踏上了飞速发展的快车道。以前是“平安学全球”，现在是“全球学平安”。几乎在同时，华为引进了国际咨询公司 IBM 进行流程再造，将当年一半的利润作为过桥费支付给了 IBM。现在华为早已成长为国际领先的企业。

由此可见，平安和华为虽然在发展的早期支付了非常多的过桥费，但是与它们今天的发展相比，付出这些费用是非常值得的。如果当初没有付出过桥费，何来平安和华为今天的发展？更何况，平安和华为又将这些经验总结成了自己的方法论，向其他企业输出，收取过桥费。

采用人才借用的方式，“不求为我所有，但求为我所用”，付点过桥费从而快速过河，既节约了时间，又为企业赢得了发展先机。

章末总结

人才密度决定了企业未来发展的空间，提升人才密度的法宝是 5B 模型，本章重点描述了招聘、保留、淘汰、借用。首先，企业要招聘到与岗位高度匹配的人，寄希望于制度、激励、培养等方式，将不匹配的员工打造成高度匹配的员工是收效甚微的。其次，企业要用各种机制留住优秀人才，及时淘汰不合适的员工，如果不淘汰他们，就会拉低整个团队的业绩水平，还会影响高绩效人才的工作表现，降低高绩效人才密度。最后，很多优秀人才如果不能“为我所有”，那么可以考虑如何“为我所用”。

梯队培养，让组织内遍布精兵良将

平安从创立期的保险业务到综合金融（保险 + 投资 + 银行），再发展到今天的“金融 + 互联网、金融 + 生态”的模式，并成功孵化出平安陆金所等四大“独角兽”。平安之所以能够在这么短的时间内孵化出如此多的子公司，最重要的原因就是公司内部良将如云。平安被业界称为“黄埔军校”，在为新孵化的子公司培养人才的同时，也为同行输送了优秀人才。所以，梯队人才的培养是企业非常重要的工作，企业需要踏踏实实做好每一步，这样才能良将如云，满足未来发展的需求。具体来看有三个步骤。

- 人才规划。清楚描述企业需要什么样的人，针对不同岗位确定清晰的人才画像，并且让人才清晰了解职业发展路径、未来发展方向。
- 人才盘点。对企业的核心人才进行盘点，对人才进行客观公正的评价，形成人才九宫格、继任者地图。对于处于不同格子里的人，应该有不同的发展规划。
- 人才培养。对于企业的梯队人才，应该制订详细的、点面结合的培养计划，使人才能够快速成长。

人才规划，描绘人才画像

著名管理专家吉姆·柯林斯（Jim Collins）在《从优秀到卓越》（*Good To Great*）中提出“先人后事”，打个比方就是把合适的人请上车，让大家各就各位后，让不合适的人下车，然后才决定把车开向哪里。对于合适的人与不合适的人的具体评判标准，需要企业描绘出清晰的人才画像。

找出企业的“A+”人才，重点关注

企业对人才的培养不可能面面俱到，必须把资源放在企业的重要人才、差异化人才上，尤其是既重要又具有差异化的关键少数“A+”人才上，如图 8-1 所示。

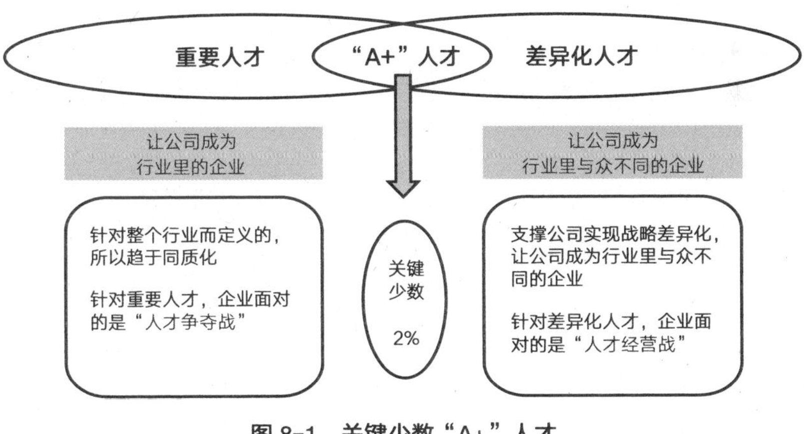

图 8-1　关键少数“A+”人才

重要人才

重要人才让公司成为行业里的企业。对沃尔玛、苹果零售店而言，重要人才

都是“供应链管理”人才和“店面选址”人才；无论这两家公司的战略定位差异有多大，企业都会在这些重要岗位上倾注资源和精力。重要人才是整个行业都在争夺的人才，所以企业面临的是人才争夺战。

差异化人才

差异化人才让公司成为行业里与众不同的企业，也就是做战略差异化的人才。苹果零售店的重要人才跟其他零售店是一样的，但是差异化人才如“一线店员”却与其他零售店有很大不同。差异化人才是由企业的战略定位、价值主张定义的，判断标准是对战略的直接影响度和最大贡献。差异化人才可能存在于企业的任何一个层级中，有些看似不起眼的岗位，往往是企业领先于竞争对手的关键所在。苹果零售店的差异化人才一线店员，都是按照四季酒店的要求进行招聘和培养的。针对差异化人才，企业面对的是一场人才经营战。

关键少数“A+”人才

关键少数“A+”人才既是重要人才，又是差异化人才。管理咨询大师拉姆·查兰（Ram Charan）认为，关键的2%岗位上的人才对业务的影响最大，起着四两拨千斤的作用。华住酒店集团创始人季琦在《创始人手记》里面写道，对华住而言，关键少数“A+”人才就是集团的20多人，他最主要的精力就是把这20多人管理好，促进他们能力的发展和提升。

关键少数“A+”人才身处关键位置、关键领域、关键环节，是企业战略的推动者和落实者，抓好关键少数“A+”人才是推进企业战略能力向核心竞争力、超级竞争者全面纵深发展的突破口。关键岗位的界定不是企业单方面直接决定的，更重要的是要与用人部门达成共识。企业应对关键少数“A+”人才予以充分有效的关注、任用、培养和部署，对他们的绩效要求更严一些、薪酬激励更高一些、人才管理更细一些。

厘清人才画像，找到合适人才

人才画像是企业管理的基础，有了清晰的人才画像才能据此有效地招聘、培养和提拔人才。清晰的人才画像应该让人有种“确认过眼神，我遇上对的人”的感觉，能让人一眼就能看懂企业对人才的要求。人才画像包括核心能力、专业能力、领导力三个方面，如图 8-2 所示。

图 8-2　人才画像

核心能力

核心能力是全员都应该具备的能力、企业期望员工应该具备的品行特征，它反映了企业独有的价值观和文化。核心能力可以沿用企业的价值观，从更好的自己、更好的我们、更好的世界三个方面来定义。具体详见第 3 章。

核心能力即价值观，应通过共创的方式，从两个方面打造。一方面是面向过去，了解是什么帮助企业成功过。企业过去有很多成功的案例，过去的成功决定了企业的基因，决定了企业的员工是一群怎样的人。要把过去决定企业成功的基因找出来，并发扬光大。另一方面是面向未来，了解有什么能帮助企业成功。时代在变化，过去的成功经验不一定能帮助企业在将来也取得成功。在未来，什么能够帮助企业实现使命、愿景？企业现在的信念是什么？未来能够帮助企业获得成功的，就是企业需要坚持的信念。

专业能力

专业能力即员工履行岗位职责所必须具备的产品、服务、流程和技术应用等专业知识，不同的岗位对专业能力的要求不一样，它与工作任务及业绩密切相关。

例如，客户经理的专业能力应包括三个方面。第一，具备关系营建的能力。能与合作伙伴或客户建立和保持友好、融洽、和谐、互信的关系，广泛搭建人际网络，实现业绩目标。这是作为客户经理最基本的专业能力。第二，具有坚韧不拔的精神。在逆境、威胁等压力环境下，能够保持对工作的激情和执着追求，能够快速走出逆境并积极应对。客户经理在工作中碰壁是常事，能否越挫越勇，决定了客户经理职业生涯的长度。第三，能够以成就为导向。为自己设定目标并采取各种措施努力实现，不断挑战自我，持续追求更高的目标。对自我要求的提高，决定了客户经理职业生涯的深度。

领导力

领导力是各层管理人员需要的领导素质，它反映了企业战略定位下的领导力要求、企业优秀管理人员的特质。不同层级的领导力要求也不尽相同，如图 8-3 所示。阿里巴巴将干部形象地分为三个层级，分别是脑部、腰部和腿部。“腿部”指的是初级管理者，即一线经理，通常只负责某一模块的工作，推动任务的落地执行；“腰部”指的是中级管理者，即部门总监，负责资源整合，需要考虑多个模块如何组合、执行；“脑部”指的是高级管理者，即事业部及以上的负责人，需要为企业建立完善的体系，确定方向和做决断。

图 8-3　不同层级的领导力

首先要培养腿部力量：腿好才能站得稳、踢得准、踢得狠。

- 找对人。招聘是初级管理者的事情，他们需要反复与人力资源部门沟通，确定到底需要什么样的人才，所描述的人才画像在市场上存不存在，并最终为招聘这件事负责任。解雇也是初级管理者的事情，绩效排名在后 10%、被评为低于期望的员工，不但没有年终奖、加薪，甚至还有可能被解除劳动合同，这个决定必须由管理者做，并且要“心慈手快”，妥善做好处理。
- 带团队。优秀的业务骨干不一定是优秀的业务管理者。管理是一条“不归路”，每上一个台阶，都是一次脱胎换骨。初级管理者要善于总结自己的经验，并且在团队内部复制与传承。要学会在用人的过程中培养人，在培养人的过程中用人。人才都是从实战中得来的，只有经受过真正的业务锻炼、经得起真正的战斗考验的人才，才具有真正的价值。
- 拿结果。初级管理者要善于带领团队打胜仗。“罗马不是一天建成的”，打胜仗要靠有效的过程管理来获取，过程的正确性非常重要。在管理过程中，初级管理者要及时给予下属反馈，调整下属的行为表现，确保达成结果。只有有了好的过程，结果才是可以被复制的。

其次要锻炼腰部力量：腰好，头脑才能清楚。

- 懂战略。作为中级管理者，不能只会闷头执行，还需要学会思考、理解公司的战略，这样才能真正执行好公司的战略。知其然，更要知其所以然。要了解企业为什么要制定这个战略，以及这个战略对企业的未来有什么作用。
- 做导演。中级管理者要扮演好导演这个角色，推动业务发展。每个业务管理者都应该问自己三个问题：客户是谁？客户的价值是什么？这个客户为什么由“我”来服务？中层干部首先应该成为产品和服务的拥有者，而不是离客户越来越远。客户是解决企业很多内部矛盾和问题的终极武器。中级管理者还应关注人效，即员工能为组织起到什么作用，带来什么结果，这样才能带领员工把这台戏演好。
- 搭班子。中级管理者应该成为资源的最佳配置者，既要排兵布阵建好自己的团队，又要在各个平行部门中穿行，打破部门墙，提升效率。既要上传民意，又要下达政策，确保公司的指令能层层传递，落实到基层员工。既要领会上级意图，又要有更深层次的理解，用对方能够听明白的话去告诉对方，体现自己的价值。

最后要重视脑部力量：做决策要用脑，脑子要冷静。

- 定战略。企业的生命力源泉 = 战略适时调整 × 组织持续进化。企业的高级管理者，首先要思考企业的战略，谋定而后动，为企业规划好 H1 成熟期业务、H2 成长期业务、H3 孵化期业务。好的战略一定是熬出来的，选择错误比不选择更好。犹豫不决，往往会失去先机。
- 造土壤。有了合适的战略，还必须有适合战略生长的土壤——组织氛围。透明的天、令人感到踏实的地、流动的海、氧气充足的森林、气氛融洽且令人有归属感的工作社区，是高级管理者需要给员工的。

组织还需要持续进化，处在不同生命周期的业务需要不同的组织氛围，第二曲线与第一曲线也适用不同的组织方式。

- 断事用人。高级管理者既要做正确的事，又要正确地做事。高级管理者应熟练掌握组织罗盘的 3 大抓手、6 项指针，对组织进行有效诊断，创造良好的企业文化、搭建好组织结构、制定好激励人心的制度、找对合适的人才，做到知人善任，用人所长。

不同的业务发展阶段，不同的领导力要求

对不同层级的领导者要有不同的领导力要求，在不同的业务发展阶段，对领军人才的要求也不一样，如图 8-4 所示。

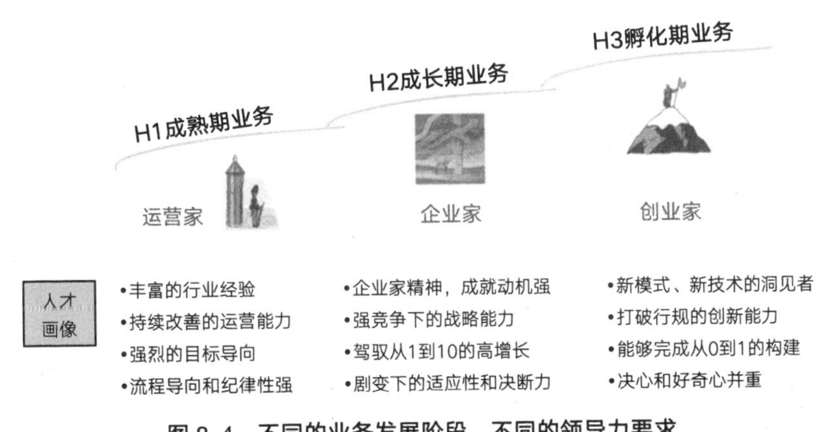

图 8-4　不同的业务发展阶段，不同的领导力要求

H1 成熟期业务——运营家

H1 成熟期业务是企业的粮仓和根据地，为企业贡献了大部分的收入利润、能力优势和人才储备。H1 成熟期业务的领军人才应具有运营家的特质。他们需要有很丰富的行业经验，有很好的持续改善的运营能力，有强烈的目标导向，有很强的流程导向和纪律性，做到令行禁止。

H2 成长期业务——企业家

H2 成长期业务是企业的新增长空间，涌现出增长的澎湃动力，可以为企业贡献增长速度、收入规模和市值期待。H2 成长期业务的领军人才应具有企业家的特质。他们具有企业家精神，有很强的成就动机、战略思维，能在竞争激烈的格局中找到制胜战略，并可以应对从 1 到 10 的高增长下的混乱局面。同时，他们能够适应动态竞争的变化，并在快速变化中迅速决断。既有狐狸的特质，又有刺猬的特性，形容的就是这种企业家精神。

H3 孵化期业务——创业家

H3 孵化期业务是企业为未来的持续成功播下的“种子”，有的种子可能会长埋于大地，有的种子则会长成参天大树，成功演变为 H1 成熟期和 H2 成长期业务，使企业基业长青。H3 孵化期业务的领军人才应具有创业家的特质。他们是新模式、新技术的洞察者，有很强的市场敏锐度，能够打破行规去进行创新，完成从 0 到 1 的新产品打磨和新模式构建。他们具有很强的决心和好奇心，具有知性、谦逊的品格，能够经过熔炉的锻炼，从而实现凤凰涅槃。

企业在不同的业务阶段需要不同的人才，对这三类不同特性的领军人才，也应区分业务类型，予以任用。如果让创业家去管理 H1 成熟期业务，他可能会被流程束缚，浑身不自在，很难施展拳脚。如果让运营家去经营 H3 孵化期业务，他则可能习惯于按照固定流程办事，很难实施创新举措。因此，应该依据不同业务的特点，让各业务体系制定差异化、有针对性的干部标准。

人才盘点，盘出强有力的“王炸”团队

人才盘点是通过对战略与组织发展的审视，从多角度对内部人才做出评价，帮助企业管理者了解组织人才的现状及与未来业务发展要求之间的差距，进而采

取具有针对性的措施缩短差距，以满足战略发展的需要。人才盘点最早由通用电气发明并推广应用，国内的 PATH 均引入了人才盘点管理工具，阿里巴巴甚至将人才盘点与战略研讨、财务预算一起列为阿里巴巴每年必做的三件大事。

残缺的人才盘点，流于形式

一把手不参与人才盘点

人才盘点是一把手工程，在完整的人才盘点中，一把手、直接上级和人力资源部三个角色缺一不可。但很多企业的一把手认为，人才盘点是人力资源部的事，自己不需要参与到具体的盘点过程中，只要最后听人力资源部汇报盘点结果就行了。

人才盘点应从公司战略和组织的需求出发，最终为组织运行和战略实现服务，而一把手是对企业战略目标、业务方式、组织体系理解得最清楚和最深刻的人。所以，需要一把手充分表述自己的经营思维、价值观和用人理念，以确保人才盘点的标准符合组织需要。

人才盘点成为人力资源部门的独角戏

有些企业的人才盘点由人力资源部主导。推动人才盘点的目的是让人事决策更科学，比如晋升谁、辞退谁、调岗谁。但是，真正了解员工情况的是业务主管，以人力资源部为主角的人才盘点，业务部门的参与度很低，从而导致人力资源部门对人才的了解深度和对立体信息的掌握不够全面、准确，人才盘点很容易成为“烂尾工程”。总之，人才盘点不应沦为人力资源部的独角戏。

直接上级、斜线上级和间接上级都应该参与到人才盘点中。对人才最了解的首先是他们的直接上级，其次是间接上级；由于企业的人才经常与其他部门进行项目合作，斜线上级也有一定的发言权。因此，建议 CEO、直接上级、斜线上级和间接上级均参与到人才盘点中，对人才进行客观公正的评价。

盘点时不开人才盘点会

有些企业的人才盘点由人才测评顾问主导。测评工具只是人才盘点的辅助方法，并不能取代人才盘点会。而且很多测评工具的测评过程很烦琐，让人才盘点变成了花拳绣腿、心理测评，远离了业务一线和战略要求，使诸多业务领导人和员工不胜其烦。

召开由人力资源部、被盘点对象的直接上级和间接上级一起参与的人才盘点会，有利于大家一起讨论人才标准的细节，拉通部门之间的人才状况，形成人才一盘棋，避免出现人才属于某个部门专有的情况。如果不召开人才盘点会，则会导致盘点不够精准，在落实时缺乏公信力，也难以形成统一标准的识人、用人文化。因此，人才盘点会是人才盘点中非常重要的一环。人才盘点会在整个人才盘点过程中发挥重要作用，怎么重视都不为过。

在平安，每年绩效考核结束后，董事长马明哲和 CHO 会与每个子公司的一把手和人力资源部门主管，讨论各个子公司的组织和人才问题。在长达十多个小时的会议中，与会者对业务单位有潜质的人才以及组织的优先目标做出评估。谁应该得到晋升、奖励和发展，怎样激励人才，谁没有达到业绩目标，与会者在对话中会反复讨论，每个人都必须坦诚。通过这一机制，选拔和评价员工成了平安的一项核心能力，也助力平安得到了行业内“黄埔军校”的称号。

将盘点结果束之高阁

很多企业的人才盘点止步于九宫格的确定，但事实上，人才九宫格的确定只是人才盘点的第一步，即找出了人员现状与目标需求之间的差距。后续应该采取相应的措施缩短差距。这些措施就是 5B 人才配置模型，包括人才的招聘（Buy）、培养（Build）、保留（Bind）、淘汰（Bounce）、借用（Borrow）。

如果不将盘点结果应用于人才管理中，等于将前期的盘点结果束之高阁，不仅达不到人才盘点的目的，还造成了管理成本的浪费。人才盘点后续行动计划的实施，不仅是人力资源部的工作，还需要高层的支持以及直接上级共同推进，并落地实施。只有各方通力合作，才能确保人才盘点结果得到有效应用。

人才盘点的标准与方法

人才盘点的三个维度

很多企业在人才的判断上唯业绩论，认为当下业绩好的员工就是企业的优秀人才。但从长期性和稳定性的角度来看，真正能持续引领企业发展的，是员工的素质和未来潜力，这是价值创造的根本。因此，企业在进行人才盘点时，不应只从单一的业绩角度来界定高质量人才，而应该从“过去、现在和将来”三个维度来判断，如图 8-5 所示。

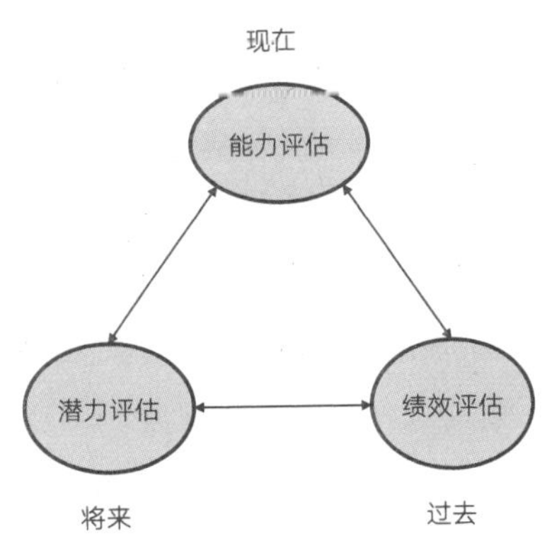

图 8-5　人才盘点的三个维度

第一，绩效，反映过去。绩效是员工过去在岗位上基于经验和能力创造出来的岗位产出。绩效能够衡量员工过去的价值贡献，是判断员工能否胜任岗位的一个重要指标。对绩效的衡量，可以使用绩效排名结果作为人才盘点的依据。在进行绩效排名时，不应唯 KPI 而论，要从业绩和健康度两个方面综合评价。同时，也不应过分强调量化和客观，凡是涉及人的评估，就不容易做到完全量化和客观。具体详见第 5 章第 3 节。

第二，能力，反映现在。能力是为了完成工作任务或达成绩效目标所需要具备的相应素质组合。能力包括核心能力、专业能力和领导力三部分。核心能力是对所有人的要求，而不同的岗位有不同的专业能力要求，领导力又分为脑部、腰部和腿部三个层级。在进行人才盘点时，应结合本岗位的能力模型进行评估。具体详见本章第一节。

第三，潜力，反映将来。潜力是指人的生理、心理可能具有但尚未实现的能力。未来是 VUCA 时代，不确定性、变化性会一直伴随着我们。绩效好只能代表过去的成绩不错，能力强只能说明现状不错，但企业需要员工具备能够应对未来的不确定性的能力，找到适合企业发展的机会。这就需要评估员工是否具有成长型思维。

如何评估员工的潜力，各家企业莫衷一是，我结合多年甲方工作和乙方咨询的经验，提出一个简洁好用的公式：潜力 = 意愿 × 学习能力。

在这一公式中，意愿和学习能力中间用的是乘号，也就是说，意愿和学习能力二者缺一不可。如果一个人成就自己的意愿很强，但学习能力不强，最终未必能如其所愿。同样地，如果成就自己的意愿不强，学习能力再强也很难发挥潜力。但两者相较而言，意愿的作用更大，毕竟个体意愿的方差远大于学习能力的方差，所以在考查员工时应更关注员工的意愿。

意愿反映出一个人的心理成熟度，是一个人在无监督的状态下能达成目标的那种信念，从事某种活动、为某一目的付出努力的兴趣和热忱。有时候当人们意识到实际工作比想象的要困难得多，就会降低意愿；或者当人们的努力被忽视，也会因感到厌倦而丧失兴趣。意愿就是人们有明确的愿望，即想达到的目标和方向，并且将自己的能力发挥到极致，去达到目标和方向。

学习能力首先是要能快捷有效地获取知识和信息，其次是能将知识转化为能力，也就是从“知道分子”转变为“能力分子”。“知道”和“做到”之间有两道鸿沟：第一道是“知道”不代表“有能力”，很多人夸夸其谈，但一上阵就露馅儿，正如赵括纸上谈兵；第二道是“能力”还需要转化为“行动力”，否则也没有办法做到。学习能力是确保“有能力”，意愿是确保“行动力”。

人才盘点的测评工具

能力和潜力的评估都有人的因素在其中，因此，我建议在进行人才盘点时结合使用测评工具，最大程度地降低人的主观性，为人才评价提供更多的客观依据。合适的测评工具要有一定的信效度，才能体现公平，让员工心服口服。

事实上，越精准的测评工具，需要投入的测评时间越长、精力越多，因此测评时要在可持续性、精准度和成本之间取得平衡，找到性价比最高的测评工具尤为关键。

360 度测评是指被测评者本人及其直接上级、间接上级、同级、下属，甚至客户等人员，全方位、多角度地对被测评人进行评估，确保多角度搜集信息。360 度测评可以全面衡量员工在过去一段时间中的工作表现，帮助上级了解该员工在面对下属、同级人员、内部服务部门及外部客户时的行为表现。对被测评人来说，可以有效规避他的直接上级对他进行带有主观偏好的评价，通过多方评价结果的相互印证，最大限度地还原他真实的工作表现，排除那些不符合事实的、过于主观的评价。

总体来说，360 度测评规避了仅仅由上级对下级单方面做出评价的弊端，提升了评价结果的客观可信度，也能帮助管理者全面了解员工的状态，为员工的后期成长制订发展计划提供重要参考信息。

员工敬业度调查是识别员工敬业程度的有效工具。盖洛普研究认为，员工敬业度是在给员工创造良好的环境、发挥员工优势的基础上，使每位员工能产生一种归属感和主人翁责任感。敬业度水平与业绩高度相关，高度敬业的员工能为组织带来更好的业绩表现。有高度的工作热情、对工作高度投入的员工，能够提升企业客户的忠诚度和重复购买率，最终能为企业在资本市场和产品服务市场带来良好的业绩。

通过敬业度调查，可以识别出员工的敬业程度，具体分为三类。第一类是敬业员工，他们对公司高度认可，发自内心地认同并恪守公司的价值观、目标、管理等，有主人翁精神，愿意长期在公司工作，能够主动地、全身心地发挥自己的最大价值。第二类是从业员工，他们虽然有生产力，但对公司缺乏心理认同或者只是表面认同，当有外部机会时他们容易离职。第三类是怠业员工，他们出工不出力，对工作环境不满，并且会散布这种不满，对其他人造成不良影响。

评价中心是一种综合使用多种测评方法，检验被测评人多维度素质的系统工具，由于评价中心的全面性，其被认为是一种针对高级管理人员的最有效的测评方法。通常而言，评价中心会同时运用包括问卷测试、情景模拟、访谈在内的多种方法，对被测评人的性格、智商、能力、技术水平、价值观、工作行为等进行综合评价。因此，评价中心最终的测评结果不仅包括智商和技术水平等方面硬性数据，还包括素质和行为动机等方面的软性评价。

评价中心最大的优势在于其全面性和高精准度，但这也意味着高昂的开发和应用成本。不仅前期开发难度大、定制化程度高，在测评阶段还需要多位测评者连续参与两三天，对相关组织人员的专业能力也提出了很高的要求。完整的评价中心通常包括个人陈述、情景模拟、文件筐测试、心理状态评估或性格测评、小组会议模拟或小组讨论、个人及关系人访谈 6 大部分，如图 8-6 所示，从不同的维度对被测评人进行考查，然后根据各维度的预设权重得到测评人的最终分数。

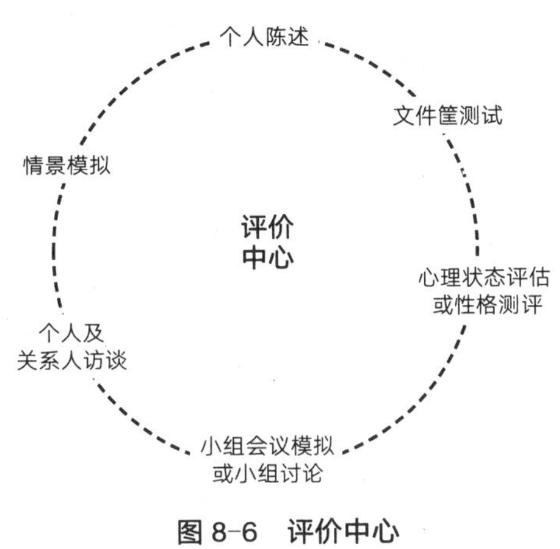

图 8-6　评价中心

人才盘点会，两张人才地图

人才盘点会是由人才盘点实施者组织的对被盘点对象进行讨论的会议。会议讨论的内容围绕人与组织的匹配性展开，一方面着眼于评估当下现有人员在岗位上的胜任状态；另一方面也关注人员现状与未来战略的差距，并针对个体发展和组织的需要讨论出相应的提升行动计划。

人才盘点会的参与人员

人才盘点会的参与人员包括引导者、直接上级、间接上级、斜线上级、人力资源部门人员和记录者。他们承担不同的角色，有不同的分工，发言的内容和观点阐述的侧重点也有所区别。

- 引导者可以由公司的人力资源部门人员担任，也可以由外部顾问担任。为了让人才盘点会高质量进行，引导者需要通过多种策略，营造开放、公正的氛围，使管理人员正确看待人才盘点并做出客观的评价。

- 直接上级是校准会议评价的主导者，不仅要对被盘点者的基本信息、绩效、能力和潜力的评估结果进行说明，还要给予任用建议和能力提升建议。
- 间接上级是人才盘点会议的列席者与平衡者，主要通过人才盘点会了解间接下属的信息以及直接下属的人才盘点表现，平衡不同直接下属的评价尺度。另外，间接上级还要通过人才盘点会，帮助管理者厘清管理思路，提升其人才管理能力。
- 斜线上级在人才盘点会的过程中，可以进行观点阐述和意见补充。
- 人力资源部门人员除了进行观点阐述和意见补充之外，还要通过人才盘点会传递公司的人才观以及用人文化。
- 记录者负责详细记录人才盘点过程中的关键信息，为后续盘点结果分析提供信息。一般情况下，记录者与人力资源部门人员可以为同一人。

人才盘点会的成果

人才盘点会应形成两张人才地图，一是九宫格人才地图，二是继任者人才地图。同时，还要给予人才发展方面的建议。

首先是九宫格人才地图。很多企业的九宫格是两个维度，而平安对九宫格进行了创新，形成立体化的三维度九宫格。平安从过去、现在和将来，即绩效、能力和潜力三个维度对员工进行评估和定位。具体如图 8-7 所示。

第一，绩效。绩效维度分为 A、B、C 三档，分别对应绩效的高、中、低三档。已经在年末进行过绩效排名的企业，在人才盘点时可以直接应用绩效排名的结果。没有进行过绩效排名的企业，则需要结合每个人的绩效得分进行分档。

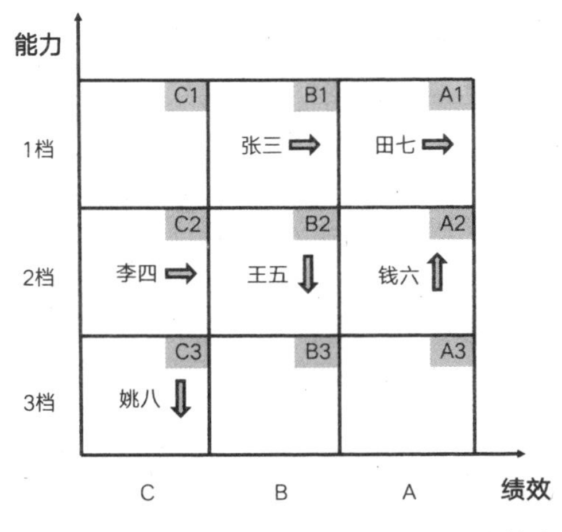

第一步：绩效与能力排序

1. 按照过往1-3年的年度绩效，进行绩效排序
2. 按照述能会、360度测评结果等，进行能力排序
3. 将人员填到相应的格子里

第二步：潜力标记

根据对潜力的测评结果，对每个格子里的人标识出潜力—↑（潜力大）、→（潜力中等）、↓（没有潜力）

图 8-7　九宫格人才地图

第二，能力。能力维度分为 1 档、2 档、3 档，分别对应能力的高、中、低三档。企业应结合 360 度测评、性格测评、述能会的结果，对每项能力的行为描述进行打分，并在人才盘点会进行分数校准。

第三，潜力。潜力维度分为三档，箭头向上表示潜力非常强，箭头持平表示潜力中等，箭头向下则表示没有潜力。企业应结合 360 度测评、敬业度调查等结果，对每项潜力的行为描述进行打分，并在人才盘点会进行分数校准。结合得分的高低，标记出相应的箭头。

其次是继任者人才地图。在人才盘点时，企业需要对重要岗位盘出继任者，以便在出现新的业务机会、新的岗位时能够派出人手。同时，当岗位出现人员异动时也能有人顺利接上，而不会火烧眉毛。继任者的培养需要长期的过程，是重要但不紧急的工作，但如果不花时间盘点继任者并对其进行培养，一旦出现人员异动就会变成重要且紧急的工作。

继任者人才地图是对企业人才板凳深度的检验。很多 CEO 感慨说，发现了新的业务机会，但派不出人手，眼看着机会从指尖流失。而平安却能够在短短

30 年内发展到 30 多家子公司，业务从保险到综合金融，再到金融 + 互联网、金融 + 生态，其重要的原因就是人才板凳深度足够，培养了大量优秀的人才来支持新业务的发展。

马化腾说，很多人是做研发出身的，对业务和推广不在行，逼迫他们提高这两方面的能力也不现实。因此，每位中层干部都一定要培养副手，这是硬性的备份机制。如果中层干部不培养副手，企业会认为他有问题，给他半年的时间还不培养副手的话，那企业就要帮他安排，届时他不答应也得答应。

因此，对于重要岗位，在人才盘点会现场需要重点讨论继任者计划，形成继任者人才地图，避免该岗位人员流失而对关键业务产生影响。继任者的培养一般都是比较长线的工作，应分别讨论出 T1、T2、T3，即分别在 1 年内、2 年内、3 年内可以继任的人员。同时还要评估该继任者的成熟度，即与目标岗位相比，继任者的能力与经验达标的百分比。继任者人才地图如图 8-8 所示。

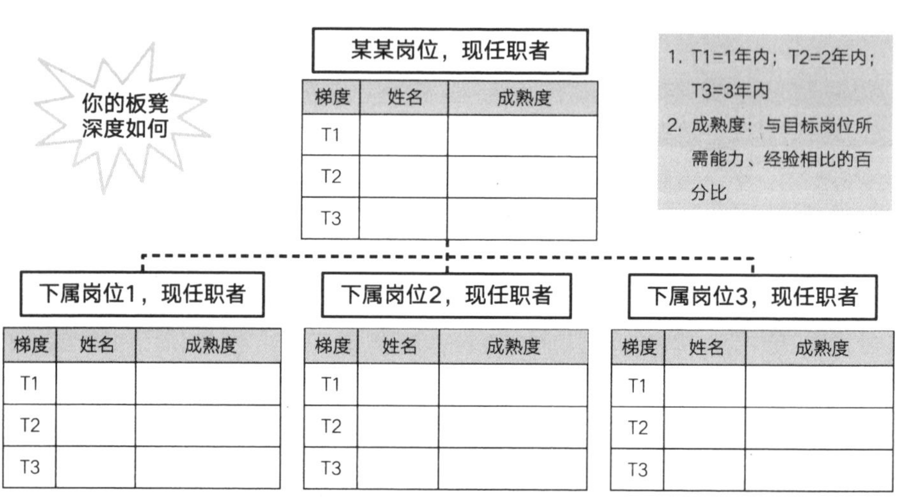

图 8-8　继任者人才地图

企业在盘点继任者时，建议看两级岗位，除了看本岗位是否有继任者之外，还要看下一级岗位是否有继任者。这样才能确保企业的板凳深度足够深，有充足的人才梯队供应。

在完成两张人才地图后，企业要给予员工恰当的发展建议。

在人才盘点会上，企业还需要对人员的发展建议做进一步探讨。为了帮助被盘点对象更好地发展，现场还需对员工的优缺点进行讨论，明确给出改进和提升的建议。发展建议可以基于当下，也可以着眼于满足未来两三年的发展需求。

第一，明星，指的是绩效好且潜力佳，处于九宫格人才地图 A1、A2、B1 的员工。对于这类员工，应给予他们更多的机会和空间，如晋升、轮岗、项目性工作等，因为他们找不到成就感便很容易离开。企业还应做好他们的继任者的培养，确保在他们晋升、轮岗或者离开时，有人来接班。

第二，黄花，指的是绩效好但潜力一般，处于九宫格人才地图 B2、A3 和 B3 的员工。他们一般是企业的老员工，对本岗位的工作很熟悉，绩效不错，但潜力有限，在其他岗位上不容易生存。企业应给他们提供发挥强项的机会，让他们将绩效和能力淋漓尽致地发挥出来，同时企业还要管理好他们的预期，给他们培养接班人。

第三，花苞，指的是绩效一般但潜力不错，处于九宫格人才地图 C1 和 C2 的员工。他们一般是新员工，尤其是应届生。他们需要师父来指导，帮助他们成长、提升业绩。企业可以利用“黄花”的强项，让他们指导“花苞”。在帮助“花苞”成长的同时，也能促进“黄花”打开视野，帮助“黄花”突破自己。

第四，死水，指的是绩效差且潜力差，处于九宫格人才地图 C3 的员工。对于这部分问题员工，企业应给予警告。如果他们仍维持原状，就只能与其解除合同，否则，会耽误企业的发展。

人才培养，增加替补队员的实力

华为董事长任正非说：“企业的核心竞争力不是人才，而是培养和保有人才的能力。”企业在进行人才培养时，一定要注意培养效果，以真功夫替代花拳绣腿；人才培养要抓两头，一头是培养应届生，使之充实公司的人才库；另一头是进入继任者计划的梯队人才。

人才是可以培养出来的

企业人才供应链的对比

平安在业内以“黄埔军校”著称，阿里巴巴更是良将如云，培养出了一批企业的 CEO。这充分说明 PATH 的人才培养体系是非常强大的。从普通企业和优秀企业的人才供应链对比（见图 8-9）来看，普通企业的人才选择以外部招聘为主、内部培养为辅，这就使得企业人才获取成本高，外部依赖性大，常常处于被动的发展境地；而优秀企业则与之相反，以内部培养为主、外部招聘为辅，确保了企业在人才选择上的主动性、稳定性、可靠性，以及人才供应的数量和质量。

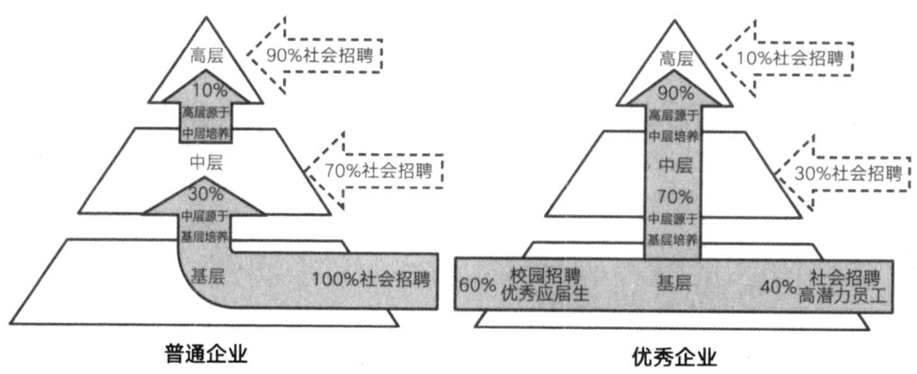

图 8-9 普通企业和优秀企业的人才供应链对比

很多企业 CEO 跟我反馈说，他们不是不愿意在人才培养上投入时间和精力，只是人才培养的目标不明确，对于企业需要培养多少人才、培养什么人才、培养人才的什么能力、通过什么方式培养、培养周期多长等问题含混不清，因此造成了人才培养工作无法有的放矢，无法有效支撑组织运转和战略实现。

引进人才白皮书

哪些人才是需要外招的，哪些人才是需要培养的，哪些人才是需要通过外部招聘来带动培养的，“引进人才白皮书”对此进行了详细说明。不同的岗位，有不同的人才策略。

第一，主要考虑内部培养。比如基层主管，也就是腿部力量，应以内部培养为主。如果连基层主管都不能内部培养，可见公司的造血能力有多差。如果连基层主管都从外部招聘，员工就看不到晋升的希望，会对企业失去信心。

第二，基本要靠外部引进。比如人力资源薪酬主管、税务师之类专业性很强且人数不多的岗位人才，很难在短期内通过内部培养产生。那么，这类人才可以从咨询公司引进，比自己培养见效快且更专业。

第三，阶段性靠引进，最终靠培养。比如中高层干部，如果企业业务发展特别快，中高层干部培养没那么快跟上，就需要引进人才。引进人才的目的是希望人才进来之后，能够把其他人才培养起来，形成一片森林。

721 人才培养法则

人才的培养是一场持久战，不可能一蹴而就；培养不等于培训，而是一系列综合举措。“721 人才培养法则”是指人才培养时，70% 的学习是在工作与生活实践中完成的，20% 的学习是在接受指导或交流的过程中实现的，10% 的学习是通过课堂培训或阅读完成的。

企业培养人才时，要将70%的精力投入在“干中学”，比如轮岗、导师带教、挑战性项目、副职锻炼等。让他一边干一边给他指导，让他不断地学习进步。对于中高层管理者的培养，固然可以通过领导力培训、领导力书籍阅读等方式增加其领导理论知识，提高其领导技巧，但最重要的还是在工作实践中锻炼和成长，尤其是对其战略执行、全局意识、团队管理和组织塑造能力的提升。“干中学”在实践中培养，是培养中高层管理者最有效的方法，尤其是赋予他们挑战性的任务、轮岗等。

20%的精力投入在“学中干”，包括行动学习、经验萃取、实战工作坊、训战结合等。比如经验萃取，企业想要培养一位优秀的销售人员，首先要把优秀销售的特点、做法和经验提炼出来，形成标准化课程。新员工来了之后，通过学习这些企业内的翘楚总结出来的经验，能够快速地成长。

企业培养人才时只需将10%的精力放在培训上，包括面授培训、在线学习等。“721人才培养法则”的重点是点面结合，既要注重“点”上的培养，包括轮岗、导师带教等；又要注重“面”上的快速人才培养，包括行动学习、经验萃取、实战工作坊、训战结合等。

人才培养抓两群人

由于精力有限，人才培养的工作不可能全面开花，企业需要把重点聚焦在两类人身上，一类是优秀的应届生，另一类是关键岗位的继任者。

宰相必起于州部，猛将必发于卒伍，人才培养要从源头抓起，源头即优秀的应届生。因此，管培生的培养得到了绝大部分企业的重视，PATH也不例外，这些企业每年都在管培生的招聘和培养上投入了大量的精力，实施了比较成功的管培生计划。优秀应届毕业生的可塑性高，有更强的归属感，培养的投入产出比高。而且，应届毕业生工作经历相对比较简单，容易培养出企业的“同路人”，造就“根正苗红”的未来高级管理人员。

培养管培生仍然应遵循“721 人才培养法则”，有 70% 的实战部分，包括赋予挑战性的任务、跨部门轮岗；有 20% 的导师带教，一般对管培生设置一对一或一对多的导师，通过导师对管培生的指导，传播公司文化理念、价值观；最后的 10% 是自我学习，包括线上线下培训课程、高层管理者分享管理经验等。

关键岗位和战略目标密切相关，关键岗位的任职人员一旦离职，若短时间内无法快速找到替代者，会影响企业关键业务的正常运转。企业在进行关键岗位人才需求规划时，建议采用饱和配置。一是关键岗位的人才在岗率为 100%，即所有关键岗位都有胜任的人担任；二是关键岗位要有继任者，且不低于 50%，确保关键岗位有合理的人才继任梯队建设。企业通过人才盘点，找出关键岗位的 T1、T2、T3（分别在 1 年内、2 年内、3 年内可以接班的人员），并对他们进行重点培养，这样才能让“活水不断”。

“721 人才培养法则”也适用于关键岗位继任者的培养。除了常规的专业能力培养之外，常见的培养方式有轮岗、影子高管、行动学习等。在整个培养周期或关键阶段，企业会给培养对象配备专业导师，及时进行指导与评估。人力资源部在整个培养周期内，会定期组织专业评估小组对培养对象进行业绩考核和人才评价，并及时进行薪酬调整、人员任免，对于考核不合格的培养对象，取消其培养资格，保持后备人才库的动态优化。

在实践中培养人才

小时候，母亲把我往河里一扔，出于本能的求生意识我学会了游泳。但由于没有经过正规的教练指导，至今为止我的游泳姿势依然是狗刨式，虽然会游泳但游不远。由此可见，如果没有科学的学习方法，培养出来的可能只是“半吊子”，就像我学游泳一样。

挑战性任务：战略执行、全局意识、组织塑造

给有强大学习能力的高潜力人才富于挑战性的任务，能够使他们在压力下激活内在的动力和潜力，并在不断挑战新任务的过程中，脱胎换骨，实现能力的突破。挑战性任务一般有横向工作调动、工作组任务、拓展当前任务、设立新岗位、海外 / 外地任务、临时代理任务、客户和销售任务、逆境选择等。

针对全局意识提升，企业可以给被培养人安排横向区域轮调和临时代理任务；针对战略执行和团队管理能力提升，企业可以让被培养人选择带领团队完成公司新市场的开拓；针对组织塑造能力培养，企业可以让其担任部门或条线的负责人等。

第一，区域轮调。是指在发展程度不同的区域之间进行轮换。既能在经济发展好的区域做得好，又能在较落后的区域做得好，才能真正体现管理者的能力，而不仅仅是依靠平台。同时，也能让人才充分了解企业的业务全貌。

第二，调换岗位。是指在前台、中台、后台不同性质的岗位上进行轮换。使人才既能在前台销售岗位上做得好，又能在后台职能岗位上做得好，从而全面熟悉业务流程，打通各个岗位之间的壁垒。

第三，担任教官。是指人才不仅自己做得好，还能把自己的经验总结提炼出来，传授给其他人。能做与能讲不是一回事，只有既能做又能讲，才算得上对业务真正精通。企业鼓励员工担任教官，对员工能力的提升有非常大的帮助。

华为干部"之"字形成长全部采取轮岗模式，对于培养有全局视野的领军人物和国际化人才效果卓著。"之"字从象形上看，是折线式的。一个员工如果在研发、财经、人力资源等部门做过管理工作，又在一线市场、代表处做过项目，有较丰富的工作经历，那么他在遇到问题时，就会更多地从全局考量，能端到端、全流程地考虑问题。而如果他一直在某个体系里直线成长，思维难免会有局限性，遇到问题也容易出现本位倾向，考虑问题很可能会片面。当然，在干部培养过程中要允许他们犯错，犯错误是领导力学习的基本构成部分。

高科技企业都会面临这样的问题，工程师在一个组里待久了可能会失去激情。对自我要求很高的“牛人”而言，失去了挑战、缺乏激情，工作就只是一份工作。他们少了成长的空间，久而久之便会考虑离开。这就需要企业进行内部人才流动，以便重新激发“牛人”的活力，而且不同业务背景的“牛人”可能会给新部门带来全新的思路，产生出意想不到的火花，说不定能带来颠覆性的产品。

行动学习：解决问题、能力成长、团队融合

经理人获得管理经验的最好方法，是通过实际的团队项目操作，而非通过传统的课堂教学。行动学习是指将不同部门的人组成学习小组，解决组织面临的比较棘手的问题。行动学习不仅是为了促进某一具体项目或个人的学习发展，还有助于推动组织变革，将组织全面转化成一个学习系统。行动学习以实践活动为重点、以学习团队为单位、以真实案例为对象、以角色扮演为手段、以团体决断为要求。

行动学习具有以下 4 个方面的作用。

第一，有效识别人才。行动学习历经 3 ～ 6 个月的时间，行动学习的力量来自小组成员对已有知识和经验的相互质疑、在行动基础上的深刻反思。每位成员在项目中的投入度，是否有足够的开放性、包容性和行动力，在这段时间内都能看得一清二楚。所以，通过行动学习能够发现一批真正有潜力的人才，并在未来的工作中对他们委以重任。

第二，解决组织难题。每个行动学习的小组都被分配了一个企业内部实际的较为棘手的难题。每个小组需要通过一套完善的框架，保证小组成员能够一起头脑风暴、群智涌现，找到行动路径和解决方案，高效解决问题。

第三，帮助团队成长。行动学习不仅关注问题的解决，更关注小组成员的学习发展以及整个组织的进步。行动学习的关键原则是，相信每一个人都有潜能，在行动学习过程中，这种潜能会最大限度地发挥出来。通过参与实战学习，参与者本身也培养和提高了团队管理能力、解决问题的能力以及沟通能力等。

第四，促进组织变革。一方面，行动学习团队成员来自企业内的各个部门，通过长时间的跨团队合作，实际上打破了组织内的部门墙，实现了部门之间更多的联结；另一方面，行动学习强调对已有知识和经验的相互质疑、在行动基础上的深刻反思，从而促进了组织文化的重塑，为组织变革松土。

行动学习要想取得成功，需注意 3 个关键要素。

第一，高管全力投入，帮助团队成长。每一个行动学习小组都由一位负责任的高管来担任赞助人。结合我多年推行行动学习的经验来看，凡是高管深度参与并身体力行的小组，最后都取得了非常好的效果，达到了上述四个目标；反之，行动学习小组则流于形式，以应付交差为主。

第二，明确学习规则，做好项目管理。行动学习成功的第二个关键，是要进行有效的项目管理。行动学习涉及多个部门且时间跨度较长，因此必须制订明确的项目目标、项目时间安排、项目规则等。为了增加行动学习的趣味性，一般会在几个团队内部进行竞赛。项目组需事先制定好竞赛的规则和流程，并让各个团队清晰了解。每个团队要有阶段性的项目成果，项目组安排每个团队定期汇报项目进展、检视进度，对进度不达标的小组要深度介入，帮助其找到原因，并制订改进计划。

第三，每月深度复盘，促进团队反思。行动学习项目应每个月进行深度复盘，并且需要教练深入参与。项目组应该配置经验丰富的教练，给各个团队赋能，并提供深度反思的方法，促进团队之间的融合，让团队之间达成理解和共识，成为涌现型的团队。复盘的重点是回顾成功的关键要素、失败的关键要素以及挖掘典型案例。团队复盘的最后，观察团会进行整体的点评、反馈，帮助团队成员正确看待自己。

训战结合：仗怎么打，兵就怎么练

在职业乒乓球员训练中，常采用多球训练法和模拟比赛法——前者通过反复接发球来巩固和纠正技术动作，后者则从历史赛事中提炼出与不同选手对抗的战术，然后模拟比赛场景，锻炼球员的心理素质和实战能力。

华为的训战结合便是借鉴于此，让学员在战斗中学习战斗。在课堂中搭建与工作场景几乎一致的场景，在尽可能逼真的环境下实施培训，形成一套标准的作战方式和工作指导，让所有学员工作更高效、业绩更显性、行为更稳定。

训战结合的成功实施有两个要求。

- 将业务场景嵌入学习。基于现实业务提炼典型的业务场景和战例，使训与战保持高度的一致性和匹配度；培训过程中使用的“战例”必须从实际工作中来，是被证明过有效的“打法”，或者是可广泛借鉴的经验教训，以确保将培训所学快速复制或借鉴到实战中。
- 实现技能标准化。从场景中抽离相关技能，形成标准化行为，落实到制度和流程中。通过训练和考核，使学员在工作中遇到类似的场景时，能够第一时间做出标准化的行动，确保动作不变形，降低对人的依赖。

训战结合的实施过程有两个关键点。

一是拆解业务流程，找到关键要素，搭建工作场景，专家深度参与。

以终为始，找到影响业绩达成的关键成功因素（key success factors，KSF），分析与这些关键成功因素相关的人群，并确认哪些行为会对业绩产生影响，这些行为需要什么能力支撑。当一个个能力点被圈出来后，接下来要做的就是搭建一个模拟的工作场景，着重训练学员的这些能力点。

在抓取场景的过程中，需要业务专家的深度参与，和业务专家一同识别业务流中的场景，并让业务专家针对各个场景制定出标准化的行动准则，以此来培训学员。

二是基于真实场景，识别成败因素，专家现场点评，学员贡献智慧。

在课堂中将学员们分为不同的小组，为每个小组发放大量真实的项目背景信息，让学员识别这些信息中影响项目成败的各类因素，分析原因，并制订出真实的项目实施计划和方案。同时，邀请该领域的资深专家，根据他们多年的经验，评判学员拟定的项目实施计划和方案。修改完成后的项目实施计划和方案便可投入执行，企业对整个过程进行复盘，发现其中的问题，找到原因，并将其抽离出来，与之前学员学到的知识和自身的经验相融合，形成最终的标准化行为。

培养人才是主管的担当

任正非要求每一位干部都要认真地培养接班人。他说，我们的事业要兴旺，就要后继有人。工作成绩优秀的干部，在接班人培养上搞不好，就不能被提拔，否则干部走了，“和尚如何吃水”。只有源源不断的接班人涌入我们的队伍，我们的事业才会兴旺发达。

龙生九子，各有不同。每位员工所处的发展阶段不同，其能力与意愿也必然不同。有效的领导者可以识别员工的发展阶段、相应的需求，应用不同的领导风格以满足员工的需求。另外，当下属完成不同的工作任务时，其成熟度也并不相同。领导者应区别对待，对成熟度不同的下属应用不同的领导方法去提升其工作能力和意愿，使之保持较高的绩效水平。应用情境领导力，可以很好地实现主管与员工的双赢，如图 8-10 所示。

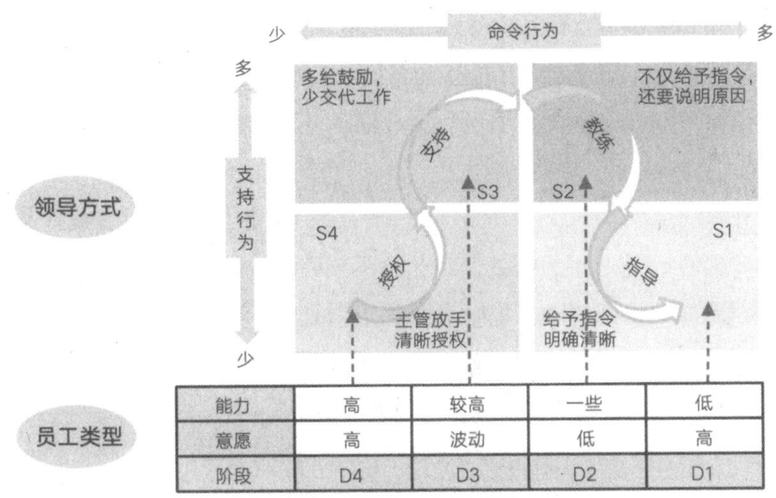

能力	高	较高	一些	低
意愿	高	波动	低	高
阶段	D4	D3	D2	D1

图 8-10　情境领导力

按照能力和意愿两个维度，可以将员工划分为 D1、D2、D3、D4 四个阶段；从任务指导和情绪支持两个维度，可以将领导风格分成 S1 指导、S2 教练、S3 支持、S4 授权四个类别。领导风格需与员工类型相匹配，具体如下。

D1 阶段的员工适合 S1 指导型领导风格

D1 阶段的员工工作意愿非常强，有满腔热血，但能力相对比较低。比如初入职场的应届生，工作任务对他们而言是全新的，他们并不能确切地知道应该如何完成工作任务，但是他们愿意积极面对挑战，通过完成工作任务实现成长。

对 D1 阶段的员工而言，S1 指导型的领导风格是非常合适的。在这种方式下，领导者将沟通的重点放在对任务的指导上，不需要给予员工过多的情绪支持。领导者为员工提供指导，明确其要完成什么样的目标以及如何完成，员工只须按照计划执行。

D2 阶段的员工适合 S2 教练型领导风格

D2 阶段的员工在经过一段时间的培养和训练后，工作能力得到了提升，但是工作意愿相对降低。比如应届生加入公司 1 ～ 2 年后，他们已经具备了一定的工作能力，但是对这份工作逐渐失去了原有的激情和动力。

对 D2 阶段的员工而言，S2 教练型的领导风格是非常合适的。这种风格的领导，其沟通的重点是既帮助员工厘清目标、完成工作任务，又满足员工情感上的诉求。这种风格要求领导者通过给予员工支持和接受员工，将自己融入员工中。但这种方式仍然是 S1 风格的延续，领导者最终决定完成什么工作任务以及如何完成。

D3 阶段的员工适合 S3 支持型领导风格

D3 阶段的员工在经过较长时间的磨炼之后，工作能力得到了很好的提升，但是在情感上的诉求也比较多，意愿波动比较大，有较大的变数。比如在公司工作 5 年以上的员工，工作能力不错，但对自己的职业定位会产生迷茫。

对 D3 阶段的员工而言，S3 支持型的领导风格是非常合适的。在这种方式下，领导者最重要的不是关心员工目标的完成，而是要从情感上对员工予以支持。解决了员工情绪上的问题，员工就能将自己的能力发挥出来，较好地完成工作任务。支持型的方式包括倾听、表扬、征询建议以及提供反馈，同时让员工对日常事务有决定权，以促进问题的解决。

D4 阶段的员工适合 S4 授权型领导风格

D4 阶段的员工能力强、意愿高，他们既具备完成工作的能力，又具备很高的动机，属于企业中的明星人才。

对 D4 阶段的员工而言，S4 授权型的领导风格是非常合适的。既然他们表现优异，领导者为何不授权？领导者充分授权，较少参与计划制订、细节控制以及任务说明，一旦就所需要完成的任务达成了共识，领导者就应放手让员工独立完成，员工有很高的自信和动机去完成任务，领导者也能减轻自己的负担。

章末总结

马化腾说："我们开拓新业务的领军人基本上都用自己人……我们也曾从外面挖运营的人才来做，但他们的忠诚度不高，最后全部走光了……对于自己人也要相当注重人才梯队的交接班，不仅是高层，中层也是一样。"

梯队培养决定了公司人才梯队的深度。梯队培养需要从人才规划、人才盘点、人才培养 3 个方面着手。看清楚什么是适合企业的人才，谁是适合企业的人才，如何让这些人尽快成长，是 CEO 和中高管要花精力重点解决的问题。

第五部分

玩转组织罗盘，持续刷新组织能力

用组织罗盘重塑组织

我国企业总体处于工业 2.0 时代向工业 3.0 和 4.0 时代转变的阶段，这意味着企业在从机械型组织向生态型组织进化。组织进化是一个持续渐进的过程，更加强调整体的转变，是组织进行长期有计划变革的过程。组织进化是培养组织自我更新能力的动态的发展过程，旨在将组织变革演变成为组织长期的、自觉的行为。组织变革是组织进化的一种重要手段，不仅包括组织变革的过程、组织变革后的巩固过程，还包括不断地变革和巩固的过程。

首先，领导者在组织中的地位，决定了其应成为组织进化的推动者。其次，组织进化的推动者应该是组织发展的研究专家，他们不仅关注组织的效果、竞争力和最终结果，而且更加重视组织的技术、结构和战略。最后，各级经理人和主管要在组织进化中提高能力，并将能力施展到自己的工作领域中，使组织发展得更快。

涌现性变革，让变革持续发生

“基业长青”“百年老店”一直以来都是中国企业的共同发展目标，但当企业发出呐喊时，首先要思考自己是否具有进化的能力。企业的发展从来不是建立在呐喊中的，更不是建立在彷徨中的，而是建立在实实在在的改变之中的。每一次变革都是一次痛苦的煎熬。

组织变革犹如大海航行

从容掌控船舵，让变革持续发生

复杂的组织变革很像船在大海上航行。水手们不能充分了解并控制由天气、风力和潮汐带来的各种组合状况。同样，人们也永远不能完全了解并控制组织内正在发生的一切。水手们在做准备工作时，会确保船只状态良好、补给充分且齐全，并有详细的出航计划。组织在变革前也需要有足够的准备和能力，领导者会制订计划、分配资源，并致力于变革任务。一旦出发，水手们就无法控制风力、天气和潮汐，因此他们会控制船舵、调整船帆以适应方向，定期调整路线以到达目的地。同样，组织也不能控制其所处的环境，因此必须调整策略，并重新分配资源来实现组织的变革目标。

跟驾驶汽车相比，复杂的组织变革运作更像是驾驶一艘帆船。开车时无须太多动力，即使司机轻微转动一下方向盘，汽车也会立即改变方向。但当舵手转动船舵时，帆船却不能马上响应，通常几秒钟后才会改变航线。刚开始驾驶船只的人往往会将船舵猛然从一边转到另一边，因为他们以为转幅太小，船只没有反应。但船只确实在做出反应，只是比他们习惯的反应方式要细微得多、慢得多。同理，组织变革的影响也是逐渐展开的。明智的做法是保持敏锐性，寻找变化中的蛛丝马迹，保持耐心，从容掌控船舵，让变革持续发生。

变革曲线，变革的心理历程

抗拒是组织变革的一种常见且可预测的伴生行为。抗拒总是理性的，虽然通常是用情绪化或非理性的方式来表达。变革曲线是人们在重大变革中所经历的心理过程，具体如图 9-1 所示。变革曲线能够帮助变革领导者指导员工，成功战胜变革中的困难。变革往往会经历 4 个阶段的变化。

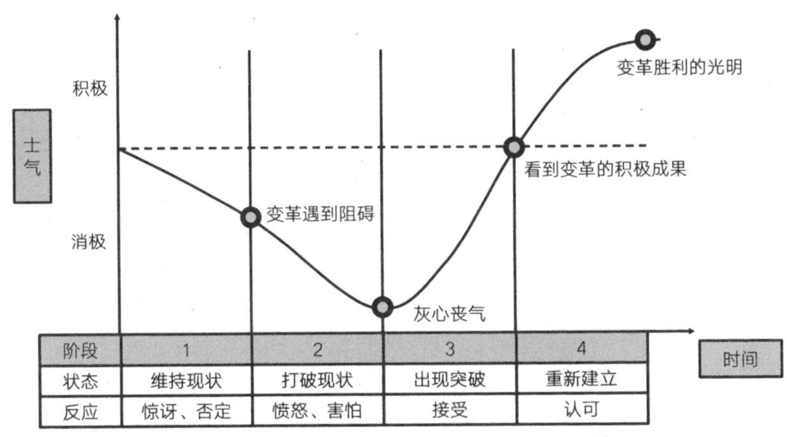

阶段	1	2	3	4
状态	维持现状	打破现状	出现突破	重新建立
反应	惊讶、否定	愤怒、害怕	接受	认可

图 9-1　变革曲线

在变革曲线的第一阶段，也就是变革刚刚启动时，人们往往会感到震惊，或者拒绝面对，在这种情况下，变革会遇到阻碍。

在变革开始实施后的第二阶段，人们会以一些消极的方式来回应，比如对变革可能给自身带来的损失感到焦虑或愤怒，对变革方案进行抵制等。随着变革推进到“深水区”，人们可能会对新的流程和工作方式产生抵触，部门绩效可能会因此显著下降，主管和团队开始灰心丧气。

优秀的变革领导者能够从这种沮丧和绝望中走出来，而不会让这种心态破坏变革的努力。在有效的变革领导下，变革会坚持下来，人们开始尝试新方法，逐步看到变革的积极成果，变革开始进入第三阶段。理解和支持会逐渐取代消极的情绪和迟疑不决的态度，为变革带来活力。人们不再专注于变革带来的短期损失，而开始接受新的思路，探索变革会带来哪些不同，并逐渐适应。

在第四阶段，人们决定释怀并抛弃旧的方式，开始反思并自觉拥护变革。人们尝试从过去和现在的经历中寻找意义和经验，并通过改变自己的行为等方式来更好地适应新的工作环境。只有在进入这个阶段之后，公司才真正开始收获变革的成果。人们克服了变革的阻力，到达大洋彼岸，看到胜利之光，组织获得了更好的绩效。

变革领导者的角色

心理学家库尔特·勒温（Kurt Lewin）提出组织变革有三个阶段：解冻，以让组织做好变革准备；变革，实施期望的变革；重新冻结，将变革固化并制度化。但现在情况有所不同，VUCA 时代的特点使组织处在动态的环境中，完全没有冻结的状态。环境总是动荡起伏，以至于任何变革的保质期都不会很长。现在我们的情况更像是融化—变革—融化。变革是一个反复循环的过程，VUCA 的环境总是会不断带来新的变革要求，因此有理由让变革持续下去。

主要的变革领导角色有两个：变革捍卫者和变革推动者。变革捍卫者主要侧重推进组织变革的任务，而变革推动者主要侧重变革的过程。这二者一起合作，会对正在发生的一切有一个更广泛、完整的认识，这是任何一个人单独工作时都实现不了的。

变革捍卫者负责促使变革发生。他们做出决定，分配工作，进行检查，以确保变革的进行，实施奖励并开展通常与领导有关的一切事项。变革捍卫者是组织的成员，并在变革后仍留在组织中。他们必须意志坚定、坚持不懈，以设法获得变革的成果。

变革推动者负责支持变革捍卫者，他们凭借自己对过程和组织发展的专业素养，根据组织的变革动态和基本条件为变革捍卫者和其他人员提供建议或者情感支持。变革推动者可以是组织的成员，但常常不是组织的成员，并且在变革后很可能不会继续留在组织中。

高效的变革领导者能觉察自己的情绪，并且能意识到自己的情绪是如何影响行为的。强烈而积极的自我价值感，有助于领导者克服变革中带来的不可避免的疑虑和不确定性。高效的领导者能控制好破坏性非常大的冲动情绪，避免大喊大叫、乱扔手机或发送宣泄情绪的电子邮件。

同理心就是感知他人的情绪、理解他人的观点，并对其关切之事有浓厚兴趣。对变革领导者而言，这是最重要的情商技能。同理心有助于软化变革领导者经常表现出来的强悍风格，变革领导者要善于运用同理心，使变革持续进行。

让涌现性加速组织变革

组织的涌现指数

混乱和不可预测性带来了机会和威胁，变革领导者不能指望变革以一种能简洁描述的阶段性方式或线性计划来发生，而要利用各种促进变革自然发生的力量，来影响变革的速度和方向。这涉及思维模式的转变，从封闭式系统思考走向开放式系统思考，从中央控制的理念转向运用集体智慧的理念，从线性因果思维到感知模式和利用自组织的力量。

当组织进行封闭式系统思考时，组织相对更重视组织结构、工作分工、上下级关系、政策、流程、控制和稳定性，而不是客户、供应商、市场、技术。进行开放式系统思考的组织认为自己深植于内部和外部的关系网之中，组织虽然仍有组织结构、工作分工、上下级关系、政策、流程和控制，但这些结构被组织认为是灵活的、可调整的，并且能响应新的变化。当组织持有开放性系统思考时，会使组织变革更为容易，从而具有很高的涌现指数。

企业可以从以下 6 方面来检视组织的涌现指数，从而更好地创造“让变革自然发生的力量”，使变革持续进行。企业可以对照自身情况，从 6 个维度进行打分，具体如表 9-1 所示。

表 9-1　组织的涌现指数分析

项目	影响因素	组织形态 机械型→生态型 1分	2分	3分	4分	5分
变化敏感性	成为市场的感知者，敏锐观察外部市场的变化	__	__	__	__	__
	持续评估内外部的适配性，看到变革的机会	__	__	__	__	__
	感知内外部的差异，产生强烈的变革动机	__	__	__	__	__
观点多样性	支持鼓励异议的规则，以确保不会抑制差异	__	__	__	__	__
	既有多样性又不会造成分化和解体，冲突是良性的	__	__	__	__	__
	打破视角的限制，能够看到不同的观点	__	__	__	__	__
边缘创新性	创造与不同利益相关者或外部环境接触的机会	__	__	__	__	__
	鼓励内部创新、创业，鼓励形成跨团队的、具有张力的组织	__	__	__	__	__
	鼓励员工保留自由时间，探索自己感兴趣的主题	__	__	__	__	__
内外连通性	建立立体化的信息沟通渠道，避免部门间信息囤积	__	__	__	__	__
	召开团队、跨团队、整个组织的会议，形成群体共识	__	__	__	__	__
	形成与客户对话的机制，确保内外部沟通顺畅	__	__	__	__	__

续表

项目	影响因素	组织形态 机械型→生态型 1 分	2 分	3 分	4 分	5 分
组织控制性	减少上级的决策权限，授权给尽可能低的层级	—	—	—	—	—
	采用简单的规则来指导决策和行为	—	—	—	—	—
	不唯上，不相信唯一正确的答案，鼓励新的探索	—	—	—	—	—
个体安全感	创建安全的空间，让各种观点可以充分分享	—	—	—	—	—
	欣赏式探询，用鼓励和发展替代指责	—	—	—	—	—
	察觉自己的情绪，控制好因不确定性带来的情绪冲动	—	—	—	—	—

注：表中分数 1 ～ 5 分表达同意的程度，1 分为完全不同意，5 分为完全同意。

加速变革的经验

为了利用组织的自适应能力，变革领导者需要挖掘整个组织的集体潜力，通过促进连通性实现变革。他们通常需要打破现状，并能轻松面对模糊性。以下 6 条经验能促使变革成功。

第一，战略性感知变化。在混乱环境中，变革领导者需要察觉正在涌现的外部模式和内部模式的匹配性。销售量下滑、客户不满、技术创新、竞争行为或新的法规都可能产生更好适配环境的渴望与需求。战略性的敏感度能够帮助组织保持敏捷性和适应性，这是竞争优势的核心来源。变革领导者需要寻找各种方式，来挖掘内外部正在涌现的事物。有一位高科技领导者扮演了“公司闲逛者”的角色——这个岗位唯一的职责就是探索可能的新趋势。

第二，推动边缘性创新。变革领导者鼓励创造性，支持对模糊性的探索，积极开展实验。创新往往发生在混沌边缘。在稳定的环境中，成员的想法近似，不太可能具有创新性，新模式出现的机会很小。Google 让员工分配 20% 的时间来开展自己选择的项目，目的就是创造更多的边缘创新机会。

第三，召集多样性对话。使具有不同观点的人聚在一起就重要问题进行对话，变革会自然而然地发生。领导者需要放松对组织控制，并相信整个组织的激情和智慧，这样才能更省力地获取更多的动力。企业不仅要尊重差异，更要寻求差异，展开双臂拥抱差异。只有这样，企业才能产生更好的创意，推出更好的产品，更好地服务客户。腾讯在进行组织变革时，召集了核心层、高层和中层人员进行对话，变革就处于自然的推动中。

第四，打通内外部连接。变革领导者在各个不同部分之间架起桥梁，以增强创新和想法的多样性。变革领导者创造机会，让组织及客户进行大量互动，了解行业中的挑战并一起制订解决方案。海尔的创客机制，上下游创业小微和海尔就像生态圈中的动物、植物、微生物等，相互依存与协作，共同成长；家电不再是冷冰冰的金属制品，而是生态圈的“果实”，使个人的创造力发挥到极致。

第五，创造安全的环境。安全性能促使某种层次的对话产生，从而有助于实现协作、创新和敏捷性。变革领导者应善于创建安全的空间，使员工能够充分表达自己的意见并分享不同的观点。华为开设了“华为心声”社区，是任正非开的“罗马广场”，允许员工匿名分享观点，任何人（包括高管）都没有权力去了解马甲背后的真实身份。

第六，降低控制的欲望。当组织被严格控制时，新观点、新方法出现并被采纳的机会就会减少。控制会扼杀主动性，而自主性是生态型组织的标志。变革领导者要平衡好控制力度，发挥个体的主动性，容许变革发生。微软的纳德拉上任之后，改变了原来微软对组织高度控制的做法，召开内部各个层级的沟通会，走到客户中去，鼓励与友商比如苹果的合作等，“刷新”了微软①，使其重

① 纳德拉著有《刷新》一书。——编者注

回万亿美元市值。事实上，纳德拉就任 CEO 之前所在的部门，就是边缘创新的产物。

改善组织的心智模式

心智模式决定了行为方式

小乌鸦喝水

我们小时候都学过“乌鸦喝水”的故事。有一天乌鸦口渴了，瓶子里面有水，但瓶口很小，乌鸦喝不到水。聪明的乌鸦想到了很好的办法，就是去找到小石头，然后把小石头扔到瓶子里，瓶子里的水涨高了，乌鸦就喝到水了。“这个故事太有名了，都进入人类的教科书了。”小乌鸦的爸爸特别自豪，整天给小乌鸦讲小乌鸦爷爷的光辉故事。于是，小乌鸦就在爸爸讲的“关于爷爷喝水的故事”中逐渐长大了。

有一天，小乌鸦也口渴了，它同样发现了一个瓶子，瓶子里面有水。但瓶口很小，小乌鸦喝不到水。小乌鸦的第一反应就是找小石头。哪里才有小石头呢？小乌鸦找啊找，终于在小河边找到了小石头，它把小石头扔到瓶子里，水果然上涨了一些。于是它叼啊叼，尽管是酷暑，但什么都阻挡不了小乌鸦喝水的决心。于是，小乌鸦又高高兴兴地来到了小河边叼小石头。等等！小河？！小乌鸦口吐鲜血。但是它依然没有想明白，明明自己就在小河边，为什么还要去捡小石头呢？

什么是心智模式

其实，小乌鸦是受到了它的心智模式的遮蔽。心智模式就是深植于我们心灵的图像、假设和故事，而这个假设和故事又会使我们产生与之匹配的行为和结果。小乌鸦的爸爸一直跟小乌鸦讲它爷爷当年喝水的光辉历史，这就是深植在小乌鸦心灵中的故事。所以，当小乌鸦一看到瓶子，想到的就是去捡石头。尽管它明明就在河边，想到的却还是去捡石头，而没有想过直接去河里喝水。

心智模式塑造了世界观，影响着人们对每件事情的看法，决定了人们的行为方式。当我们能看到自己深信的假设，也就是我们的心智模式，以及在这个假设中我们与之匹配的行为和由之引发的结果，才会有怅然若失的触动。看到被我们隐藏的东西并不容易。

更高的心智，意味着更广的思维能力。当我们真正拥有了一种系统性的全局观，就像我们凝视无垠的海洋或天空，在浩瀚的宇宙面前，我们和我们的问题是多么微不足道，从而体会到自己的渺小。拥有这种全局观的人，不会用二元对立的方式看待问题，而是能看到人们之间的深层共通性，会找到人们共同关心的基础。

组织、团队和个人心智模式的改变

彼得·德鲁克说，在动荡的时代，最大的威胁不是动荡本身，而是延续过去的逻辑。在 VUCA 时代，要打造生态型组织，必然要改变组织心智模式。

组织心智模式的改变

组织心智模式的改变有三种方法。第一种方法，是创始人主动破界，个人不断实现自我突破。PATH 四家企业的掌门人，都是自我主动破界的典型。华为原来做电信业务，后面扩大到手机业务，做得风生水起。平安的业务从保险到综合金融，再到互联网科技。优秀的企业都在主动破界，尤其离不开企业家的主动破界。平安好医生要从互联网行业挖“大咖”担任 CEO，候选人见完马明哲之后说，马明哲虽然已经 60 多岁了，但他对互联网的理解远远超过年轻人。后来，马明哲还联合其他投资人，成立了众安保险，专注互联网保险。

改变心智模式的第二种方法，就是借他人之力破界。当年平安收购了深圳发展银行（后更名为平安银行），平安召开投资人大会，很多投资人问马明哲："马总，你是做保险出身的，保险业务和银行业务完全不一样。虽然你保险做得好，但你凭什么认为一定能把银行经营好呢？"马明哲说："其实不是我来经营银行，我邀请了银行的专家——花旗银行的行长理查德·杰克逊（Richard Jackson）来经营平安银行。"这就是借他人之力来破界。张小龙、余承东分别是腾讯和华为"内部的局外人"，马化腾、任正非借助他们打造了微信和华为手机。借他人之力破界，就要充分授权，给予充分的支持，使其能够独立运作。否则理查德经营不了平安银行，张小龙做不了微信，余承东也做不了手机。

改变心智模式的第三种方法又是什么呢？显而易见，如果我们自己不主动破界，又不能借他人之力破界，我们就会被他人破界。被他人破界指的是，要么企业换人，要么企业倒闭，别无他法。

团队心智模式的改变

"STEP 步步高"团队突破模型，如图 9-2 所示，可以从团队的角度，检视团队氛围，带领团队实现突破。

S 即自我（Self），指人人以自我为中心，你是你、我是我，我和你之间是没有关系的，团队内部是封闭的。检视一下，我们的团队是不是处于封闭的模式。比如我问大家今天我的课讲得怎么样，大家都会说挺好挺好。但是，一转身，我就会发现背后有一堆评论。如果一家企业的洗手间、吸烟室里员工聊得热火朝天，当面不说背后说，当面说的都是客套话，那么可以说明，这就是一个封闭的团队。

图 9-2 “STEP 步步高”团队突破模型

T 即事实（Truth），人人都强调所谓的事实，坚持自己的观点是正确的，没有站在对方的角度考虑，从而导致团队处于争论的状态，大家形成对立关系。这正如盲人摸象，哪有所谓的事实，无非是你看到的是大象腿，他看到的是大象尾巴，都对又都不对，争来争去，没有什么意义。这时，团队成员陷入了唯一思维，都认为自己是最厉害的，那个唯一的答案就在自己手上，所以团队会一直处于争论的状态。

E 即情感（Emotion）。如果我们都能放下“唯一的正确”，站在对方的立场上去考虑问题，开始共同感知，懂得反思，那么团队成员就能改变自己的观点，从而形成利益共同体。这时大家会发现，“哦，原来我只看到了大象的一条腿”“哦，原来我看到的只是大象尾巴”。大家把所有的信息拼凑在一起，一头完整的大象的画像就会越来越清晰。这就是团队的力量。走到这一步的关键就是，每个人都能放下自己，看到对方的可能性。这就要求我们善于聆听，反思，改变自己的想法。

P 即共创（Participation）。当整个团队都善于聆听、探询、反思，大家的智慧就会越来越多地涌现出来，才能共同创造美好的未来，这时组织不仅能焕发出新的生机，还能诞生出新的生命。正如纳德拉带领微软共创，诞生了新的微软；

也正如马化腾鼓励创新，找到了张小龙，诞生了“微信”这个新的生命。作为团队的领导者，我们不仅自己要秉持“赤子之心”，还需要带领整个团队去践行“赤子之心”，带领整个团队实现突破。

个人心智模式的改变

我从《U 型理论》[①] 中总结出自我超越模型，如图 9-3 所示。如果我们处在自我超越模型的上 U 型，我们就会着相、刚愎自用、过度自信，认为自己是唯一正确的，我们是这个领域的专家、是这个行业最牛的，看不到别的可能性。一旦着相，陷入唯一意志，我们就很有可能极度操控企业，最终使企业走向毁灭。

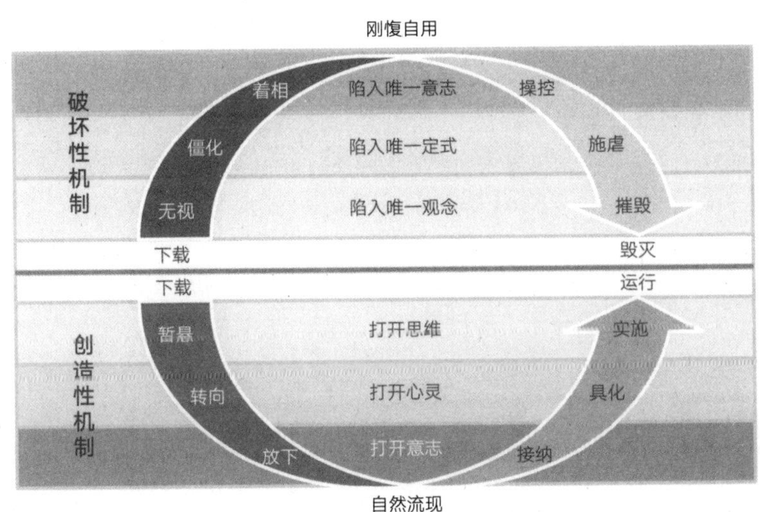

图 9-3　自我超越模型

微软在史蒂夫・鲍尔默时代，就走在 U 型的上方。鲍尔默时代的微软是封闭的，认为微软是世界上最成功的企业，拒绝与苹果等其他企业合作。所以，在

① 此书是组织学习方法的重要著作，指导人们发现内在“三器“：打开思维、打开心灵、打开意志。此书简体中文版已由湛庐引进，浙江人民出版社出版。——编者注

鲍尔默的领导下，微软的市值一再下跌。从萨提亚·纳德拉的作品《刷新》中可以看出，纳德拉接替鲍尔默后，做了一件很重要的事情，就是放下——放下微软过去的成功，与其他行业合作。纳德拉带领微软走自我超越模型的下 U 型。

下 U 型可以使我们面向未来更多的可能性，让我们打开思维、打开心灵、打开意志，这样我们就会有更多的可能性涌现。当我们接纳了更多的可能性之后，就会去实施新的更多的可能性。所以，当纳德拉带领微软走下 U 型时，不断开放，再放下，从而带领微软重振雄风，走向新的万亿美元市值。同样是微软，在鲍尔默和纳德拉的带领下，分别经历着上 U 型、下 U 型阶段，经历着不同的组织心智，获得了不同的结果。

任何一位企业家，都会经历熔炉的锻造，最后才能实现凤凰涅槃。PATH 的创始人，无论是马明哲、马化腾，还是任正非，哪一位不是如此？历经熔炉锻造、实现凤凰涅槃，最主要靠赤子之心。华为董事长任正非身上淋漓尽致地体现出了赤子之心。赤子之心表现在以下 3 个方面。

第一个方面，知性、谦逊。就是不走自我超越模型的上 U 型，而是走下 U 型，从而看到更多的可能性，更多地打开自己。任正非原来重视的是工程商人，要求每一项技术都要转化为生产力，去赚取更多的利润。但是，现在任正非发现，基础科学一定要跟上。他没有固守原来的观点，而是主动修正。他说，华为不仅仅需要工程商人，还需要科学家。这就是知性、谦逊的代表，他会不断地看到未来、看到更多的可能性。

第二个方面，好奇心。PATH 的企业家身上都体现了非常强的好奇心。平安集团董事长马明哲，作为一位 60 多岁的企业家，他对互联网的理解比年轻人还深刻。这种好奇心引导着马明哲去探索，并引导着平安不断打造第二曲线，开创了平安的四大独角兽，比如陆金所。当把知性、谦逊和好奇心叠加起来之后，他既能看到更多的可能性，又能快速决策。

第三个方面，勇敢的心。以创新直面恐惧和惰性，敢于投入不确定中，具备冒险精神，在犯错时迅速纠正。这点在任正非身上体现得淋漓尽致。任正非是军人出身，从来不怕火炼。他说，没有伤痕累累，哪儿来皮糙肉厚？自古英雄多磨难，就是要经历熔炉的锻造。华为正面临美国的制裁，但华为一定会走出这段艰难的岁月，实现凤凰涅槃，成为世界级的伟大企业。

从 PATH 四家企业的经历来看，任何一位企业家想要获得成功，都要经历熔炉的锻造。只有用赤子之心面对生活的磨难，面对企业经历的种种磨难，才能实现凤凰涅槃，获得伟大的成功。

用欣赏式探询，释放组织活力

欣赏式探询的方法，能够帮助组织发现优势、释放组织的活力。欣赏式探询通过 4D 模型和讲故事的方式来帮助组织对话，每个人都能被听到，这就释放了组织成员的希望和梦想，赋予生命可能性，从而使整个团队能有源源不断的新创意出来。

欣赏式探询的三个层面

欣赏式探询可以帮助组织实现可持续且连续的变革，这需要从三个层面予以应用：哲学层面、方法论层面和过程层面。如果将欣赏式探询孤立地看成一个 4D 过程或者一种组织工具，就无法领会通过组织文化范式的转变来实现组织进化的重要性。欣赏式探询的哲学理念、方法论和 4D 过程能有效打开封闭的组织，将组织和个人的行为从等级森严、纪律严明、令行禁止和有限公开，转变为协作、开放和包容。

欣赏式探询是从批判性转向肯定性，从对系统每个层面进行批判分析转向作为一种发现的方法进行积极探询，保持好奇。通常从肯定、关注解决方案的对话开始，使组织能够开放、包容和接纳，并充满生机和活力。

欣赏式探询鼓励人们朝着探询和参与的方法论进行转变，能转变组织的行为，从自上而下的干预方式转变为参与式行动研究，让组织中的人们积极参与其中，因为自己的声音被聆听，从而持续探询可能的最佳变革举措，发现实现美好未来的方法，帮助组织持续成长。

欣赏式探询的 4D 模型

4D 模型有助于创建探询和对话，通过欣赏式访谈和组织对话来引导组织，有意识地为所有参与者和组织成员提供足够的时间去对话、反思和交换信息，能在组织的发展中创造复兴（见图 9–4）。欣赏式探询寻求“最好是什么”，以激发“可能会怎样”的集体想象。其目标是发现并扩大可能的领域，同时超越当前的视野进行思考。在欣赏式探询的过程中，人们从封闭的、争论的团队，逐渐变成反思的、涌现的团队。

第一个 D 是发现（Discover）。无论是通过一对一的对话，还是小组访谈，或者是全体会议，目的都是鼓励人们去分享那些在组织中鼓舞人心、高光时刻的回忆，为共享的积极回忆创造空间。人们交流成功的经验、积极成长和充满生机的体验，分享个人的故事，并展现能让人拥有热情、感到自豪的事物，有助于人们之间建立联结。

第二个 D 是梦想（Dream）。在梦想阶段，人们可以大声说出梦想，进行创造性的反思，并激发彼此形成共同创建行动的想法。每个人都有机会公开畅想美好的未来，描述未来的图景，从而生成一幅我们未来的组织图。通过共创，让每个人的梦想被听到，从而形成更多的可能性，这个可能性是令人振奋的。

第三个 D 是设计（Design）。从现状到未来，人们需要做什么才能促使改变发生，从而到达梦想的彼岸。在设计阶段，参与者将共同构建，把梦想设计成具体的方案，包括观念的改变、政策的转变等，都需要在设计阶段详细勾勒出来。只有梦想而没有方案是一种不作为，会使刚刚激发出来的充满生机的氛围转向低沉。

第四个 D 是实现（Deliver）。在实现阶段，参与者将致力于实施自己设计的行动。人们可以公开讨论为美好未来作出的努力、担当的责任、即时实现的事项、长期的时间表等。一旦人们的激情被点燃，潜力就会释放出来，带来无限可能性，产生使变革持续保持的能量，从而让变革随着时间的推移而持续进行。

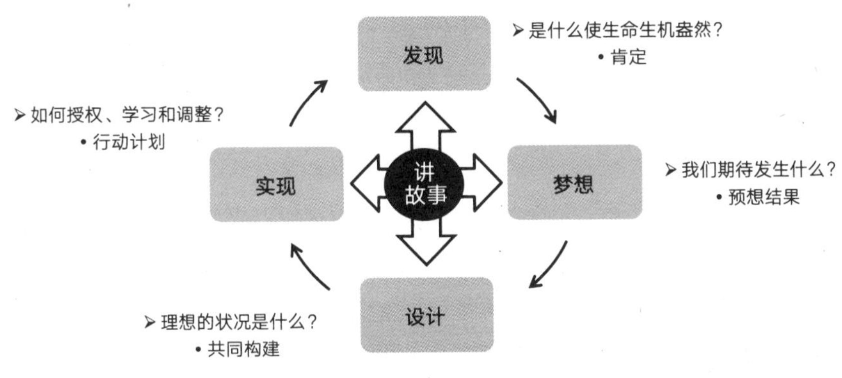

图 9-4　欣赏式探询的 4D 模型

欣赏式探询最核心的工具就是故事。欣赏式探询肯定组织和个人生活中故事和体验的力量，所有过程中出现的重要画面和感觉都储存在组织成员的个人故事中。欣赏式探询要求人们讲述那些在组织中处于最佳状态时的高峰体验的故事。人们通过访谈分享积极体验，就自己所取得的成功和个人的高峰体验进行对话。讲故事激发了每个人的美好愿望，人人被听见，人人被点亮，人们可以共同设计期望的未来，汇总成一幅共同认可的蓝图，并为之努力奋斗，将意向转化为现实。

章末总结

马化腾说：“千亿（人民币）级公司没落是很常见的事情；甚至到了千亿，没落的概率可能还会更高，包袱越重没落越快。人要清醒，外面掌声越热烈就越危险。真正的危机也从来不会从外部袭来，只有当我们漠视用户体验时，才会遇到真正的危机。只有当某一天腾讯丢掉了兢兢业业、勤勤恳恳为用户服务的文化的时候，这才是真正的灾难。”优秀的企业家都具有危机意识，具有“建设性的焦虑”，都在不断地自我突破，不断地改变自己的心智模式，带动整个组织心智模式的转变，实现组织进化。

组织诊断，设计组织进化路径

如何判断好的组织管理和不好的组织管理？好的组织管理可以把一个复杂的组织进行解构，让每个经营元素变得简单而又有规模效应。不好的组织管理就是图省事，把某一块业务交给某个人，完成有奖励，完不成"提头来见"。员工要么完成了，形成山头主义；要么没有完成，"提头来见"。但再往这个人身后看，没有梯队，无人可以替代他，无论他是否完成业务，都要继续靠他做业务，即使他未完成业务，也只能不了了之。久而久之，企业就丧失了竞争力，在市场上无立足之地。

马化腾说，市场上不是拼钱、拼流量，更多的是拼团队、拼使命感和危机感。腾讯能走到今天，应归功于集体的战略智慧、执行力以及自发的危机感。一个人无法预知和操控时代，但要懂得分工协作，依靠集体智慧，设定各自的分工和管理权限，群策群力，果断执行。

在 VUCA 时代，企业能否在未来的竞争中立于不败之地，取决于企业能否正确认清自己的现状，找到和竞争对手的差距，并规划清晰的行动路径，从不好的组织管理转变为好的组织管理。

组织诊断与组织变革

组织诊断，勾勒进化路径

企业进行组织管理时，应该以行为知，先从一个点切入，让组织运转起来，之后就会越转越快，产生飞轮效应，形成良性循环，带动整个组织的发展。但是组织罗盘有 3 大抓手、6 项指针，需要从哪里开始着手？需要对企业进行组织能力诊断，找出差距所在，然后才能对症下药，制订行动计划，开始实施变革。

组织能力诊断分为三步：第一步，现状诊断，摸清企业的现状；第二步，找出差距，在摸清现状后，找出企业和竞争对手的差距，形成人才战略；第三步，形成行动计划，既然找出了问题，就必须制订详细的行动计划，并落实到人。

第一步，现状诊断，从战略总体、组织总体、企业文化、组织设计、绩效管理、投产薪酬、招聘保留、梯队培养 8 个维度进行分析，每个维度分为 3 ～ 4 个二级维度，共计 80 个问题。《组织能力调查问卷》的具体维度，如表 10-1 所示，详细的问卷见附录。

表 10-1　组织能力调查问卷

一级维度	二级维度	解释
战略总体	战略合适度	所在领域是否高获利高成长
	战略的调整	战略是否进行适时调整
	战略接受度	员工是否理解、认同战略方向

续表

一级维度		二级维度	解释
组织总体		组织能力	组织能力是否与战略相匹配
		组织进化	组织是否从机械型转向生态型
		组织投入	组织是否重视组织能力
方向盘	企业文化	理念层	公司是否有清晰的企业文化
		制度层	价值观是否有明确的制度保障
		行为层	员工行为是否与价值观一致
		物质层	价值观是否进行物化宣传
	组织设计	架构授权	架构是否清晰，权责是否明确
		信息沟通	公司上下左右的沟通是否顺畅
		流程支持	信息系统是否支撑业务需要
红绿灯	绩效管理	绩效目标	目标是否上下打通、左右拉通
		绩效考核	是否有明确一致的考核标准
		绩效辅导	是否有效辅导，帮助员工成长
		绩效应用	绩效结果是否与晋升和薪酬挂钩
	投产薪酬	人效投产	动态投产管理，优化资源配置
		薪酬激励	有透明、绩效导向的薪酬机制
加油站	招聘保留	招聘	能否招聘、吸引到优秀人才
		保留	能否留住优秀人才
		淘汰	能否淘汰不合适人员
		借用	是否有充足的非员工人才库
	梯队培养	人才规划	是否有人才画像、发展通道
		人才盘点	是否清楚公司的王炸团队
		人才调配	是否有人才梯队、调配机制
		人才培养	是否有快速、高效的培养机制

已经有上百家企业运用组织罗盘的诊断工具进行了组织诊断，图 10-1 是其中一家企业的样例。总体上来看，大部分企业的诊断结果与样例中的企业类似，在战略上的得分较高，而在投产薪酬、绩效管理和梯队培养上面的得分较低。这充分说明，大部分企业在组织管理上还有很长的路要走。

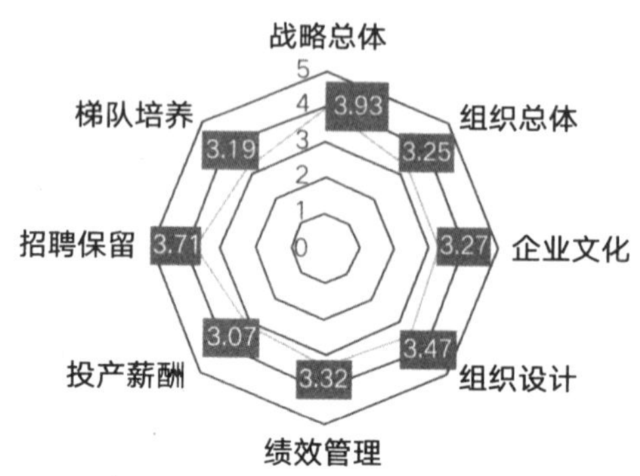

图 10-1 企业生命力诊断概览

注：战略总体得分最高，为 3.93 分；投产薪酬得分最低，为 3.07 分。

第二步，找出差距，在摸清现状之后，针对每个维度找出和竞争对手的差距。现状诊断是给企业做全面的体检，拿到了体检报告；而找出差距是通过体检报告开出治疗方案。人才战略就是组织进化的治疗方案，具体如图 10-2 所示。只有找到企业在组织能力方面存在的问题，才能对症下药。

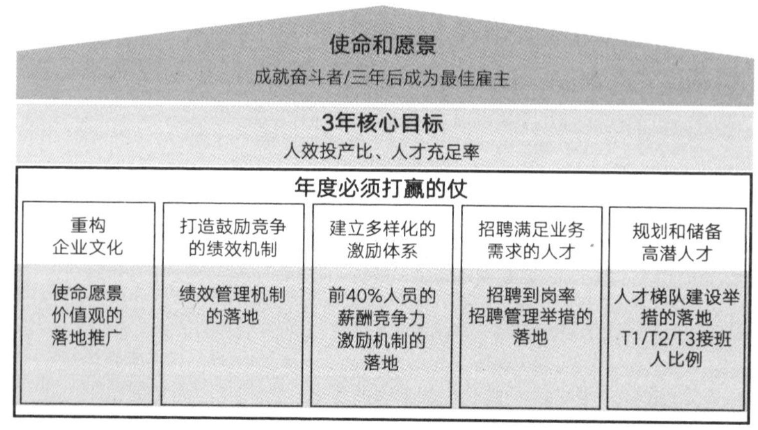

图 10-2 人才战略

第三步，形成行动计划，就是要写出改善的具体行动计划。企业既然有了体检报告，并据此开出了治疗方案——人才战略，就必须制订翔实的改善计划。计划可以是短期的，也可以是中期或者长期的。有些问题可以通过中药调理，比如人才培养是个长期过程，非一朝一夕能完成，需要进行长期计划；有些问题则需要动手术，比如架构调整，如同刮骨疗伤的手术，身体底子弱的人未必能承受，必须缜密思考、快速调整。找差距是对企业全方位扫描，但行动计划未必要面面俱到，可以从一个点着手，让组织快速运转起来。

平安的组织变革之路

平安面临的挑战

平安自 1988 年成立伊始，开始经营产险、寿险，然后拓展到资管、银行，现在又拓展到了“金融 + 科技”、“金融 + 生态”阶段。在其发展历程中，每一条新的业务曲线对组织能力的要求都是不同的，所以平安的组织能力受到了很大的挑战。

首先，从保险向综合金融发展的过程中，保险和银行、证券的管理方式完全不一样。平安有 180 万保险大军，如果没有严格的管理，大军就会像一盘散沙。所以，保险人员有严格的管理机制，比如考勤打卡、着装要求等。但用保险人员的管理方式管理投资人员，就会产生很大的冲突。投资人员要的是质量，不靠人数取胜。一位优秀的投资经理顶过 100 位平庸的投资人员，但精英的培养必须有相对宽松的环境，给予其自由发挥的空间。这就是平安发展过程中经历的第一次冲突，即投资文化与保险文化的冲突。

其次，平安在向“金融 + 科技”发展的过程中，又碰到了非常大的冲突。金融文化对着装、考勤等有严格的要求，但是互联网金融行业则完全不一样。互联网行业的人说，你让我穿着西装、打着领带写程序，对不起，我写不了。他们还说，我经常工作到晚上十一二点，但是你还要求我早晨 9 点来打卡，对不起，我不干了。所以，这是平安发展过程中经历的第二次冲突，即互联网文化与金融文化的冲突。

那么平安是保持现状，还是主动变革、顺应时代的需求？平安选择了变革，选择了拥抱变化。这是由平安的底层文化决定的。平安的每一个毛孔里都渗透着危机意识，董事长马明哲连续 6 年的新年致辞都是“我们别无选择”。既然别无选择，就只能主动变革、拥抱变化。

平安的变革举措

基于上述问题，平安启动了变革，变革既是自上而下、层层递进的，又是自下而上、共同参与的。平安的高层、中层管理者和基层员工，都参与到了这次涉及面非常广泛的变革当中。

第一，战略共识。使所有的高管认识到，互联网行业的做法和金融行业的做法是不一样的。陆金所的人员当中，一半是做互联网的，一半是做金融的，但很多人的心智模式还停留在传统的金融模式。所以，平安首先要打通高管的心智模式，使大家形成战略共识，认识到互联网行业和金融行业的区别，走出原来的舒适区，去发现新的可能性。

第二，年轻视角。很多人是在平安成立初期便加入平安的，经历了无数场战役，立了无数战功。但互联网时代是年轻人的时代，现在年轻人的视角是什么，新的互联网做法就是什么。所以，陆金所引入了很多年轻的行业专家，从他们的视角去看，如何实现互联网“小步快走、快速迭代”。在这个过程中，平安选择了打破自己“小乌鸦”的思维模式，不能一说到喝水，就想着捡石头，而是要想有没有其他的替代方法。

第三，拜访客户。中后台人员能否跟上，会极大地决定变革能否成功。中后台的同事原来都是坐在办公室里面制定制度、政策，很少去想客户需要什么。所以，平安组织了客户经理、产品经理和后台人员一起去拜访客户，我当时也是后台人员之一。大家拜访客户之后发现，原来客户要的跟我们坐在办公室里想的完全不一样。从那时起，我们才真正认识到什么是客户视角，也是从那时开始，我们才真正走进业务。客户拜访活动对中后台的人员触动非常大。

第四，坦诚对话。使管理层和员工进行面对面的深度交流。在交流会上，要充分运用4D欣赏式探询的方式，使管理层与员工之间彼此接纳，让员工被听到、被看见，使大家在使命、愿景和战略上达成一致。并且，大家在交流会上进行了很广泛的头脑风暴，列出公司需要改善的方向，写明行动计划、责任人等，从而实现上下同欲。

第五，文化内阁。文化内阁由高管、中层、基层，还有外部顾问一起参加。组织变革归根结底是文化变革，需要由外而内再由内而外，自上而下再自下而上，且周而复始地循环，长期坚持。经历了这样的循环之后，大家形成了共同的认知，即互联网金融和原来传统的金融已经不一样了。我们不能再停留在原来的“小乌鸦”思维里面，必须打开自己，采用新的方式，用互联网来改变金融。

这个历程就是平安在面对金融文化和互联网文化冲突时所做出的一系列变革举措。只有组织心智变化了，才能支持新业务曲线的发展。但变革并不是全盘推翻，而是有所为、有所不为，即有些做法是变的，有些做法则是不变的。

平安的变与不变

在平安的变革中，哪些是变化的？比如，平安的着装文化，原来平安要求所有员工西装革履，这是有历史背景沉淀的。当年在国内推行保险的时候，老百姓都不相信保险人员，担心他们是骗子。所以平安就从着装、行为举止等多方面来加强员工的修养。穿西装、打领带则是最基本的行为表现。

再比如，权力下放。原来平安的决策都是自上而下的，由董事长马明哲及一群高管做决断，但是现在平安让大家都看到可能性，鼓励自下而上的决策，每个人都可以提出自己的意见。就像华为董事长任正非说的，让“前线听得见炮火的人”决策，这样就会有更多的可能性涌现出来。

又比如，唱司歌。唱司歌是很好的打造企业文化的抓手，所以平安要求所有员工每天唱司歌、念司训、听新闻。我在平安工作 8 年，连我女儿都会唱平安的司歌。虽然我已经离开平安，但一听到那熟悉的旋律，还是马上能哼唱。可见，平安的文化对我的影响有多大。但是现在互联网思维下的人不一样了，“90 后”不一样了，他们很反感被“洗脑”，认为每天唱司歌、听新闻是一件很傻的事情。所以，平安在唱司歌上面也进行了调整。

还有就是分久必合、合久必分。平安自 2002 年汇丰银行入股之后，学习汇丰银行，开始建立中台，将核保、核赔等风控进行集中，将资金使用、财务报销等进行集中，将IT系统的建设进行集中。中台在2007年基本建成，在建立标准、降低风险、提升效率方面发挥了重要作用，这就是分久必合。但自 2013 年开始，平安把中台陆续分到各个子公司。主要原因是中台过于庞大，不够灵活，又影响效率。这就是合久必分。

PATH 四家企业在组织的调整上，是非常灵活的，应需而变，这就是“大象也能跳舞”的真正原因。而且，PATH 四家企业不仅仅是“大象跳舞”，更是“象群跳舞”，这就是组织能力的真正体现。

但是在变革的过程中，有一些很本质的文化是不会轻易改变的。比如“数一数二”原则，在平安的成长历程中，每一条业务线都要做到数一数二，否则就要去检视是人不行，还是战略出现了问题。人不行就换人；如果是战略方向的问题，要检视是短期战略还是长期战略，是否要重新布置，甚至是否要撤掉这条业务线等。对平安而言，“数一数二”原则是不会变的。

尽管反对声很大，但平安的绩效考核、强制排名、淘汰机制的原则一直都没有变。平安每年都要进行 2-2-3-2-1 的排名发布，并且有 10% 的人被淘汰。平安在成立 20 周年时，董事长马明哲说："如果要总结平安成功的唯一要素，那就是绩效考核。绩效考核的精髓就是 4 个字——强制排名，每字值百万元。"正因为有了强制排名并且进行末位淘汰，才让平安有源源不断的发展动力，支撑平安年化收益率 30% 的增长。

干部统一管理也是不变的原则。干部是整个平安最重要的资产，不是某个子公司的资产，更不是某位领导的个人资产。干部是星星之火，可以燎原。只有干部形成一盘棋，统一调度，才能让全集团有生生不息的源泉。平安收购了深圳发展银行（后改名为平安银行）之后，便派了干部入驻平安银行，平安银行现在已经发展为仅次于招商银行的第二大股份制银行。

所以，企业在进行组织变革的时候，变与不变，在于其是否与时俱进，是否适合当时的业务发展。组织变革就是自上而下和自下而上，从外向内再从内向外的一整套组合拳的打造。

玩转组织罗盘的 6 大要点

组织的发展是有规律的，有自己的思考、自己的追求、自己的生命、自己的运作特点。每个人都是组织中的一员，个体发挥的作用再大也大不过组织。我们要对组织保持敬畏之心，才能更深刻地理解组织运作的规则和规律。一旦我们破坏了组织的规律与逻辑，组织就会反噬我们，让我们成为组织的奴隶。

组织罗盘的 6 项指针

组织罗盘有 3 大抓手、6 项指针，清晰地描绘出了组织进化的地图，帮助企业从机械型组织转向生态型组织，绽放企业生命力。组织罗盘的关键举措如下：

第一，方向盘之“企业文化”。企业要有清晰的文化，包括使命、愿景、价值观；企业文化不是贴在墙上的标语，而是应该“从群众中来、到群众中去”，必须用群智涌现代替闭门造车，让员工参与到企业使命、愿景、价值观的打造中。企业还需要在各个层面举办多种形式的与企业价值观相关的活动，让企业价值观深入人心，从而使整个企业越来越同频共振、上下同欲。同时，企业还要鼓励其成员寻找个人使命，个人使命的底层是真善美，个人使命越清晰，给组织带来的能量就越大。

第二，方向盘之“组织设计”。企业的组织结构与企业战略密切相关，不同的战略定位需要不同的组织结构。总体而言，企业的组织结构需要从金字塔式控制型架构向平台型分布式架构转变。小前台、强中台、稳后台就是很好的平台型组织结构。在这个结构下，每个前台团队都可以独立经营、独立感知市场、独立做出决策，不需要自上而下地指挥。中台和后台的主要作用是赋能和激活，制定简单透明的规则，给前台提供“炮火”的支持。在平台型分布式的组织结构下，组织是透明的，信息是流通的，创造者们可以更自由地联结、更顺畅地协同工作、更高效地共创。

第三，红绿灯之“绩效管理”。组织罗盘倡导的绩效管理理念是“成事达人”，组织不仅仅要注重事情的完成，还要关注人的成长。只有通过人的成长，才能更好地达成结果。通过绩效目标的上下打通、左右拉通，通过上下级之间、同侪之间坦诚的绩效反馈，组织才能够帮助员工更好地成长，让员工从“要我做”变成“我要做”，从而激发组织的活力。绩效目标的制定与企业战略直接相关，在传统的组织管理中，从上到下制定 3 ～ 5 年的战略，但在 VUCA 时代，企业只能看 10 年做 1 年，绩效目标必须随战略不断地迭代、进化，进行动态绩效管理。

第四，红绿灯之“投产薪酬”。适者生存，企业要在社会大生态中生存下来，不断提高人效投产是不二法则。345 薪酬激励，是提高人效投产的比喻，即 3 个人干 5 个人的活，拿 4 个人的工资。实现 345 薪酬激励，首先要进行动态编制管理，战略与业务的发展动态决定企业人数；其次要有良好的考核机制，识别出组织中的头部优秀人才；最后要有良好的激励机制，把资源向头部优秀人才倾斜，而不是所谓的“一碗水端平”或者“撒胡椒面”，造成劣币驱逐良币。要实现上述三个要求，企业必须发挥一线主管的主观能动性，让他们拥有决定权，成为组织管理的主体。

第五，加油站之“招聘保留”。员工在决定是否加入某家公司时，往往要看这家公司和其应聘岗位的价值；但员工在决定离职时，却往往是跟直接上级的“化学反应”不对。“化学反应”指的是价值观和行事方式。所以，企业在招聘时，不仅仅要关注候选人的专业技能，更要关注其价值观。企业可以设置“闻味官”，判断候选人的价值观是不是跟企业整体的价值观相吻合；也可以让同侪参与到招聘中，判断招聘的候选人是否和他们志同道合。

第六，加油站之“梯队培养”。在企业中如何判断，哪些人是“明星”？哪些人是“野狗”？哪些人是“白兔”？哪些人是“黄花”？企业需要界定人才画像，从绩效、能力、潜力 3 个方面进行人才盘点，盘出公司的“王炸”团队。企业要进行人才盘点，要有九宫格人才地图、继任者人才地图，当企业有新业务、新机会时，可以从人才地图中找到合适的人选。企业还需要“点面结合”的人才培养方案，从而能够又快又好地培养出优质人才。

综上所述，组织罗盘有 3 大抓手、6 项指针，其目的就是要打通战略和组织的“任督二脉”，帮助企业进化组织，实现从机械型组织向生态型组织的转变。

落地组织罗盘，三要三不要

组织罗盘是从我的经历中自然而然生长出来的，我从方向盘、红绿灯和加油站，即组织、机制和人才三个方面，对组织管理进行了系统的研究。我希望它既有系统性和理论高度，又可操作，能够帮助企业形成好的组织管理。

三要

一要用心。组织罗盘有很好的体系，也容易落实。但如果一看而过、浅尝辄止，没有用心去感受，就很难厘清其中的脉络。只有用心感受，理解组织罗盘的目的、内容和方法，才能真正帮助企业实现从战略能力到组织能力的贯通，从机械型组织向生态型组织进化。

二要践行。任何一个好的工具都需要刻意练习，吃了羊肉或是猪肉、牛肉，都要变成自己的肉才行。怎么才能变成自己的肉？就是要去践行。组织罗盘在企业中成功应用的秘诀就是刻意练习，让组织形成肌肉记忆。

三要感悟。大家学习任正非、马明哲，不是要成为他们，而是要成为自己。所以，大家要去感悟，并找到在本企业内应用组织罗盘的正确方式。每家企业处在不同的发展阶段，企业里的业务线也处在不同的发展阶段，需要结合每家企业、每条业务线的特点来落实应用。

三不要

一不要全盘实施、快速落地。很多 CEO 学完组织罗盘便觉得对企业非常有帮助，因此希望我们能在短期内帮助企业全盘实施。但实际上，组织能力的提升是个长期过程，至少需要 2 年的时间，才能形成组织的肌肉记忆。组织罗盘的 3 大抓手、6 项指针，企业应先进行组织诊断，找到最能突破的点，让“飞轮”先转动起来，然后一点点加力，形成良性循环，再快速运转。

二不要交由人力资源部推动。组织能力的提升是一把手工程，如果只交由人力资源部推动，而没有 CEO 的实际支持，组织能力是很难提升的。三群人影响着组织能力的打造，CEO 的重要性占到 50%。如果 CEO 对组织能力的提升不重视，或者只是口头上重视，却没有身体力行，没有参与到变革的推动中，企业的组织能力是提升不了的。

三不要只是口头重视。企业口头表示重视，却没有落到行动计划上，就无法真正实现组织能力的提升。企业首先要厘清人才战略，抓住提升重点，并据此制订出可执行的行动计划，一步一个脚印地推动行动计划的执行。在我辅导过的那些企业里，凡是制订了明确的计划表，并且按计划推行的，效果一般都不会差。但如果是口头上的巨人、行动上的矮子，其结果就是停滞不前、怨天尤人。

章末总结

组织罗盘旨在帮助企业从机械型组织转变为生态型组织，企业要学会的不仅仅是 3 大抓手、6 项指针，更重要的是 CEO 要带领中高管一起，改变底层的管理哲学与心智模式，用欣赏式探询的方法，从批判性转向肯定性和积极的探询；从习惯控制转向鼓励自驱，形成涌现性变革的氛围。CEO 和中高管的思维与价值观，决定了企业能否成功转变为生态型组织。

组织生命力诊断问卷

附表 1 战略总体

题目 / 选项	1 分	2 分	3 分	4 分	5 分	平均分
公司有清晰的战略规划、客户价值主张	—	—	—	—	—	—
公司所在的业务领域，未来 3 ～ 5 年能够持续快速地增长	—	—	—	—	—	—
公司的商业模式能够很好获利，确保令人满意的投资回报率	—	—	—	—	—	—
公司已经建立了较高的竞争壁垒，竞争对手难以模仿	—	—	—	—	—	—
公司可以快速响应内外环境的变化，有效调整业务方向	—	—	—	—	—	—
公司鼓励对第二曲线的探索	—	—	—	—	—	—
公司已经成功开创出 1 条或多条新的业务曲线	—	—	—	—	—	—
我清楚地知道公司的业务发展方向	—	—	—	—	—	—
我认同公司的业务发展方向	—	—	—	—	—	—
我知道我的工作和公司战略有清楚的关系	—	—	—	—	—	—
小计	—	—	—	—	—	—

附表 2　组织总体

题目 / 选项	1 分	2 分	3 分	4 分	5 分	平均分
公司的组织能力与战略及客户价值主张相匹配	—	—	—	—	—	—
公司能够协调所有资源，坚决执行公司的计划和目标	—	—	—	—	—	—
公司将战略和 HR 定位为左右脑，充分重视组织管理	—	—	—	—	—	—
公司已经从人事管理，走向组织管理，甚至是组织经营	—	—	—	—	—	—
公司已摆脱机械型组织，进化为生态型组织	—	—	—	—	—	—
当战略和业务发生变化时，组织能够及时调整	—	—	—	—	—	—
公司鼓励和认可创新，包容项目尝试的失败	—	—	—	—	—	—
公司的高层非常重视组织管理，认同这是一把手工程	—	—	—	—	—	—
公司的中层和基层管理者有很强的组织管理能力	—	—	—	—	—	—
公司员工具备很好地履行工作职责的能力	—	—	—	—	—	—
公司员工有很强的战斗力，士气很好	—	—	—	—	—	—
公司的人力资源人员有很强的组织管理能力	—	—	—	—	—	—
小计	—	—	—	—	—	—

附表 3　方向盘之企业文化

题目 / 选项	1 分	2 分	3 分	4 分	5 分	平均分
公司有清晰的使命、愿景、价值观和行为准则	—	—	—	—	—	—
我认同公司的使命、愿景、价值观和行为准则	—	—	—	—	—	—
对价值观，公司有明确的考核制度要求	—	—	—	—	—	—
公司在招人时，对候选人有明确的价值观要求	—	—	—	—	—	—

续表

题目 / 选项	1分	2分	3分	4分	5分	平均分
公司高管的言行与公司的价值观和行为准则一致	—	—	—	—	—	—
公司员工的言行与公司的价值观和行为准则一致	—	—	—	—	—	—
公司有形式多样的文化活动，如树立标杆、月度反思等，帮助员工提升价值观	—	—	—	—	—	—
公司有明确的企业文化宣传物，比如吉祥物、文化墙、标语、文化手册等	—	—	—	—	—	—
小计	—	—	—	—	—	—

附表 4　方向盘之组织架构

题目 / 选项	1分	2分	3分	4分	5分	平均分
公司现行的组织架构清晰、权责明确	—	—	—	—	—	—
公司有足够的授权机制，确保对客户需求的快速反应	—	—	—	—	—	—
公司的业务团队包含不同核心领域人才，团队能独立完成主要任务，快速迭代	—	—	—	—	—	—
公司具备促进跨部门协作的机制（如项目管理机制、张力组织）	—	—	—	—	—	—
我可以直接提供想法与意见给高管（CEO/ 副总裁等）	—	—	—	—	—	—
我能够及时从公司内部的正式渠道，获得公司发展变化的信息	—	—	—	—	—	—
公司各部门之间能够通畅地分享工作所需的信息和数据	—	—	—	—	—	—
公司有标准化运作流程，确保运营效率和客户满意	—	—	—	—	—	—
公司的信息系统（如 OA）、业务支撑系统（如 CRM），能支持我高效地工作	—	—	—	—	—	—
小计	—	—	—	—	—	—

附表 5　红绿灯之绩效管理

题目 / 选项	1 分	2 分	3 分	4 分	5 分	平均分
公司每年组织中高管研讨战略地图，包括愿景 / 战略、财务指标、组织指标、必须打赢的仗等	—	—	—	—	—	—
我所在的部门，每年组织核心骨干研讨部门的战略地图	—	—	—	—	—	—
我的直接上级与我设定清晰、合理的绩效目标	—	—	—	—	—	—
我认同赛跑制的绩效排名方式	—	—	—	—	—	—
公司有科学合理的绩效考核制度与流程	—	—	—	—	—	—
作为主管，我充分参与到对下属的绩效考核中	—	—	—	—	—	—
公司在制定绩效目标时，充分进行上下打通、左右拉通	—	—	—	—	—	—
我的上级至少每季度与我深入交流一次，包括绩效目标、绩效评价、个人发展计划等	—	—	—	—	—	—
每次绩效考核、调薪、发奖金、晋升后，我的上级都与我进行深入沟通	—	—	—	—	—	—
公司将绩效考核结果应用到员工职业发展的所有方面，包括奖金、调薪、晋升等都与绩效结果强挂钩	—	—	—	—	—	—
小计	—	—	—	—	—	—

附表 6　红绿灯之投产薪酬

题目 / 选项	1 分	2 分	3 分	4 分	5 分	平均分
公司每年进行详细的投产和预算工作	—	—	—	—	—	—
公司有很好的投产机制，部门绩效越好，获得资源越多	—	—	—	—	—	—
公司进行动态投产管理，对投产不达标的部门，采取预警、减少资源投入、退出等措施	—	—	—	—	—	—
与同类公司相比，我觉得公司提供了合理的薪酬水平	—	—	—	—	—	—
我的绩效结果越好，我就可以获得越多的奖金、调薪	—	—	—	—	—	—

续表

题目 / 选项	1 分	2 分	3 分	4 分	5 分	平均分
由于我的工作成绩，我能够获得除薪酬以外的肯定，如绩效反馈、认可、即时激励等	—	—	—	—	—	—
公司有透明、简单的奖金分配制度、调薪制度	—	—	—	—	—	—
我认为公司的奖金和调薪制度很合理，有效奖优罚劣	—	—	—	—	—	—
作为主管，我充分参与到对下属的奖金分配、调薪中	—	—	—	—	—	—
小计	—	—	—	—	—	—

附表 7　加油站之招聘保留

题目 / 选项	1 分	2 分	3 分	4 分	5 分	平均分
公司能吸引和招聘到符合业务需求的人才	—	—	—	—	—	—
公司有清晰的人才招聘标准和筛选流程	—	—	—	—	—	—
公司的雇主品牌对目标人才有吸引力	—	—	—	—	—	—
作为主管，对于人员招聘，我是第一责任人	—	—	—	—	—	—
公司能够保留住优秀人才	—	—	—	—	—	—
我认可，保留人才不仅仅靠薪酬，更重要的是给予员工发展机会	—	—	—	—	—	—
作为主管，对于人员保留，我是第一责任人	—	—	—	—	—	—
对业绩和能力表现较差的员工，公司会给予合适的安排	—	—	—	—	—	—
对于严重偏离公司价值观的人，公司予以主动淘汰	—	—	—	—	—	—
在人员淘汰问题上，公司对老人和新人一视同仁	—	—	—	—	—	—
公司经常借用外部人才，如咨询顾问等，不是公司的员工也可以为公司所用	—	—	—	—	—	—
小计	—	—	—	—	—	—

附表 8　加油站之梯队培养

题目 / 选项	1 分	2 分	3 分	4 分	5 分	平均分
公司有清晰的人才画像，包括硬性资格、领导力、专业能力、核心能力	—	—	—	—	—	—
公司有完善的员工职业发展通道	—	—	—	—	—	—
我清晰了解公司的职业发展通道	—	—	—	—	—	—
公司对核心人员定期盘点，并有明确的发展计划	—	—	—	—	—	—
作为主管，我深度参与到对下属的盘点、培养中	—	—	—	—	—	—
公司有完善的人才晋升、调动、降级制度和流程	—	—	—	—	—	—
公司有清晰的人才梯队，并对梯队人才进行有效培养	—	—	—	—	—	—
作为主管，我深度参与到对下属的晋升、调动、降级中	—	—	—	—	—	—
公司营造了学习和内部分享的氛围；公司的培养机制很有效，可以快速培养人才，支撑业务发展	—	—	—	—	—	—
我有机会通过承担更多职责或新的挑战，获得个人发展	—	—	—	—	—	—
我能够获得必要的培训，帮助我把工作做得更好	—	—	—	—	—	—
小计	—	—	—	—	—	—

参考文献

尤瓦尔·赫拉利.人类简史：从动物到上帝[M].林俊宏，译.北京：中信出版集团，2017.

萨利姆·伊斯梅尔，迈克尔·马隆，尤里·范吉斯特.指数型组织：打造独角兽公司的11个最强属性[M].苏健，译.杭州：浙江人民出版社，2015.

陈春花，曹洲涛，刘桢，乐国林等.组织行为学：互联时代的视角[M].北京：机械工业出版社，2016.

杨少杰.组织结构演变：解码组织变革底层逻辑[M].北京：中国法制出版社，2020.

理查德·L.达夫特.组织理论与设计（第10版）[M].张秀萍，刘松博，王凤彬，等译.北京：清华大学出版社，2011.

布伦达·B.琼斯，迈克尔·布拉泽.NTL组织发展与变革手册[M].王小红，吴娟，魏芳，译.北京：电子工业出版社，2018.

马明哲.平安心语[M].上海：上海人民出版社，2015.

吕守升.战略解码：跨越战略与执行的鸿沟[M].北京：机械工业出版社，2021.

保罗·R. 尼文，本·拉莫尔特 .OKR：源于英特尔和谷歌的目标管理利器 [M]. 况阳，译 . 北京：机械工业出版社，2017.

李祖滨，汤鹏，李志华 .345 薪酬：提升人效跑赢大势 [M]. 北京：电子工业出版社，2019.

卞志汉 . 科学分钱：学习华为分钱方法，解决企业激励难题 [M]. 北京：电子工业出版社，2021.

杨国安，李晓红 . 变革的基因：移动互联时代的组织能力创新 [M]. 北京：中信出版集团，2016.

王成 . 人才战略：CEO 如何排兵布阵赢在终局 [M]. 北京：机械工业出版社，2020.

茅庐学堂，张山领，张璞，姜力 . 阿里巴巴三板斧：重新定义干部培养 [M]. 北京：电子工业出版社，2019.

李祖滨，汤鹏，李锐 . 人才盘点：盘出人效和利润 [M]. 北京：机械工业出版社，2020.

奥托·夏莫 .U 型理论：感知正在生成的未来 [M]. 邱昭良，王庆娟，陈秋佳，译 . 杭州：浙江人民出版社，2013.

吉姆·柯林斯，莫滕·T. 汉森 . 选择卓越：在不确定性中实现卓越 [M]. 陈召强，译 . 北京：中信出版集团，2019.

曾鸣 . 智能商业 [M]. 北京：中信出版集团，2018.

刘润 . 进化的力量 [M]. 北京：机械工业出版社，2022.

周雪光 . 组织社会学十讲 [M]. 北京：社会科学文献出版社，2003.

埃里克·G. 弗拉姆豪茨，伊冯娜·兰德尔 . 成长之痛：建立可持续成功组织的路径图与工具 [M]. 葛斐，译 . 北京：中信出版集团，2017.

玛格丽特·惠特利.领导力与新科学[M].简学，译.杭州：浙江人民出版社，2016.

陈新宇，罗家鹰，江威，邓通，等.中台实践：数字化转型方法论与解决方案[M]北京：机械工业出版社，2020.

张丽俊.标语上墙，是文化落地的最后一步[J/OL].公众号“张丽俊”，2019-10-17.

李东来.组织管理最基本的逻辑与常识[J/OL].公众号“华夏基石e洞察”，2021-10-9.

代润泽.华为的军团组织模式，破茧重生，还是作死？[J/OL].雷锋网，2021-10-15.

腾讯文化.PATH选择[R].深圳：腾讯集团，2021.

IBM商业价值研究院.工业企业的数字化转型[R].北京：IBM，2020.

穆胜.警惕财务与人力资源部门效能的“双杀效应”[J].中欧商业评论，2019（2）.

赵杨洋.如何运用场景化，实现训战结合[J].培训，2017（10）.

未来，属于终身学习者

我这辈子遇到的聪明人（来自各行各业的聪明人）没有不每天阅读的——没有，一个都没有。巴菲特读书之多，我读书之多，可能会让你感到吃惊。孩子们都笑话我。他们觉得我是一本长了两条腿的书。

——查理·芒格

互联网改变了信息连接的方式；指数型技术在迅速颠覆着现有的商业世界；人工智能已经开始抢占人类的工作岗位……

未来，到底需要什么样的人才？

改变命运唯一的策略是你要变成终身学习者。未来世界将不再需要单一的技能型人才，而是需要具备完善的知识结构、极强逻辑思考力和高感知力的复合型人才。优秀的人往往通过阅读建立足够强大的抽象思维能力，获得异于众人的思考和整合能力。未来，将属于终身学习者！而阅读必定和终身学习形影不离。

很多人读书，追求的是干货，寻求的是立刻行之有效的解决方案。其实这是一种留在舒适区的阅读方法。在这个充满不确定性的年代，答案不会简单地出现在书里，因为生活根本就没有标准确切的答案，你也不能期望过去的经验能解决未来的问题。

而真正的阅读，应该在书中与智者同行思考，借他们的视角看到世界的多元性，提出比答案更重要的好问题，在不确定的时代中领先起跑。

湛庐阅读 App：与最聪明的人共同进化

有人常常把成本支出的焦点放在书价上，把读完一本书当作阅读的终结。其实不然。

时间是读者付出的最大阅读成本

怎么读是读者面临的最大阅读障碍

“读书破万卷”不仅仅在“万”，更重要的是在“破”！

现在，我们构建了全新的“湛庐阅读”App。它将成为你“破万卷”的新居所。在这里：

- 不用考虑读什么，你可以便捷找到纸书、电子书、有声书和各种声音产品；
- 你可以学会怎么读，你将发现集泛读、通读、精读于一体的阅读解决方案；
- 你会与作者、译者、专家、推荐人和阅读教练相遇，他们是优质思想的发源地；
- 你会与优秀的读者和终身学习者为伍，他们对阅读和学习有着持久的热情和源源不绝的内驱力。

下载湛庐阅读 App，
坚持亲自阅读，
有声书、电子书、阅读服务，
一站获得。

CHEERS

本书阅读资料包

给你便捷、高效、全面的阅读体验

本书参考资料

湛庐独家策划

- 参考文献
  为了环保、节约纸张，部分图书的参考文献以电子版方式提供
- 主题书单
  编辑精心推荐的延伸阅读书单，助你开启主题式阅读
- 图片资料
  提供部分图片的高清彩色原版大图，方便保存和分享

相关阅读服务

终身学习者必备

- 电子书
  便捷、高效，方便检索，易于携带，随时更新
- 有声书
  保护视力，随时随地，有温度、有情感地听本书
- 精读班
  2~4周，最懂这本书的人带你读完、读懂、读透这本好书
- 课　程
  课程权威专家给你开书单，带你快速浏览一个领域的知识概貌
- 讲　书
  30分钟，大咖给你讲本书，让你挑书不费劲

湛庐编辑为你独家呈现
助你更好获得书里和书外的思想和智慧，请扫码查收！

（阅读资料包的内容因书而异，最终以湛庐阅读App页面为准）

图书在版编目（CIP）数据

组织罗盘 / 王秀梅著. -- 杭州 : 浙江教育出版社, 2023.3
ISBN 978-7-5722-5595-3

Ⅰ. ①组… Ⅱ. ①王… Ⅲ. ①企业管理—组织管理—研究 Ⅳ. ①F272.9

中国国家版本馆CIP数据核字(2023)第043518号

上架指导：商业新知

组织罗盘
ZUZHI LUOPAN
王秀梅　著

责任编辑：刘姗姗
美术编辑：韩　波
责任校对：胡凯莉
责任印务：陈　沁
封面设计：宋欣慰
出版发行：浙江教育出版社（杭州市天目山路 40 号　电话：0571-85170300-80928）
印　　刷：天津中印联印务有限公司
开　　本：710mm ×965mm 1/16　　插　　页：1
印　　张：19.25　　字　　数：295 千字
版　　次：2023 年 3 月第 1 版　　印　　次：2023 年 3 月第 1 次印刷
书　　号：ISBN 978-7-5722-5595-3　　定　　价：109.90 元

如发现印装质量问题，影响阅读，请致电 010-56676359 联系调换。